J. Martin Sorge

Psychodynamische Astrologie: Die eigenen Wege finden

Ariston Verlag · Genf

Andere Werke aus unserem Verlagsprogramm
finden Sie am Schluß dieses Buches verzeichnet.

CIP-Kurztitelaufnahme der Deutschen Bibliothek

Sorge, Johannes Martin:
Psychodynamische Astrologie: die eigenen Wege
finden / J. Martin Sorge. – Genf:
Ariston Verlag, 1987.
(Ariston Paperback)
Frühere Ausg. u. d. T.: Sorge, Johannes Martin:
Transzendente Astrologie
ISBN 3-7205-1466-8

Gestaltung des Einbandes:
Werbeatelier Jürgen Richter

Vollständig neu überarbeitete Paperback-Ausgabe

Die Hardcover-Ausgabe (1. und 2. Auflage)
ist unter dem Titel »Transzendente Astrologie«
im Ariston Verlag erschienen.

Printed in Austria 1987

Inhaltsverzeichnis

1
Der Mensch im Brennpunkt des Sonnensystems

Im Altertum war man der Ansicht, daß sich die Erde im Mittelpunkt des Weltalls befinde und daß sich alle Gestirne um sie drehen. Dieses geozentrische Weltsystem, von PTOLEMÄUS um 140 n. Chr. begründet, behielt seine Geltung während 1400 Jahren. Erst der Astronom KOPERNIKUS (1473—1543) erkannte die Sonne als Zentrum unseres Planetensystems und leitete damit eine neue Epoche nicht nur in der Astronomie, sondern in der geistigen Einstellung der Menschheit ein.

Heute wissen wir, daß unsere Sonne mit den sie umkreisenden Planeten nur eines von unzähligen Weltsystemen ist, die in unserer Galaxis zusammengefaßt sind. Ferner, daß es außerhalb dieses Milchstraßensystems noch Milliarden solcher Galaxien gibt, deren Durchmesser zwischen 6000 und 170 000 Lichtjahren schwankt (1 Lichtjahr = 9,46 Billionen Kilometer), wobei jedes dieser unvorstellbar großen Systeme wiederum zwischen 3 bis 1000 Milliarden Sonnen enthält. Welch winziges »Atom« ist unser Erdplanet in dieser Unendlichkeit! Erst recht schrumpft der Mensch bei solchen Dimensionen in ein Nichts zusammen. Einzig das Bewußtsein, mit seinen geistigen und technischen Mitteln eine solche Grenzenlosigkeit erschlossen zu haben, vermag seine Überzeugung aufrechtzuerhalten, daß er — kraft Geistes — mehr als dieses scheinbare Nichts ist.

Da hatten es die Menschen der Antike bedeutend besser.

Befanden sie sich auch hinsichtlich des kosmischen Mechanismus im Irrtum, so lebten sie dafür im Einklang mit ihren Sinneswahrnehmungen und dem seelischen Empfinden. Glücklicherweise unterscheiden wir uns auch heute nicht allzusehr von ihnen, wenn wir wie damals sagen, die Sonne gehe auf, wenn wir von ihrer Bahn am Himmel sprechen oder wenn der Sonnenlauf durch das Jahr unsere Kultur und religiösen Feste bestimmt. Die Vorstellung, daß die Sonne sich bewege, daß die Tierkreiszeichen mit den Planeten um die Erde kreisen, ist so tief in unserem psychischen und visuellen Erleben verankert, daß die Kenntnis ihrer wahren Bewegung nichts daran zu ändern vermochte. Weil es eben nicht der Intellekt ist, der unser Menschsein bestimmt, sondern die Summe der seit Urzeiten in der Seele gespeicherten Erfahrungen. So verläuft unser Alltag weiterhin in der dynamischen Bewegung der himmlischen Lichtquelle vom Tag zur Nacht und ihrer Wanderung am Himmel im Laufe des Jahres.

Dies ist der Grund, warum auch das Weltbild der Astrologie, obwohl vor Jahrtausenden entstanden, bis heute keiner prinzipiellen Umstellung bedurfte. Es war von Anfang an darauf ausgerichtet, weder die Erde noch die Sonne, sondern den Menschen in den Mittelpunkt zu stellen. So kann man die Astrologie mit Recht als das »anthropozentrische« Weltsystem (von griechisch *anthropos* = der Mensch) bezeichnen. Im Altertum bemühten sich um diesen Menschen Sonne, Mond und Planeten als gütige oder strafende Gottheiten. Inzwischen sind zwar die Planetengötter entthront worden, aber die Vorstellung von günstigen und ungünstigen Gestirnen hat sich in der astrologischen Deutungsweise bis heute erhalten. Die Schwierigkeit liegt nun aber darin, den draußen im Weltraum rotierenden Massekugeln und einer gedachten Ekliptikebene verschiedene Eigenschaften und Charakterzüge zuzuschreiben. Die ursprüngliche Einheit des Weltbildes ging damit verloren, eine Kluft entstand zwischen dem Menschen mit seiner Existenz hier auf der Erde und den draußen in kosmischen Entfernungen kreisenden Gestirnen. Die einzige Brücke bildet ein überliefertes Deutungssystem, das notwendigerweise beschreibend sein muß, indem es den Menschen als Gegenstand betrachtet, wo es sich doch um sein subjektives Erleben handelt.

Aufgabe dieses Buches wird es daher sein, das menschliche Individuum wieder in den Mittelpunkt des Geschehens zu rükken.

Hierfür wird eine psychodynamische Astrologie notwendig, in der neben den »Stellungen« der Gestirne vor allem ihre Bewegungsbilder im Vordergrund stehen. Ferner muß sich ein solches Weltbild aus den inneren Vorgängen im Menschen entwickeln lassen, aus dem Zusammenspiel seelischen Erlebens und geistigen Erkennens. Erst dann kann Astrologie wieder Einswerdung mit der kosmischen Harmonie bedeuten. Das Ergebnis ist ein gesteigertes Selbstwertgefühl, das eigene Wege zur Bewältigung der Lebensaufgaben zu finden vermag. Voraussetzung für eine solche Darstellungsart ist eine erweiterte und dynamische Betrachtungsweise einiger astrologischer Grundbegriffe.

Beginnen wir mit dem Tierkreis! Ich will nicht davon sprechen, daß die Lage der Tierkreiszeichen heute nicht mehr mit den gleichnamigen Sterngruppen übereinstimmt, wie es vor ungefähr zweitausend Jahren der Fall war. Beide haben sich inzwischen um ein Sternbild verschoben, und in einigen Jahrtausenden wird der Unterschied noch größer sein. Man muß lediglich wissen, daß sich die Astronomen auf die Sternbilder des Tierkreises stützen, auf ferne Sonnen in den Tiefen des Fixsternhimmels. Die Astrologie hingegen bezieht sich auf die Zeichen des Tierkreises, zwölf Abschnitte von je 30 Grad auf der (scheinbaren) jährlichen Sonnenbahn. Sie beginnen mit 0 Grad Widder im »Frühlingspunkt«, also mit der Stellung der Sonne zur Tag- und Nachtgleiche am 21. März. Doch wenn ein Astronom und ein Astrologe die Konstellation im Sonnensystem für denselben Zeitpunkt bezüglich des Erdhorizonts aufzeichnen, ergibt sich trotz der verschiedenen Systeme kein Unterschied.

Im Gegensatz zur Astronomie, die Fixsternbilder nur zur Orientierung am Himmel benützt, haben in der Astrologie die einzelnen Zeichen des Tierkreises bestimmte Bedeutungen. In ihrer Gesamtheit kommt ein vollständiger Entwicklungszyklus zum Ausdruck. Wie diese Bedeutungen entstanden sind, ließ sich bisher nicht eindeutig beantworten. Man suchte Parallelen zum jahreszeitlichen Geschehen in der Natur. Der Sonne im Widder (März/April) könnte der Beginn des Wachstums, der Sonne im Stier die Erstarkung, Entfaltung und Blüte der Natur im folgenden Monat entsprechen und so weiter. Aber diese Zuordnung läßt sich nur auf die gemäßigten Klimazonen der nördlichen Erdhälfte anwenden. Südlich des Äquators beginnt das Erwachen der Natur, wenn die Sonne in der Waage steht, und die Bedeutungen der Tierkreiszeichen müßten sich in ihr Gegenteil verwandeln. Ferner bestehen beispielsweise zwischen der astrologischen Bedeutung von Krebs- und Löwezeichen große Unterschiede. Diese lassen sich aber in der Natur zwischen Juli und August kaum feststellen. Vor allem aber werden beim Vergleich mit dem Naturgeschehen die astrologischen Bewertungen wieder in die Außenwelt verlegt, der Mensch spielt nach wie vor eine Zuschauerrolle, statt selbst Darsteller zu sein.

Dies ändert sich mit einem Schlag, wenn wir an Stelle der jährlichen Sonnenbewegung den täglichen Umlauf der Sonne um die Erde in zwölf Abschnitte einteilen. Aus den 24 Stunden des Tages werden so 12 Doppelstunden. Diese ordnen wir den einzelnen Tierkreiszeichen zu. Wie die Jahresbahn der Sonne nicht mit dem Kalenderjahr, sondern mit Frühlingsanfang beginnt, suchen wir auch bei der täglichen Sonnenbewegung den Punkt auf, wo etwas Neues ins Bewußtsein tritt. Das ist nicht um 0 Uhr in der Nacht, sondern bei Sonnenaufgang der Fall. Nehmen wir den durchschnittlichen Sonnenaufgang um 6 Uhr an, so entspricht die erste Doppelstunde von 6 bis 8 Uhr dem ersten Tierkreiszeichen Widder, die Zeit von 8 bis 10 Uhr dem Stierzeichen und so weiter. Es wird noch der Beweis zu erbringen sein, daß tatsächlich die jährliche mit der täglichen Sonnenbahn zur Deckung gebracht werden kann, soweit man sie von der Erde aus betrachtet.

Vorerst möchte ich jedoch zu beschreiben versuchen, wie sich das Ich des Durchschnittsmenschen in den zwölf Doppelstunden des Alltags bezüglich seines Verhaltens und psychischen Erlebens äußert. Die einzelnen Doppelstunden sind jeweils durch die entsprechenden Abschnitte des Tierkreises ergänzt.

6 bis 8 Uhr (Widderzeichen): Es wird allmählich hell. Ich beginne die Dinge zu erkennen. Das bedeutet zugleich Auseinandersetzung, Anstrengung: Ich soll den Schlaf besiegen und wach werden. Das Tagewerk ist vorzubereiten. Nun geht die Sonne auf, und ich fühle mich zuversichtlich, unternehmend. Die auf mich wartenden Aufgaben werden zu bewältigen sein. Ich bin bereit, meine Kräfte einzusetzen und um den Erfolg zu kämpfen. Es soll sich mir ja niemand in den Weg stellen! Ich bin stark und werde es beweisen.

8 bis 10 Uhr (Stierzeichen): Ich stehe im Alltag an meinem gewohnten Tätigkeitsplatz. Die Arbeit erledige ich dank des erworbenen Wissens und der praktischen Erfahrung. Das Interesse ist auf die materiellen Mittel und die Sicherung der Existenz gerichtet. Es ist notwendig, mit beiden Füßen auf dem Boden der Tatsachen zu stehen, um zuverlässig und mit Ausdauer meine Ziele zu erreichen. So wird dies zur Morgenstunde, die nach dem Sprichwort »Gold im Munde« hat.

10 bis 12 Uhr (Zwillingszeichen): Die Konzentration läßt nun etwas nach, und ich merke, daß ich mich leichter ablenken lasse. Jetzt täte eine kleine Unterbrechung gut, ein Aperitif, eine kurze Plauderei mit Kollegen oder etwas Musik zur Arbeit. Das wirkt gegen Eintönigkeit, besonders wenn man sich vielleicht in einer Sache festgefahren hat. Die Ansichten anderer Menschen, die Kontakte vermitteln die nötige Beweglichkeit, um das Problem von einer neuen Seite anzupacken und wieder mit Begeisterung zu arbeiten.

12 bis 14 Uhr (Krebszeichen): Nun meldet sich der Hunger. Ich gehe zum Essen. Ich esse entweder zu Hause im Kreise der Familie oder in einem Gasthaus, wo ich Bekannte treffe. Die Gespräche drehen sich um private Dinge, so kann ich gedanklich von der Arbeit abschalten. Auf das Mahl folgt vielleicht ein kurzes Schläfchen, oder man benutzt die Zeit auf andere Weise zur Entspannung. So schöpft man aus dem vertrauten Bereich des Mittagstischs oder aus dem Innenleben neue Kräfte für die Fortsetzung der Arbeit.

14 bis 16 Uhr (Löwezeichen): Ich wende mich wieder dem äußeren Planen und der beruflichen Arbeit zu. Doch besteht ein Unterschied zur Tätigkeit am Vormittag. Jetzt kann ich das bereits Begonnene fortsetzen, oder ich lasse Mitarbeiter die Sachen weiterführen, die ich am Morgen eingeleitet habe. So geht manches leichter, aber dennoch muß ich präsent sein oder bereits Dispositionen für den folgenden Tag ins Auge fassen. Es ist die Stunde, die Organisationstalent und eine großzügige Einstellung verlangt. Auch das Vertrauen in die eigene Kraft wird wieder vermehrt gefordert.

16 bis 18 Uhr (Jungfrauzeichen): Allmählich macht sich die Müdigkeit bemerkbar, und das Arbeiten fällt schwerer. Ich muß meine Kräfte gut einteilen, damit sie noch bis zum Feierabend reichen. Ich möchte ja den an mich gestellten Anforderungen genügen und mein Tagespensum zu einem guten Ende bringen. So kann man mir nichts vorwerfen, und ich werde den Lohn für meine Arbeit erhalten. Da stehen in dieser Doppelstunde oft Pflichtbewußtsein und körperliche Schwäche einander gegenüber, und man ist für Ausdauer und gute Gesundheit besonders dankbar.

18 bis 20 Uhr (Waagezeichen): Ich gehe in der Abenddämmerung nach Hause. Das Tagewerk ist mit Sonnenuntergang vollbracht, das Privatleben tritt an die Stelle des Berufs. Da mein Ich von den Verpflichtungen befreit ist, bleibt mir Raum für das Du. So finde ich Entspannung im Zusammensein mit anderen Menschen, mit dem Partner, mit Freunden, im geselligen Kreis. Man wird vielleicht eingeladen oder erhält Besuch. Oder man wendet sich seinen persönlichen Liebhabereien zu. Theater oder Konzert, ein interessanter Vortrag, die Show im Fernsehen oder ein gutes Essen vermitteln die angenehmen Seiten des Lebens.

20 bis 22 Uhr (Skorpionzeichen): Eine zwiespältige Doppelstunde! Eigentlich möchte man die Feierabendstimmung noch fortsetzen, aber vielleicht haben Freunde uns enttäuscht, oder ein Anlaß hat nicht gehalten, was man sich davon versprach. Der Wein im Glas wird schal, die Gespräche gehen mühsamer vonstatten. Morgen muß ich wieder leistungsfähig sein, daher sollte ich nichts mehr trinken. So schwankt man jetzt zwischen Genuß und Verzicht. Man versucht den Tag noch festzuhalten, weiß aber doch um die Vergänglichkeit schöner Stunden. Sorgen und seelische Probleme zeichnen sich deutlicher ab und wecken den Wunsch, sich niederzulegen, um im Schlaf Vergessen zu finden.

22 bis 24 Uhr (Schützezeichen): In diesem Zeitabschnitt verhält sich der Mensch verschieden — je nach seiner persönlichen Eigenart. Wer religiös ist, beschließt vielleicht den Tag mit dem Dank an Gott für die gewährte Hilfe und bittet für morgen um weitere Führung. Man läßt sich jetzt gerne von jenen geistigen Kräften leiten, zu denen man nun eher Zugang hat als in der Helle und Hast des Tages. Oder man liest vor dem Einschlafen noch etwas zur Erbauung oder Entspannung. Mit den Kleidern legt man die Außenwelt ab, und man wird sich selbst. Aber es gibt auch »Nachtmenschen«, die erst jetzt richtig aufleben. Im Zauber künstlichen Lichts oder bei trautem Kerzenschein findet ihre Phantasie Anregung, und manche schöpferische Idee wird jetzt geboren.

0 bis 2 Uhr (Steinbockzeichen): Der Anfang dieses Zeitabschnittes wird auch die »Geisterstunde« genannt. In den Zauberriten und Hexenbräuchen hat sie Bedeutung, weil nun angeblich die chthonischen Kräfte aus der Tiefe besonders wirksam sind. Der Körper liegt im Schlaf, die organischen Funktionen brennen auf Sparflamme. In diesem Zustand, der in seiner Unbewußtheit dem Tod verwandt ist, können Instinkte aus lange zurückliegenden Zeiten wach werden. Der Geist ist freier, weniger der Materie verhaftet, so kann er sich unstofflichen Bereichen nähern, um sich zu regenerieren. Ob wir wohl deshalb im Schlaf manchmal eine Stellung einnehmen, die der des Kindes im Mutterleib ähnlich ist?

2 bis 4 Uhr (Wassermannzeichen): In Träumen nehmen Wünsche und Hoffnungen, aber auch Ängste und unbewältigte Erlebnisse Gestalt an. Sie treten meist als Symbole verkleidet auf — oft kann man daher geradezu von einem »Faschingstreiben« der Probleme sprechen, wenn man an die skurrilen Einkleidungen denkt. Doch braucht der Mensch dies zur psychischen Entlastung. Wer zudem die Sprache der Traumsymbole nicht nur als Glücks- oder Unglücksbotschaften betrachtet, sondern sie richtig zu interpretieren versteht, der erkennt darin Hinweise einer unstofflichen Welt. Ihm werden wichtige Einsichten oder der Zugang zu anderen Wesenheiten auf geistig-seelischer Ebene zuteil. Auch ist man zu dieser Zeit offener für Gedanken und Wünsche, die einem von nahestehenden Menschen gesendet werden.

4 bis 6 Uhr (Fischezeichen): Es ist noch immer die Zeit des Irrealen und des Träumens. Aber der Mensch bewegt sich bereits wieder der Oberfläche seines Bewußtseins zu; im Osten beginnt es zu dämmern. Die Träume, die jetzt auftreten, haben oft Beziehungen zu aktuellen Erfahrungen oder Ereignissen oder zum kommenden Tag. Halb noch im Schlaf lebt sich die Seele im Grenzbereich zwischen Unbewußtem und Bewußtem aus, und viele Fäden suchen sie in diesem Zustand festzuhalten. Je nach Konstitution braucht man mehr oder weniger Zeit, um sich wieder seines Körpers zu bedienen. Doch das zunehmende Licht und die Bewußtwerdungsimpulse veranlassen dazu, vom Zwischenreich des Schlafes Abschied zu nehmen und sich dem neuen Sonnenzyklus des anbrechenden Tages zuzuwenden.

Wer die Bedeutung der einzelnen Tierkreiszeichen nicht bereits kennt, der möge diese Schilderung mit den ausführlichen Beschreibungen in Kapitel 6 vergleichen, oder er kann in einem beliebigen astrologischen Deutungsbuch nachschlagen. Man wird in jedem Fall eine Übereinstimmung mit dem Erlebniszyklus der zwölf Doppelstunden feststellen. Doch in unserem Fall handelt es sich nicht mehr um ein getrennt vom Menschen ablaufendes äußeres Geschehen, sondern der Mensch erschafft sich gewissermaßen den Tierkreis selbst mittels seines eigenen Erlebens und Handelns. Er wird damit zum Mittelpunkt der kosmischen Entwicklungsvorgänge! Bedeutet nicht schon allein dieses Bewußtsein die Quelle eines ganz neuen Lebensgefühls?

Um es zu vertiefen, schlage ich gleich eine kleine Übung vor: Versuchen wir, uns zu einem beliebigen Zeitpunkt des Tages daran zu erinnern, in welcher »Tierkreisstunde« wir uns gerade befinden. Halten wir dann in unserem Tun einen Augenblick inne (eine kurze Minute genügt), um uns die dazugehörige Erlebnissituation bewußt werden zu lassen. Indem wir dies an anderen Tagen zu unterschiedlichen Zeiten, wenn es uns gerade einfällt, wiederholen, werden wir uns mehr und mehr mit dem Wechselspiel der kosmischen Kräfte verbunden fühlen. Es wird daraus eine besondere Ausgeglichenheit erwachsen. Vieles, das bisher als äußerer Zwang oder Alltagstrott erschien, wird nun inneres Bedürfnis. Man braucht für dieselbe Leistung weniger Energie, der Alltag wird zum Erlebnis. Und dies 365mal im Jahr und überall auf der Erde, wo die Sonne aufgeht!*

* In den um den Nord- und Südpol gelegenen Gebieten der Erde kreist die Sonne während eines halben Jahres über und ebenso lange unter dem Horizont. Dort findet kein täglicher Sonnenaufgang statt. Doch sind diese Zonen entweder völlig unbewohnbar, oder die Bevölkerungsdichte beträgt weniger als einen Einwohner pro Quadratkilometer. Sie sind daher für die globale menschliche Bewußtseinsentwicklung nicht relevant.

Gewiß steht unser Tagesgestirn im Sommer länger am Himmel als im Winter, und der »Feierabend« fällt nicht immer mit dem Sonnenuntergang zusammen. Die Zeitangaben der Doppelstunden sind daher nicht etwa als feste Grenzen, sondern als Mittelwerte zu verstehen. Auch hat der Mensch in den industrialisierten Ländern oft keine Gelegenheit, die mittägliche »Krebsstunde« im häuslichen Kreis zu verbringen. Oder er muß als Schichtarbeiter nachts tätig sein. In unserem Beispiel handelte es sich darum, den der menschlichen Natur entsprechenden durchschnittlichen Erlebnisrhythmus festzuhalten, um ihn zu der täglichen Sonnenbahn in Beziehung setzen zu können. In früheren Zeiten war der Alltag noch viel eindeutiger dem Wechsel von Tag und Nacht angepaßt. Ob vielleicht gerade unser ins Uferlose gesteigerter Produktionszwang und die dadurch bedingte Mißachtung des kosmischen Erlebniskreises im Individuum als Hauptursache der Neurosen, Konflikte und Infarkte zu betrachten ist? In diesem Fall wird um so eher die Notwendigkeit bestehen, uns wenigstens innerlich und im Privatleben wieder mehr auf den kosmischen Tagesrhythmus einzustellen.

Nun wird es aber Zeit, den Nachweis zu erbringen, warum der jährliche Lauf der Sonne durch den Tierkreis mit ihrer täglichen Bahn übereinstimmt. Im Weltraum haben die beiden Sonnenbewegungen verschiedene Ursachen. Das Jahr wird durch die Bahn der Erde um die Sonne, der Tag durch die Erddrehung um ihre Achse bestimmt. Doch wir sind übereingekommen, die Gestirnsbewegungen aus anthropozentrischer Sicht (vom Menschen auf der Erde aus gesehen) zu betrachten. So genügt es für uns, daß die beiden Bewegungen der Sonne Kreisbahnen sind, die mit konstanter Geschwindigkeit durchlaufen werden.

Um diese Sonnenbewegung darzustellen, genügt es jedoch nicht, mit dem Zirkel einfach einen Kreis zu zeichnen. Damit würden wir nur den Weg erfassen, den die Sonne zurücklegt, nicht aber die Zeit, die sie dazu benötigt. Die Kreislinie ist ein statisches Gebilde, wir aber brauchen für unseren Zweck eine dynamische Darstellungsweise. Diese wird gewonnen, indem man die Kreisbahn in eine sogenannte Sinuskurve verwandelt. Das geschieht mittels einer mathematischen Funktion, die uns hier nicht zu beschäftigen braucht. Wie eine solche Kurve für eine gleichmäßige Umlaufsbewegung aussieht, zeigt Abbildung 1. Von einem Anfangspunkt steigt die Kurve erst bis zu einem Höchstwert, sie fällt dann zu einem tiefsten Punkt, um schließlich wieder die Ausgangslage zu erreichen. Der Endpunkt ist jedoch vom Ausgangspunkt dadurch verschieden, daß während der Umkreisung eine bestimmte Zeit verflossen ist. Diese Zeit gelangt auf der waagrechten Linie zwischen Anfangs- und Endpunkt der Darstellung.

Darüber hinaus entschleiert unsere Sinuskurve aber noch weitere Geheimnisse einer solchen Kreisbewegung. Wir erkennen steile Kurvenabschnitte, auf denen sich die Höhe pro Zeiteinheit rasch verändert, die somit Bereiche einer besonderen Aktivität bedeuten. Dazwischen liegen relativ flache Kurventeile, in denen die Höhe über eine längere Zeit nicht stark abweicht und die man eher als Abschnitte der Passivität bezeichnen kann. Damit erhält die Zeit, die während der Kreisbewegung verstreicht, verschiedene »Qualitäten«. Mit der Uhr lassen sich diese natürlich nicht messen, weshalb man in der Mathematik die Sinuskurve auch als transzendente Funktion bezeichnet. In der Physik tritt sie ebenfalls in Erscheinung. Wenn man den Wechselstrom, den wir im Haushalt benützen, auf dem Bildschirm eines Oszilloskops sichtbar macht, erscheint die Sinuskurve, weil der Strom durch eine Kreisbewegung des Rotors in der stromerzeugenden Maschine entsteht.

Um so erstaunlicher ist es, daß dieselbe Kurve auch ein Abbild der durch die Sonnenbewegung bedingten psychophysischen Vorgänge in Übereinstimmung mit der Tierkreissymbolik liefert. Es tritt uns hier ein die ganze Schöpfung durchziehendes Grundgesetz entgegen. Prägen Sie sich die geheimnisvolle Kurve gut ein — sie wird uns durch den ganzen Wissens-

Abbildung 1

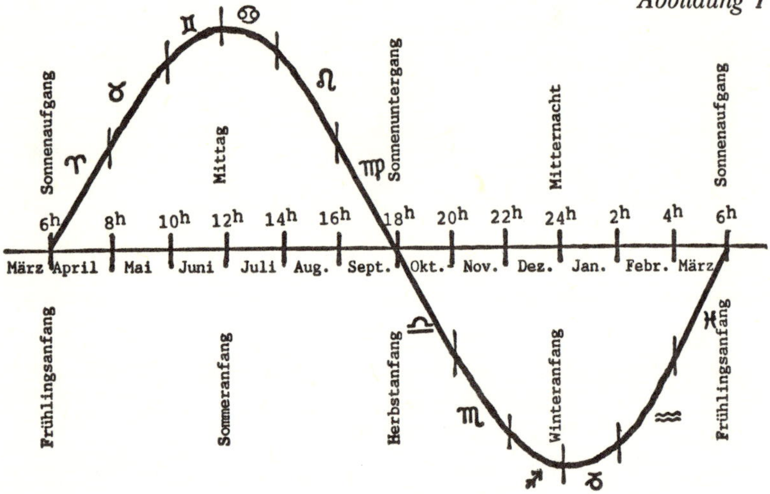

bereich der psychodynamisch verstandenen Astrologie als Erkenntnishilfe begleiten.

Doch nun zurück zu unserem Schaubild. Die waagrechte Linie ist als sogenannte Zeitachse in gleichmäßige Abschnitte eingeteilt. Über der Linie bedeuten sie die zwölf Doppelstunden von einem Sonnenaufgang zum nächsten. Für diesen Fall entspricht die Kurve der täglichen Sonnenbewegung. Sie zeigt ein Maximum beim Mittagsstand der Sonne und ein Minimum um Mitternacht, worauf sie am nächsten Morgen um sechs Uhr wieder den Aufgangspunkt erreicht.

Unterhalb der Zeitachse sind dieselben Abschnitte als die Monate eines Jahres eingetragen, beginnend mit Ende März. Benützt man diese Zeitskala, dann haben wir in der Kurve die Jahresbahn der Sonne vor uns. Wo die Kurve die Zeitachse schneidet, liegen jeweils die Tag- und Nachtgleichen bei Frühlings- und Herbstanfang. Das Maximum entspricht dem längsten, das Minimum dem kürzesten Tag, wenn wir die Verhältnisse der nördlichen Erdhälfte zugrundelegen.

Die zwölf Abschnitte (Doppelstunden beziehungsweise Monate) sind nochmals auf der Kurve selbst markiert. Jedem Abschnitt ist das zugehörige Tierkreissymbol beigefügt. Denn sie gelten, wie wir inzwischen wissen, gleichzeitig für beide Bedeutungen der Kurve. Wem die Symbole noch nicht geläufig sind, der möge sich nachstehender Tabelle bedienen. Es sind daraus auch die Kreisgrade ersichtlich, die zu jedem Zeichen gehören, beginnend mit 0 Grad Widder. Bei der Einteilung des vollständigen Kreises in 360 Grad umfaßt demnach jedes Zeichen einen Bogen von 30 Grad. Davon werden wir in der Folge noch Gebrauch machen.

1. ♈ Widder	0– 30 Grad	7. ♎ Waage	180–210 Grad
2. ♉ Stier	30– 60 Grad	8. ♏ Skorpion	210–240 Grad
3. ♊ Zwillinge	60– 90 Grad	9. ♐ Schütze	240–270 Grad
4. ♋ Krebs	90–120 Grad	10. ♑ Steinbock	270–300 Grad
5. ♌ Löwe	120–150 Grad	11. ♒ Wassermann	300–330 Grad
6. ♍ Jungfrau	150–180 Grad	12. ♓ Fische	330–360 Grad

Aus der Zugehörigkeit der Tierkreiszeichen zu einzelnen Kurvenabschnitten können wir nun ihre »Auswirkung« noch besser verstehen. Die aktiven Vormittagsstunden (Widder und Stier) liegen auf dem steilen Kurventeil am Anfang. Das Zwillingszeichen leitet bereits zu einer gemächlicheren Gangart über. Krebs liegt als Erholungspause ebenfalls in einem flachen Kurventeil, worauf das Erleben in den Nachmittags- und ersten Abendstunden (Löwe bis Skorpion) wieder intensiv und vielseitig wird. Später folgt die mitternächtliche Stille im Steinbock, bis erneut Bewegung einsetzt, vorerst mehr im seelischen Bereich (Wassermann, Fische), die sich mit dem neuen Tag wieder nach außen wendet. Zumindest diese Hauptphasen lassen sich im jahreszeitlichen Werden und Vergehen der Natur ebenfalls verfolgen. Doch trifft das, wie bereits betont, nur für die gemäßigten Klimazonen der nördlichen Erdhälfte zu.

Bedenken Sie, daß der Mensch, seit er die Erde bewohnt, diesen täglichen Ablauf als psychodynamischen Vorgang in sich erlebt. Er wurde zum bestimmenden Faktor in seiner Entwicklung im Sinne einer kosmischen Sensibilisierung. Mehr noch: Der Mensch ist in seiner seelisch-geistigen Struktur selbst das kosmische Schwingungsbild geworden, wie es die Sonne täglich und überall, wo Menschen sind, an den Himmel zeichnet.

Von dieser Tatsache aus betrachtet ist es nur noch ein kleiner Schritt zur Erschaffung des Menschen, wie sie die biblische Genesis erzählt: »Gott schuf den Menschen nach seinem Bilde, nach dem Bilde Gottes machte er ihn« (Mose 1, 27). Wie könnte man sich dieses »Bild Gottes« universeller vorstellen als in den Geheimnissen, die sich uns im Sonnenlauf entschleiern? Wie sollte sich der Beginn jeglicher Bewußtwerdung deutlicher manifestieren als im »Es werde Licht« des Sonnenaufgangs nach dem Dunkel der Nacht?

Darin liegt der Ursprung der meisten Hochreligionen; am ausgeprägtesten tritt dies etwa im altägyptischen Sonnenkult und in dem Japans, der Inka und der Azteken zutage. Daß gerade in diesen Kulturen auch die Astrologie zur »königlichen Wissenschaft« und zur Domäne der Priester wurde, läßt sich ebenfalls aus unserer Interpretation der Sonnenkurve verstehen. Verbindet sie doch die innere Struktur des Menschen unmittelbar mit der Harmonie des kosmischen Geschehens. Sie ist das Pneuma (im Altgriechischen dasselbe Wort für Hauch, Atem wie auch für Geist und Seele), mit dem Gott den Menschen bei seiner Erschaffung beseelte. »So wurde der Mensch ein lebendes Wesen« (Mose 2, 7). Warum fragen wir so oft nach dem Sinn unserer Existenz? Ist nicht schon dieses Menschsein im Einklang mit dem All Aufgabe genug?

Gehen wir davon aus, daß tatsächlich der Sonnenrhythmus der Struktur des Menschen eingegeben ist, so können wir einen Schritt weitergehen. Zum kosmischen System, in dem wir leben, gehören auch die Planeten, gewissermaßen als »Kinder der Sonne«. Sie sind der Theorie von KANT und LAPLACE zufolge durch Loslösung aus der Sonnenmaterie entstanden. Und wie Kinder es tun, gebärden sie sich oft recht eigenwillig.

Betrachtet der Mensch das ganze System draußen im Weltraum aus großer Entfernung, dann scheint zwar alles in schönster Ordnung. Die Planeten, vom kleinen, flinken Merkur bis zu dem behäbigen Jupiter, dem ringgeschmückten Saturn oder dem fernen Pluto, umkreisen alle stetig ihr Zentralgestirn, die Sonne, und halten sich folgsam an die ihnen vorgeschriebene Bahngeschwindigkeit.

Der Mensch, der aufgrund seiner Wahrnehmung im Brennpunkt dieses kosmischen Systems zu stehen scheint, erblickt eine viel lebendigere Seite der Planetenfamilie. Da wird einer dieser Planeten auf seinem Weg durch den Tierkreis plötzlich langsamer und bleibt stehen, dann läuft er gar eine Strecke zurück, bis er sich wieder bequemt, in der normalen Richtung weiterzuwandern. Am besten gefällt dieses Spiel offensichtlich dem kleinsten der »Kinder«, dem Merkur, denn er wiederholt es dreimal im Jahr. Für die »Großen« ist es typisch, daß sie solche Spaziergänge in der Gegenrichtung immer dann unternehmen, wenn sie in Opposition zur Sonne stehen, und sie nehmen sich dazu auch mehr Zeit. Das kann bei Jupiter vier Monate, bei Neptun sogar fast ein halbes Jahr dauern.

Entsprechend deformiert sehen deshalb auch ihre Sinuskurven aus! Da die Planeten alle auf ungefähr derselben Ebene, der sogenannten Ekliptikebene, kreisen, sehen wir sie, gleich der Sonne, durch den ganzen Tierkreis wandern. Doch brauchen sie hierzu sehr unterschiedliche Zeiten. Während die Sonne ein Jahr benötigt, dauert der Umlauf bei Saturn bereits 30 und bei Neptun über 160 Jahre. Weil es sich aber in jedem Fall um eine Kreisbahn handelt, läßt sie sich als Sinuskurve darstellen. Nur sind die Planetenkurven wegen der zeitweiligen Stillstände und Rückwärtsbewegungen nicht so gleichmäßig wie bei der Sonne. Sie bringen vielmehr bestimmte charakteristische Eigenarten einzelner Planeten zum Ausdruck. Bevor wir uns aber damit beschäftigen, wird zu zeigen sein, wie die sogenannte Rückläufigkeit zustande kommt. Dazu dient uns das Beispiel des Merkurs wie es in Abbildung 2 dargestellt ist.

Abbildung 2

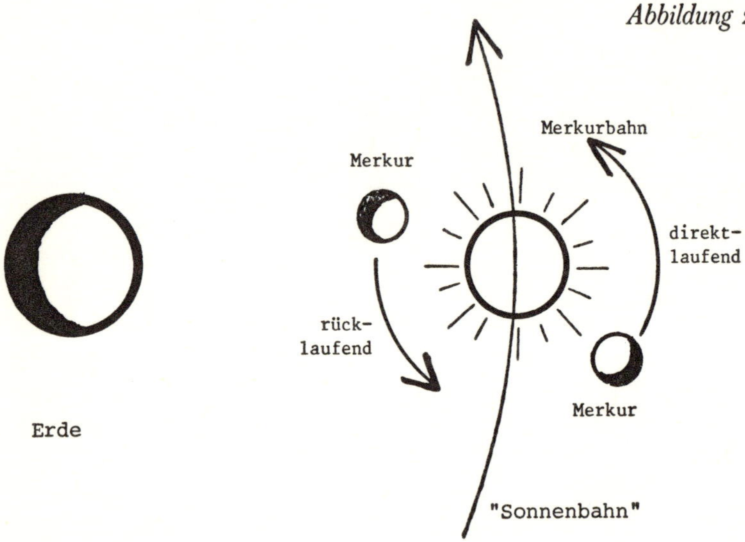

Sie zeigt links die Erde, auf der rechten Seite die Sonne, die sich in Pfeilrichtung durch den Tierkreis bewegt. Es handelt sich also um die Jahresbewegung der Sonne. Dabei wird sie von Merkur umkreist. Weil er der sonnennächste Planet ist, braucht er für den Umlauf um die Sonne nur 88 Tage. Bewegt er sich dabei in Richtung der Sonnenbahn (im Schaubild rechts von der Sonne), dann sehen wir ihn normal durch den Tierkreis laufen. Dann kommt der Punkt, wo Merkur die Sonnenbahn schneidet, da scheint er für uns stillzustehen. Von dort an bewegt er sich zwar weiterhin in seiner Kreisbahn, jedoch in der Gegenrichtung zur Sonne. Wir sehen ihn im Tierkreis zurücklaufen, bis er nach erneutem Stillstand wieder in die Richtung der Sonne einschwenkt. Von der Erde aus gesehen bleibt Merkur immer in der Nähe der Sonne. Er begleitet sie, ähnlich wie der Mond die Erde, auf ihrer Jahresbahn. Daher benötigt, anthropozentrisch gesehen, Merkur ebenfalls ungefähr ein Jahr, bis er mit der Sonne den ganzen Tierkreis durchlaufen hat, obwohl sein Umlauf um die Sonne selbst (heliozentrisch) nur 88 Tage dauert.

Bei den außerhalb der Erdbahn kreisenden Planeten kommt die Rückläufigkeit dadurch zustande, daß sie sich langsamer bewegen als die Erde, weil sie weiter von der Sonne entfernt sind. Befinden sich Erde und äußerer Planet auf Bahnabschnitten gleicher Bewegungsrichtung, dann bleibt der Planet gegenüber der Erde zurück. Es ist dasselbe, was bei zwei auf parallelen Geleisen fahrenden Zügen von den Reisenden empfunden wird: der langsamere Zug scheint sich rückwärts zu bewegen, wenn man im schnelleren Zug sitzt.

Nun sehen wir uns die Sinuskurven einiger Planeten an. Wir wollen sie untereinander und mit der Schwingungskurve der Sonne vergleichen können, und dafür müssen wir auf der waagrechten Zeitachse einen anderen Maßstab wählen, als den der zwölf Doppelstunden oder der Kalendermonate. Denn einige Planeten brauchen etwas weniger, die meisten aber viel mehr als ein Jahr, um einmal durch den ganzen Tierkreis zu wandern. Jeder Kreisumfang läßt sich in 360 Grad einteilen, gleichgültig, ob sein Durchmesser nur einen Meter oder Tausende von Kilometern beträgt. So wählen wir nun diese Gradeinteilung auch für unsere Zeitachse, und damit werden wir zugleich von den unterschiedlichen Entfernungen der Planeten zum Menschen (der auch hier im Mittelpunkt des Geschehens steht) unabhängig.

In den folgenden Darstellungen ist somit die in Grade eingeteilte waagrechte Achse der Maßstab für die Zeit, die der Planet braucht, um durch bestimmte Abschnitte des Tierkreises zu laufen. Es sind hier wiederum dynamische Vorgänge, die ein wesentlich lebendigeres Bild ergeben, als wir es aus der Stellung des Planeten in einem Horoskop erhalten. Eine senkrechte Skala auf der linken Seite unserer Schaubilder zeigt die Sinuswerte zwischen +1 und −1. Sie dient lediglich zur Konstruktion der Kurven und braucht uns nicht zu interessieren.

Beginnen wir mit dem MARS! Abbildung 3 zeigt seine Schwingungskurve stark gezeichnet. Zum Vergleich ist die uns bereits bekannte Sonnenkurve mit eingezeichnet. Es wurde

Abbildung 3

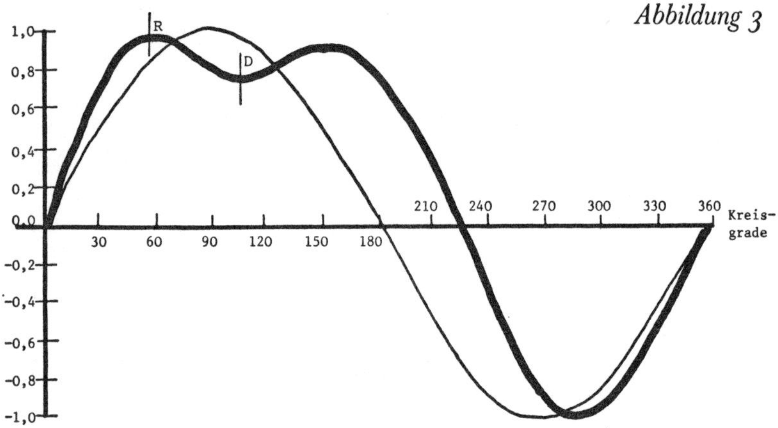

hier der Umlauf des Mars von Mai 1977 bis April 1979 gewählt. In diesen 23 Monaten bewegte sich der Planet einmal durch den ganzen Tierkreis. Ausgehend von 0 Grad Widder folgte er der direkten Richtung bis in die Mitte des Zeichens Löwe. Dort stand er im Dezember 1977 und lief dann im Tierkreis zurück bis in den Krebs, wo er Anfang März 1978 stehenblieb, um dann wieder in direkter Richtung weiterzulaufen. Im April 1979 erreichte er das Ende des Fischezeichens und trat erneut in den Widder ein.

In der Sinuskurve zeigt sich dieser Weg erst als normaler Anstieg wie bei der Sonne. Bei »R« beginnt die Zeit der Rückläufigkeit, die bis »D« dauert. Anschließend holt Mars den restlichen Teil der Kurve nach, wie der Vergleich mit der Sonnenkurve deutlich erkennen läßt. Die Rückläufigkeit zeigt sich also nicht etwa als ein Zurückwandern der Kurve. Der Planet bewegt sich auf der Zeitlinie immer nur vorwärts, weil auch während des Zurücklaufens Zeit verstreicht. Doch zeigt sich die Unterbrechung der regelmäßigen Kreisbewegung in einer Verformung der Sinusschwingung an.

Das ist wichtig, weil es über die »Zeitqualität« oder das Erleben der Rückläufigkeit Aufschluß gibt. Erinnern Sie sich, daß die flachen Abschnitte der Kurve als Zeiten der Ruhe und Passivität bezeichnet wurden. In unserer Kurve des Mars ist wegen seiner Rückläufigkeit dieser »passive« Abschnitt deutlich verlängert worden, weil der Rücklauf zugleich in den obersten, ohnehin schon flachen Kurventeil zu liegen kam. Dadurch verändert sich — zumindest für diese Zeit — die Natur des Mars. Wenn, wie in einem der folgenden Kapitel noch erklärt wird, Mars als das Symbol der Energie gilt, dann können diese Kräfte hier nur zum Teil in die Tat umgesetzt werden, und es entsteht ein Spannungszustand. Das wäre bei der astrologischen Deutung von Marstendenzen für die Zeit zwischen Dezember 1977 und April 1978 zu berücksichtigen.

Es gehört jedenfalls zum typischen Strukturbild des Mars, daß er bei jedem Umlauf im Tierkreis einmal rückläufig wird. Dabei kann diese Phase an den verschiedensten Stellen des Tierkreises stattfinden; sie ist nicht an den obersten Kurvenbereich wie im Schaubild zu unserem Beispiel gebunden.

Abbildung 4

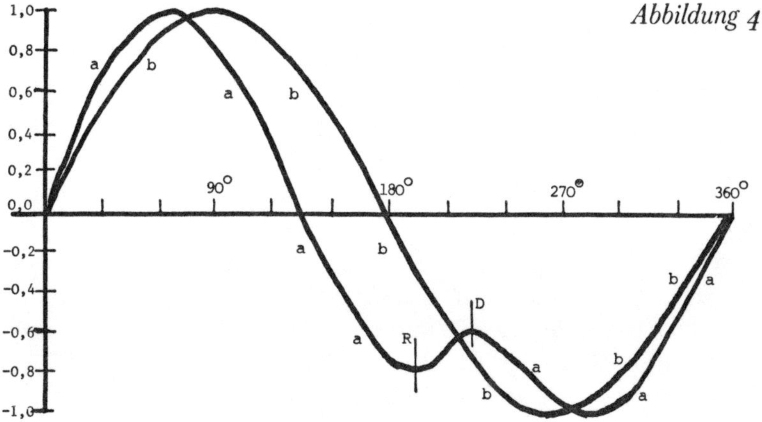

Wie der Mars der äußere Nachbarplanet der Erde ist, so steht die VENUS in Richtung zur Sonne hin uns Menschen am nächsten. Abbildung 4 zeigt zwei aufeinanderfolgende Umläufe im Tierkreis. Kurve a wurde aus dem Venuslauf vom

10. März 1978 bis 23. April 1979 erhalten, der somit 407 Tage dauerte. Zum nächsten Umlauf vom 23. April 1979 bis 10. Februar 1980 brauchte Venus (immer aus anthropozentrischer Sicht verstanden) 286 Tage. Er kommt in Kurve b zum Ausdruck.

Betrachten wir zuerst die Kurve a. Sie zeigt, ähnlich wie beim Mars, die Verformung durch eine Rückläufigkeit im Abschnitt zwischen »R« und »D«. Da wir uns hier auf einem aktiveren Kurvenabschnitt befinden und zudem Venus die Sonne rascher umkreist als Mars, ist die Deformierungsstrecke kürzer, aber deutlicher ausgeprägt als jene in Abbildung 3. Wichtiger ist für den Vergleich das Verhältnis der Umlaufzeit zur Rücklaufzeit. Berechnet man es für die verschiedenen Planeten, dann ergeben sich folgende Werte:

Merkur	Venus	Mars	Jupiter	Saturn	Uranus bis Pluto
ca. 16	9,5	9,7	36,5	83	über 200

Mars und Venus stimmen nicht nur in ihrer Verhältniszahl beinahe überein, sondern sie unterscheiden sich darin auch deutlich von allen anderen Planeten. Sie werden in Kapitel 3 noch bestätigt finden, daß Mars und Venus trotz der Gegensätze in mancher Hinsicht eher als »Partner« zu verstehen sind. Symbolisieren sie doch unter anderem auch die männlichen und weiblichen Organe, aus deren Vereinigung neues Leben entsteht.

Typischer ist für die Venusnatur allerdings die Kurve b in unserem Schaubild. Sie deckt sich genau mit der idealen Sinuskurve, wie wir sie von der Sonne her kennen. Damit ist Venus als einziger Planet imstande, einen Weg durch den Tierkreis ohne Rückläufigkeit zu vollenden. Deswegen könnte man sie füglich als »der Sonne liebstes Kind« bezeichnen. Zwischen jedem Umlauf mit Rückläufigkeit (seltener nach zwei Umläufen) legt sie ein sonnengleiches Schwingungsbild ein. Venus wird damit zum Bindeglied zwischen Sonne und Planeten. Und wir verstehen nun, warum Venus in der Astrologie zum Symbol der Harmonie, der Liebe und des Ausgleichs von Gegensätzen werden konnte.

MERKUR war in der Antike der Bote, der die Weisungen der Götter den Menschen überbrachte. So gilt dieser Planet in der Astrologie als das Symbol des Intellekts und der Kommunikation. Was er mitzuteilen hat, ist in der Tat für unsere Überlegungen wichtig. Und da er gerne »erzählt«, sollen in Abbildung 5 gleich drei aufeinanderfolgende Merkurläufe durch den Tierkreis (wie immer mit dem Menschen im Mittelpunkt) dargestellt werden.

In unserer Zeichnung entspricht die durchgezogene Kurve a dem Merkurlauf vom 27. 3. 1976 bis 20. 3. 1977, die gestrichelte Kurve b dem anschließenden Lauf vom 20. 3. 1977 bis zum 10. 3. 1978 und die Strichpunkt-Kurve c dem Umlauf vom 10. 3. 1978 bis zum 4. 3. 1979, jeweils durch die 360 Grade des Tierkreises. In Kurve S wurde der exakte Sinusverlauf der jährlichen Sonnenbahn zum Vergleich aufgezeichnet.

Abbildung 5

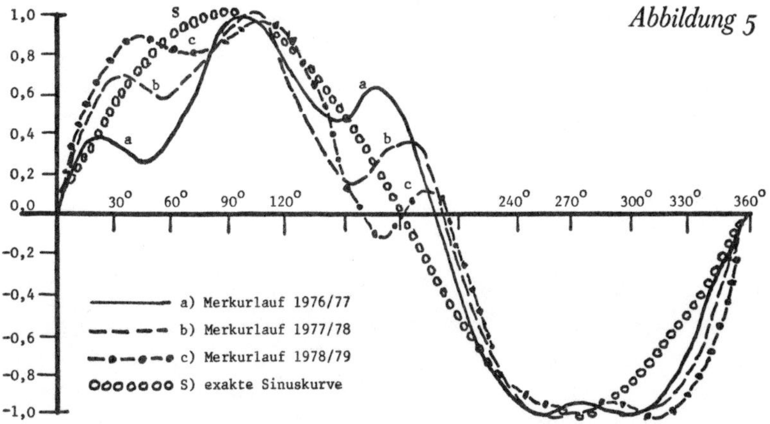

Jeder Merkurumlauf dauert ungefähr 360 Tage, da sich der Planet, wie wir ihn sehen, ständig in der Nachbarschaft der Sonne befindet. Er wird dabei dreimal pro Jahr rückläufig. Zwei dieser Rückläufe liegen auf den steilen Abschnitten der

Sonnenkurve und sind deutlich erkennbar. Der dritte Rücklauf im untersten Kurvenbereich ist kaum sichtbar; er zeigt sich lediglich als Verbreiterung des flachen Abschnitts. So bestätigt uns Merkur eindeutig, was bereits aus der Lage der Tierkreiszeichen beziehungsweise aus unserem Erleben in den betreffenden Teilen der Sonnenkurve abgeleitet werden konnte. Darüber hinaus beschreibt dieses besonders kluge »Kind der Sonne« in verschiedenen Umläufen die entgegengesetzte Tendenz des aufsteigenden und absteigenden Kurvenastes, kenntlich an der Reihenfolge der Deformationen a, b und c. Im waagrechten Bereich dagegen heben sich die individuellen Faktoren praktisch auf — die drei Kurven lassen sich kaum mehr voneinander unterscheiden.

Dank diesen dem Schaubild der Kurven abgewonnenen Informationen kann nun den steilen Kurventeilen zusätzlich die Qualifikation der Differenzierung und Bewußtwerdung zugeordnet werden, wogegen die flachen Zonen die Verbindung des Menschen mit seinem unbewußten Ursprung verstärken und ihn auf sich selbst zurückführen. Unsere Schwingungskurven werden damit immer mehr zum Ausdruck der kosmischen Dynamik in unserer seelisch-geistigen Struktur. Sie wurden bereits als Wurzel der religiösen und ethischen Vorstellungen gekennzeichnet. Nunmehr können wir sie generell als Bewußtwerdungs- und Verwirklichungsprozeß jeder Idee betrachten, die aus dem Unbewußten aufsteigt.

Es ist dann nur folgerichtig, daß der JUPITER als Symbol für Gesetz, Recht und göttliche Autorität in seiner Schwingungskurve diesen Gestaltungsvorgang im Menschen noch prägnanter zum Ausdruck bringt. Während Merkur dazu weitschweifiger Erklärungen in Form mehrerer Umläufe bedarf, bringt Jupiter dasselbe in einem einzigen Durchgang durch den Tierkreis zum Ausdruck.

Wir sehen dies in Abbildung 6. Jupiter braucht für die 360 Grade bereits an die zwölf Jahre, während derer er elfmal rückläufig wird. Der hier gewählte Lauf des Jupiters begann im

Abbildung 6

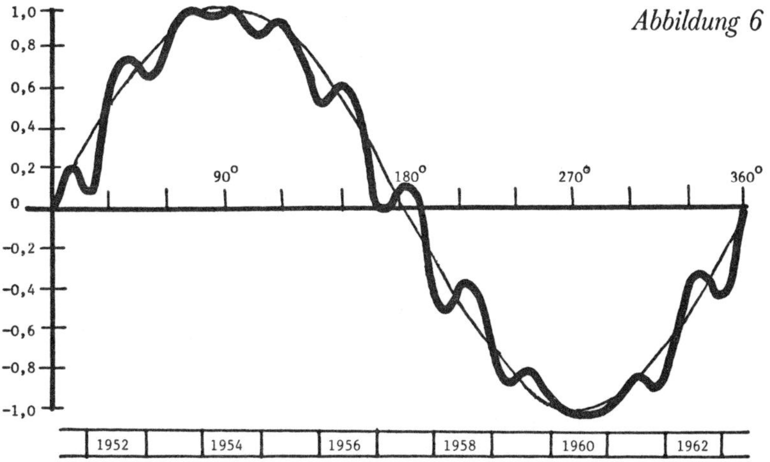

April 1951 und endete im April 1963. Wieder ist die Sonnenkurve als feine Linie zum Vergleich beigefügt. Die Rückläufigkeit im »Krebsbereich« der Sonnenkurve (1954) ist gerade noch als schwache Verformung erkennbar. Der Rücklauf im »Steinbockabschnitt« (1960) kommt überhaupt nicht mehr zum Ausdruck — er liegt völlig im unbewußten Bereich.

Die Schwingungskurve des Jupiters mag generell als Beispiel für Planeten mit längerer Umlaufzeit gelten. Mit zunehmender Entfernung von der Sonne ergeben sich immer mehr Rückläufigkeiten in einer vollständigen Kreisbahn. Einen Ausschnitt aus der Kurve des Uranus mit dem sich daraus ergebenden Bedeutungen werden Sie in Kapitel 3 noch kennenlernen.

In der Sinusschwingung wurde eine Darstellungsweise gefunden, die erstmals in der Astrologie die Bewegungen der Gestirne und zugleich die Bewußtwerdungsvorgänge im Menschen zum Ausdruck bringt. Sein Ich steht im Zentrum des kosmischen Schauspiels, mit dem er sich über die Sonnenbahn täglich identifiziert. Die Planetenbewegungen zeigen sich uns zwar nicht mit der gleichen Eindrücklichkeit — Uranus, Neptun und Pluto sind von bloßem Auge nicht einmal sichtbar.

Doch da ihre Sinuskurven ebenfalls den Gesetzen des Sonnenlaufs folgen, die unserer seelisch-geistigen Dynamik entsprechen, kommen in der Wesensstruktur des Menschen auch die typischen »Verformungen« der planetarischen Schwingungsbilder als »Anlagen« zum Ausdruck. Das wird deutlich werden, wenn wir nun den Schauplatz dieses Geschehens von einem zusätzlichen Gesichtspunkt aus betrachten.

2
Das synoptische Universum

In Kapitel 1 wurde dargelegt, warum die Astrologie als ein anthropozentrisches Weltbild anzusehen ist. Ja mehr noch: Der Mensch steht nicht nur im Mittelpunkt — er personifiziert in seinem Erleben selbst die Gesetze, wie sie im Tierkreis und in den Bewegungen der Gestirne zum Ausdruck kommen. In der Astrologie gibt es keine Trennung zwischen Darsteller und Zuschauer, zwischen subjektivem Erleben und objektivem Geschehen.

Wohl existiert unser Sonnensystem unabhängig vom Menschen. Aber würde es ein Beobachter fern im Weltraum, etwa vom nächsten Fixstern aus, betrachten, dann würden die Bewegungsbilder ganz anders aussehen. Es gäbe keine Schwingungskurve der Sonne, und die Planeten würden unterschiedslos dieselbe ideale Sinuskurve aufweisen. Alles, was in Kapitel 1 beschrieben wurde, geschieht im erlebenden Menschen. Dieser ist zugleich Subjekt und Objekt, und es ist aus der Sicht der Astrologie unmöglich, die beiden Begriffe voneinander zu trennen.

Dennoch ist dieses Erleben eine Realität! In ähnlicher Weise existiert zum Beispiel die Gottesvorstellung für alle gläubigen Menschen. Oder es werden typische seelische Situationen in der Psychologie als real bezeichnet, da sich anhand statistischer Untersuchungen zeigen läßt, daß diese bei einem Großteil der Menschen analoge Verhaltensweisen auslösen. Hier handelt es sich jeweils um Realitäten, die aus der Existenz des menschlichen Individuums erwachsen und die in seiner nichtstofflichen Struktur ihren Ursprung haben.

Der energetische Vorgang des individuellen Erlebens ist es also, der hier unter »Realität« zu verstehen ist. Der Mensch orientiert sich zwar an allgemeingültigen Voraussetzungen: Der religiös Überzeugte etwa an einer Heilslehre, der Psychologe an Theorien und Testergebnissen, der Astrologe an den Gestirnsstellungen. Aber das sind Informationen, die wir durch die Sinne sowie die Gehirntätigkeit, also über den Körper, erhalten. Der Körper aller Menschen ist von etwa der gleichen Bauart. Dagegen sind Ichbewußtsein, Erleben, Erkennen und die daraus folgenden Entscheidungen Vorgänge in der unstofflichen Struktur, in der kein Mensch mit dem anderen identisch ist. So hat jeder Christ seine eigene Christusvorstellung, obwohl eine jede dieser Vorstellungen ihren Ausgang von denselben Evangelien nimmt. Eine psychische Situation, wie Liebe oder Haß, führt bei jedem Menschen zu anderen Reaktionen. Und ein und dieselbe Gestirnskonstellation wird von jedem Menschen auf seine eigene Weise erlebt, weil die Individualität letztlich kosmischen und somit unstofflichen Ursprungs ist.

So wird vielleicht noch besser verständlich, warum die Kurven der aufgezeigten Schaubilder psychodynamische Bewußtwerdungsvorgänge sichtbar machen. Es wurde in dieser Darstellungsweise ein Weg gefunden, Sonne und Planeten zu »entstofflichen«, indem ihre Bewegungen in eine andere Zeitdimension verlegt wurden. Sehr eindrucksvoll macht uns die Sonnenbewegung diesen »transzendenten« Zeitbegriff deutlich, indem sie für den Tag und das Jahr dieselbe Kurvenform zeigt.

Ich will zu erklären versuchen, was unter dieser »anderen Zeitdimension« zu verstehen ist. In der stofflichen Welt der Erscheinungen braucht jedes Geschehen eine bestimmte Zeit, die wir mit der Uhr in Stunden, Tage, Monate einteilen. So gesehen läßt sich ein Tag niemals einem Jahr gleichsetzen. Bei den seelisch-geistigen Vorgängen ist das anders. Wir können in den zwölf Doppelstunden eines Tages dasselbe Tierkreisgeschehen erleben, für dessen Darstellung die Natur ein ganzes Jahr braucht. Zwar ist dieses Tageserleben noch immer an die Uhrzeit gebunden, aber es läuft 365mal schneller ab. Oder anders ausgedrückt: In einer Sekunde legt die Sonne auf ihrer Tagesbahn einen Weg zurück, für den sie auf der Jahreskurve 365mal länger, also rund sechs Minuten, braucht. Beim Tageserleben des Tierkreises läßt sich in einen »Augenblick« viel mehr an Vorstellungen hineinpacken, als im normalen Zeitablauf ausführbar wäre.

Noch deutlicher wird diese andere Zeitdimension, wenn wir beispielsweise die Erinnerungsbilder aus drei vergangenen Urlaubswochen innerlich wieder aufleben lassen. Das kann innerhalb weniger Sekunden geschehen, weil wir die verschiedenen Eindrücke gesamthaft überblicken. Eine solche »Zusammenschau« wird treffend mit dem griechischen Wort Synopsis bezeichnet. Man versteht darunter das Erkennen eines größeren Bereichs »auf einen Blick«, wofür in der Materiewelt viele Einzelschritte erforderlich sind.

Mit dem Zeitbegriff der Zusammenschau und der von Masse und Entfernung unabhängigen Darstellung der kosmischen Bewegungen ist ein nichtmaterielles (geistiges) Universum entstanden. Ich habe es bereits in einem früheren Buch* das synoptische Universum genannt. Es ist als unsichtbare Parallele zur sichtbaren Welt zu verstehen, aber als Erkenntnis- und Gestaltungsraum des Menschen genau so wirklich wie die Materiewelt. In dem zitierten Buch habe ich für das synoptische Paralleluniversum auch den Ausdruck »Pentawelt« (penta = fünf) verwendet, weil die vier Dimensionen der stofflichen Raumzeitwelt um eine Zeitdimension, nämlich die Ausdehnung des Augenblicks, erweitert sind.

Im nichtmateriellen Bereich erhält zudem das lateinische Wort »Universum« einen neuen Sinn. Zerlegt man es in die

* J. Martin Sorge, Reinkarnation aus neuer Sicht, Ariston Verlag, Genf 1986.

Silben UNI-VER-SUM, dann bedeutet *unum* das Eine, *verum* das Wahre und *sum* ich bin. Auf dieser einen Wahrheit »Ich bin« ist der gesamte Erkenntnisprozeß des Menschen aufgebaut. Die Wissenschaft befaßt sich heute ernsthaft mit der Frage, ob sich die ganze Erscheinungswelt in Zweifel ziehen läßt, wenn der sie betrachtende Mensch fehlt. Solange ich jedoch sagen kann: »Ich bin«, ist an meiner Existenz als Mensch nicht zu zweifeln, und damit werden auch all meine Wahrnehmungen im stofflichen wie auch im nichtstofflichen Bereich Realität.

Nicht ohne Grund wurde das Erleben der zwölf Doppelstunden im vorangehenden Kapitel in der Ichform beschrieben. Es ist »meine« Welt, in deren Zentrum ich stehe, erkenne und handle. Die einzelnen Menschen gestalten ihre Ichwelt gewiß sehr unterschiedlich. Aber allen gemeinsam ist, daß sie die Ichform gebrauchen, um sich mitzuteilen. Das synoptische Universum ist auf dem gemeinsamen Ichbewußtsein aufgebaut, läßt aber dem individuellen psychodynamischen Erleben weitesten Spielraum. Die in Schaubildern dargestellten Sinuskurven sind die Bewegungsbilder der Gestirne in dieser synoptischen Parallelwelt, denn sie erfüllen für Sonne und Planeten die Voraussetzungen der Unstofflichkeit und des höherdimensionalen Zeitbegriffs. Wie aber hat man sich die Zusammenhänge mit dem inneren Erkennen und Erleben des Menschen vorzustellen?

Der griechische Philosoph PLATON (427—347 v. Chr.) lehrte, daß alle Erkenntnis Erinnerung (Anamnesis) sei. Die Wahrnehmungen bilden nur Anlässe, mit deren Hilfe sich die Seele auf ein früheres Wissen besinnt.

Offensichtlich spielt Platon auf Vorgänge in der synoptischen Welt an. Doch es stellt sich die Frage, was mit »Seele« gemeint ist und woher dieses »frühere Wissen« stammt. Bisher wurde in diesem Buch das Innenleben gesamthaft als seelisch-geistige Struktur des Menschen bezeichnet. Der Sprachgebrauch scheint darunter mehrheitlich die Seele zu verstehen.

Das gilt nicht nur für den zitierten Ausspruch Platons; auch die Kirche spricht von der Unsterblichkeit der Seele, und die Psychologie befaßt sich ausschließlich mit den seelischen Vorgängen.

Die Astrologie hingegen unterscheidet deutlich Seele und Geist, indem sie ihnen die beiden »Lichter« zuordnet. Der Mond gilt als Symbol für die Seele, deren Erlebnisreichtum und Dynamik er durch seine rasche Bewegung im Tierkreis und seine wechselnde Gestalt zum Ausdruck bringt. Die bereits als Abbild der Bewußtwerdung gekennzeichnete Sonne wird astrologisch als das Zentrum der Individualität, als das in sich ruhende Geistwesen verstanden. Wie die Sonne vollführt auch der Mond eine stetige Kreisbahn (um die Erde), und wir sehen ihn in ungefähr 27 Tagen einmal durch die 360 Grade des Tierkreises wandern. Sein Bewegungsbild ist somit eine Si-

Abbildung 7

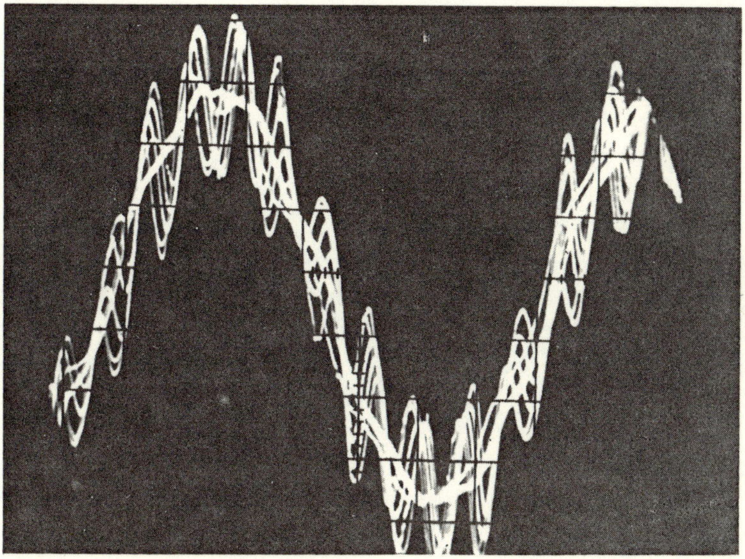

nusschwingung, die er etwa dreizehnmal während eines Jahres ausführt, wenn die Sonne einmal ihre Jahresbahn durchläuft. Das ließe sich auf einfache Weise zeichnerisch darstellen, um den Unterschied zwischen seelischer und geistiger Struktur zu verdeutlichen.

Ich habe jedoch versucht, das Zusammenwirken von Seele und Geist an einem elektrischen »Schwingungsmodell« nachzuvollziehen und es auf dem Bildschirm eines Oszilloskops sichtbar zu machen. Das Ergebnis zeigt Abbildung 7. Die ungefähre Sinuslinie der Sonnenbahn ist deutlich als eine einfache, stärker betonte Leuchtspur sichtbar. Die Zeitachse erscheint verständlicherweise auf dem Bildschirm nicht — man kann sie sich aber waagrecht in der Mitte der Kurve durchgehend vorstellen. Die Überraschung bildeten jedoch die in den kleinen Kurven dargestellten Mondbahnen. Statt sich in Richtung der Zeitachse auf ihr zu bewegen, orientieren sie sich an der Sonnenkurve. Außerdem ist jeder »Mondumlauf« in vier Einzelschwingungen aufgefächert. Wie bereits aufgezeigt wurde, weisen diese auf den steilen Abschnitten der Sonnenkurve die deutlichste Differenzierung auf, wogegen sie im obersten und untersten Bereich enger miteinander verschmelzen.

Damit bestätigt sich, daß das vorstehend abgebildete »Modell« in der Tat dieselben Gesetze zum Ausdruck bringt, nach denen die Gestirnsbahnen dargestellt wurden. Man kann darin also das Abbild des Zusammenspiels zwischen Seele und Geiststruktur erkennen, wie es sich uns in der synoptischen Parallelwelt darbietet. Ich möchte die Frage offenlassen, ob die Zerlegung der Mondschwingung in mehrere Oszillationen vielleicht mit den Phasen des Mondumlaufs zusammenhängen könnte. Eindrucksvoll ist jedenfalls der Vergleich mit den in Abbildung 5 dargestellten drei Umläufen des Merkurs.

Was vermag dieses Versuchsergebnis nun über die Verbindung der Seele mit dem Geist auszusagen?

Vor allem macht es deutlich, wie zutreffend es ist, von einer »Psychodynamik« zu sprechen. Denn das, was wir »Seele« nennen, scheint im Dienste der Bewußtwerdung äußerst reaktionsfähig zu sein. Die Seele läßt sich wohl am besten als das Kraftfeld definieren, das die Verbindung zwischen dem Körper und seiner geistigen Struktur aufrechterhält. Wie der Mond sein Licht von der Sonne empfängt, so wird das »Niveau« oder das Potential der Seele von der Entwicklungsstufe des zugehörigen Geistwesens abhängen. Bezeichnen wir das Entwicklungspotential mit »E«. Dieser E-Wert bleibt für einen bestimmten Menschen während seines Lebens nicht konstant, und dadurch kann sich auch die seelische Struktur in gewissen Grenzen ändern.

Alle lebenden Organismen, auch Tiere und Pflanzen, haben eine Seele, denn sie zeigen psychische Regungen wie beispielsweise Freude, Trauer, Angst. Doch wird man bei Tieren und noch mehr bei den Pflanzen eher von einer »Gruppenseele« sprechen, in der auch der Instinkt und andere artspezifische Merkmale verankert sind. Weil ein Ichbewußtsein fehlt, ist das geistige Entwicklungspotential E = Null, und die Seelenstruktur ist von der des Menschen wesensmäßig verschieden. Wohl deshalb wurde, wenn wir dem biblischen Schöpfungsbericht folgen, die Welt der Pflanzen und Tiere global erschaffen, während beim Menschen Gott selbst Hand anlegte: »Laßt uns den Menschen machen nach unserem Bilde, uns ähnlich« (Mose 1, 26). Gewiß handelt es sich dabei um einen Mythos, wie auch in anderen alten Hochkulturen Schöpfungsmythen entstanden sind. Aber die darin enthaltenen Vorstellungen bringen die Grundstruktur des menschlichen Erlebens zum Ausdruck, und wir sollten auch in diesem Zusammenhang den bereits zitierten Ausspruch Platons bedenken: »Alle Erkenntnis ist Erinnerung.«

Die menschliche Seele nimmt also am geistigen Bewußtwerdungsvorgang teil. Deshalb folgt in unserem Modell (Abbildung 7) die Seelenschwingung nicht einer (gedachten) Zeitachse, sondern sie blieb im Umraum der Sonnenkurve. Das erinnert uns an Merkur, wie er ständig der Sonne benachbart bleibt und sie auf ihrem Lauf durch den Tierkreis begleitet. So läßt sich eine der Aufgaben der Seele wohl als Übermittlungsfunktion verstehen. Sie verwandelt die aus der stofflichen Welt aufgenommenen Eindrücke in unstoffliche Formen emotionaler Art, um diese an das »Geistwesen« in uns weiterzuleiten.

Zugleich vermittelt die Seele die geistigen Impulse des Ichbewußtseins dem Gehirn und über das vegetative Nervensystem den Organen des Körpers. Es wäre jedoch falsch, in der Seele nur den »Draht« zwischen Körper und Geist zu sehen. Sie ist vielmehr eine selbständige Entität, die in jedermann bekannten psychodynamischen Vorgängen wie den Träumen, den Verdrängungen und den Kontaktmöglichkeiten mit anderen Individuen ein intensives Eigenleben führt. Sie ist wesentlich farbenreicher und vielgestaltiger als das, was wir von unserem geistigen Wesen wahrnehmen. Darin mag wohl auch der Grund liegen, warum man oft überhaupt den unstofflichen Bereich des Menschen gesamthaft als »Seele« bezeichnet hat.

Die Seele verfügt über die Fähigkeit, Eindrücke zu speichern. Sie tut das meist in Form von Bildern, ähnlich wie wir sie von Träumen her kennen. Nach kürzerer oder längerer Zeit verblassen die Bilder, oder sie werden in einen bestimmten Bereich, den die Psychologie das Unbewußte nennt, verdrängt; so entsteht »Platz« für neue Eindrücke. Das geistige Zentrum übernimmt von der Seele hauptsächlich die Impulse, die seiner Struktur besonders entsprechen. Ich will das an einem Beispiel illustrieren.

Eine Frau erlebte vor etwa zehn Jahren als Mitfahrerin einen schweren Autounfall. Sie selbst blieb heil, aber das Bild der Trümmer und Verletzten verursachte einen seelischen Schock, so daß sie mehrere Jahre kein Auto benützen konnte, ohne mit Angstgefühlen kämpfen zu müssen. Allmählich verebbten zwar diese seelischen Reaktionen. Doch die Frau, sie ist heute um die Vierzig, lehnt es konsequent ab, selbst fahren zu lernen, obwohl ihr das öfters nahegelegt wurde. Diese Haltung ist nun nicht mehr eine Folge des damaligen Erlebens; vielmehr hat sich das seelische Erinnerungsbild dem Bewußtsein eingeprägt. Es wurde zum Bestandteil der Geiststruktur, weil diese dafür besonders veranlagt ist. Woher solche »Anlagen« stammen, wird uns noch beschäftigen.

Mit dem Tod ist zumindest die vermittelnde Funktion der Seele beendet. Sie trennt sich mit der Geiststruktur vom Körper. Es liegt jedoch nahe, daß die Erinnerungsbilder der Seele aus dem Erdenleben, zu denen auch die körperliche Gestalt gehört, vor allem in der ersten Zeit, noch sehr lebhaft bleiben. Auf solche Erinnerungsbilder sind vermutlich das »Erscheinen« von Verstorbenen und ähnliche parapsychische Phänomene zurückzuführen. Die vom Materiekörper befreite Geist-Seele vermag sich zeitlos zu bewegen. Man könnte verstehen, wenn sie sich jenen Menschen noch irgendwie mitzuteilen suchte, denen sie sich besonders verbunden fühlte.

Im übrigen bedeutet die Trennung der Geist-Seele vom Körper, richtig formuliert, kein »Hinübergehen« derselben in eine andere Welt. Denn auch während der Verkörperung in einem Leben hat sie die unstoffliche Heimat nie verlassen. Das Ichbewußtsein der Geiststruktur und die Dynamik seelischen Erlebens sind die Voraussetzungen, auf denen sich das synoptische Universum jedes Menschen aufbaut und durch das er teilhat am Geschehen in der gesamten geistigen Welt.

Wenn aber aufgrund dieser Erkenntnisse — wie ja auch die Mehrheit aller Menschen annimmt — der Tod kein Ende ist, dann ist die Geburt auch kein Anfang, zumindest nicht für die geistig-seelische Wesenheit des Menschen. Die Reinkarnationslehre, die nicht nur ein Bestandteil fernöstlicher Religionen ist, sondern bis zum Konzil von Konstantinopel (533 n. Chr.) auch im Christentum verankert war, geht bekanntlich von der Wiedergeburt aus. Aber lassen wir einmal die Frage, ob »mein Ich« bereits in einem früheren Leben verkörpert war, ganz beiseite! Dennoch spricht vieles dafür, daß der Mensch in seiner geistig-seelischen Wesenheit nicht als »unbeschriebenes Blatt« zur Welt kommt. Wie wäre denn in diesem Fall die Bedeutung der Geburtskonstellation zu erklären, die in der Astrologie die Grundlage aller Aussagen über einen Menschen bildet? Damit jemand gerade unter »seiner« Konstellation geboren wird, muß vorher, sollte man annehmen, bereits etwas existiert haben, dem diese Konstellation entspricht.

Weil man das annahm, wurde versucht, die Empfängniskonstellation mit dem Geburtsmoment in Verbindung zu bringen. Doch Zeugung und Geburt sind schon rein biologisch miteinander als Ursache und Wirkung verbunden. So besteht kein Zweifel darüber, daß die körperliche Existenz mit der Befruchtung im Mutterleib ihren Anfang nimmt. Für die geistig-seelische Wesenheit gelten aber mit Sicherheit andere Voraussetzungen. Wenn die Geist-Seele nach dem körperlichen Tod weiterexistiert, dann ist auch die Annahme berechtigt, daß das »Geistwesen« schon vor der Entstehung des Körpers existent ist, und zwar in seiner unverwechselbaren individuellen Art. Diese Eigenart kann sich, auch wenn man sie nicht auf frühere Inkarnationen zurückführen will, durch Entwicklungsprozesse in der synoptischen Welt herausgebildet haben. In seiner vorgeburtlichen Existenz wird das Geistwesen gewissermaßen auf die Aufgabe der Menschwerdung vorbereitet. Seine spezifischen »Anlagen« erhält es dabei in Verbindung mit den Bewegungsbildern im Sonnensystem, auf die es in seiner Unstofflichkeit besonders anspricht. Und der Mensch wird an dem Tag geboren, an dem Sonne, Mond und Planeten mit ihrer Konstellation gewissermaßen den Schlüssel bilden, der dem vorbereiteten Geistwesen das Tor zur Menschwerdung öffnet.

Der Körper macht in der stofflichen Welt des Mutterleibes eine ähnliche vorbereitende Entwicklung durch. Er erhält die Organe und die biologischen Voraussetzungen für sein Erdendasein. Die Seele, die vorerst noch eine Einheit mit der mütterlichen Seelenstruktur bildet, nimmt erfahrungsgemäß schon in der pränatalen Phase der Existenz des Kindes am Seelenleben der Mutter teil.

Erst bei der Geburt verbindet sich das Geistwesen mit dem Körper und »erweckt« damit die Seele des Kindes zum Eigenleben. Vermutlich ist sogar die Verbindung des Geistwesens mit dem zur Geburt bereiten Körper die unmittelbare Ursache der Ausstoßung des Kindes aus dem Mutterleib. Denn vorher bildeten Mutter und Kind körperlich wie auch seelisch einen einzigen Organismus. Durch das Geistwesen wird das Kind ein eigenes »Ich« und damit zum »Fremdkörper« in der mütterlichen Struktur, was in Form der Wehen und schließlich mit der Durchtrennung der Nabelschnur seine Bestätigung erfährt.

Aufgrund dieser Zusammenhänge läßt sich noch deutlicher erkennen, warum der Mond die Seele symbolisiert. Er hat als einziger der in der Astrologie benützten Gestirne eine »stoffliche« Verbindung mit der Erde, indem er sie infolge der Massenanziehung umkreist. Sein Licht aber erhält er von der Sonne — ebenso wird das Eigenleben der Seele erst durch die Verbindung mit der Geiststruktur sichtbar.

Für die Geburt eines Menschen müssen daher zwei Voraussetzungen erfüllt sein: es muß eine Konstellation im Sonnensystem bestehen, die ungefähr der Struktur des Geistwesens entspricht, und es muß sich ein ähnlich strukturierter beseelter Körper zur Geburtsreife entwickelt haben. Die erste Bedingung erfüllt sich in der geistigen, die zweite in der stofflichen Welt. Von dem Zeitpunkt an, da sich das Geistwesen mit dem Körper verbindet, gilt das aus der synoptischen Welt mitgebrachte »Entwicklungsergebnis« in Form bestimmter »Anlagen« für die gesamte Individualität des geborenen Menschen. Dies ist der Grund, warum die im Geburtszeitpunkt bestehende Konstellation Aussagen über das geborene Wesen zu vermitteln vermag.

In den beiden ersten Kapiteln dieses Buches wurde ein unstoffliches anthropozentrisches Weltbild entwickelt, das die Schwingungsbilder der Gestirne, das Zusammenwirken von Geist, Seele und Körper sowie den Geburtsvorgang zueinander in Beziehung setzt. Betrachtet man aus dieser Sicht die Geburtskonstellation, dann vermittelt das Horoskop, das heißt die schematische Darstellung der Stellung der Gestirne zu einem bestimmten Zeitpunkt, in diesem Fall der Geburt, zusätzliche Erkenntnisse.

Es ergibt sich aus dem Zeitpunkt der Geburt nicht nur das im Osten aufgehende Tierkreiszeichen (der Aszendent), sondern die Geburt fällt zugleich in eine der zwölf Doppelstunden der täglichen Sonnenbahn. Der dazugehörige »Erlebnisbereich« kann (gemäß Abbildung 1) nun ebenfalls zur Wesensbeschreibung herangezogen werden. Meine Untersuchungen anhand zahlreicher Horoskope haben dies bestätigt. So zeigt zum Beispiel jemand, der um 21 Uhr geboren ist, häufig typische »Skorpioneigenschaften«, auch wenn sein Geburtsbild überhaupt keine Konstellation im Skorpion aufweist.

Der Aszendent und die von ihm abhängigen irdischen Häuser oder Felder des Geburtsbildes stehen mit dem Erdhorizont in Beziehung. Deshalb symbolisiert der Aszendent die stoffliche Struktur des Menschen. Die Sonne wurde demgegenüber bereits als das Geistsymbol herausgestellt. Daher ergibt sich die Möglichkeit, das »Geburtsbild« auch der individuellen Geiststruktur darzustellen. Aus der Darstellung der täglichen Sonnenbahn hat sich ergeben, daß der Sonnenaufgang den Beginn der Bewußtwerdung bedeutet. Zu diesem Zeitpunkt ist die Sonne zugleich Aszendent, und es läßt sich daher ein auf den Zeitpunkt des Sonnenaufgangs abgestelltes Konstellationsbild errichten. Es bedeutet den Beginn der Ichbewußtwerdung des Geistwesens.

Energetische Vorgänge im synoptischen Universum sprechen dafür, daß der Sonnenaufgang im Geistwesen den Impuls zur Verkörperung induziert, damit es sich mit dem beseelten Körper nach dem Gesetz der Resonanz verbindet. Daher wollen wir die Konstellation der Geiststruktur bei Sonnenaufgang am Tag der Geburt das Induktionsbild nennen. Demgegenüber soll für das bisher in der Astrologie ausschließlich benützte Horoskop der Geburtsstunde mit dem Aszendenten der

Ausdruck Resonanzbild verwendet werden. Wie diese beiden Darstellungen zueinander in Beziehung stehen und was sie über einen Menschen auszusagen vermögen, wird in den Kapiteln 7 bis 9 erörtert werden.

Die bisher gewonnenen Erkenntnisse sollen im folgenden auf die Darstellungs- und Deutungsmethoden der Astrologie angewendet werden. Daraus werden sich einige Änderungen gegenüber der bisher gebräuchlichen Praxis ergeben. Es wird sich zeigen, daß Erleben und Verhaltensweise des Menschen nicht von übergenauen Berechnungen abhängen, sondern sich aus seiner unstofflichen Struktur ergeben. Halten wir uns vor Augen, daß die gesamte astrologische Symbolik aus dem subjektiven Erleben des Menschen, aus seiner Ich-Welt heraus zu verstehen ist, die uns durch die psychodynamischen Vorgänge bewußt wird. Denn nur so gelangen wir dazu, die Voraussetzungen zu erkennen, die unser geistiges Wesen mitgebracht hat. Nur so bedienen wir uns der Kräfte, die unsere Seele aus den laufenden Konstellationen der einzelnen Zeitabschnitte in Form der »Transite« bezieht. Sie sind es, die jenes Wissen aktivieren, das Platon »Erinnerung« nannte und das uns immer wieder mit unserem Ursprung in der geistigen Welt verbindet.

3
Die Strukturbilder der Gestirne

Nach der astrologischen Überlieferung werden den Gestirnen bestimmte »Eigenschaften« zugeschrieben, die sie dem Menschen bei seiner Geburt übermitteln. Dementsprechend unterscheidet man günstige und ungünstige Gestirne, je nachdem die durch sie in der menschlichen Natur geprägten Anlagen Vor- oder Nachteile bringen. Wenn aber gute Planeten in schlechten Verbindungen mit anderen Gestirnen stehen oder ungünstige Gestirne gut aspektiert sind, kann sich die entsprechende Qualität bis ins Gegenteil verwandeln. Diese recht seltsame Formulierung rührt daher, daß die astrologischen Deutungsregeln aus Beobachtungen der Konstellationen im Horoskop entstanden sind. Ein Horoskop kann nur für einen bereits geborenen Menschen gestellt werden. Die Himmelskörper kreisen als kugelförmige Massen ebenfalls in der sichtbaren stofflichen Welt. So mußte man zwangsläufig annehmen, zwischen Gestirn und Mensch bestehe eine Beeinflussung im Sinne von Ursache und Wirkung, die sich in unserem vierdimensionalen Raumzeitkontinuum darstellen ließe. Wenn bei der Geburt eines Menschen der unserer Erde benachbarte sonnennähere Planet aufging, besaß der Geborene eine angenehme Wesensart und schaffte sich leicht Freunde. Also nannte man diesen Planeten nach der Liebesgöttin Venus. Der in seiner äußeren Gestalt genau gleich aussehende andere Nachbarplanet schien gerade die gegenteiligen »Wirkungen« auszulösen: wenn er bei einer Geburt im Aufgang stand, zeigte der betreffende Mensch ein recht eigenwilliges Wesen, so daß man dieses Gestirn als den kriegerischen Mars bezeichnete.

In unserer neuen Astrologie benötigt man nicht erst eine »Wirkung« im Horoskop, um zu erkennen, daß es sich bei Venus und Mars um zwei ganz verschiedene Strukturen handelt. Das verraten bereits ihre unterschiedlichen Schwingungskurven. Da diese reine Energieformen, also massefrei sind, vermag sich ihrer der Geist bereits vor seiner Verkörperung zu bedienen. Dies geschieht außerhalb des irdischen Horoskops, gewissermaßen als Vorbereitung auf die Geburtskonstellation, in der synoptischen Welt. Aber auch nach der Geburt sind die typischen Oszillationen der verschiedenen Gestirne weiterhin zu empfangen, und erst hier wird die menschliche Verhaltensweise berücksichtigt werden müssen. Je reifer der Mensch wird, je bewußter er lebt, um so differenzierter wird er auf die geistigen Impulse planetarischer Art reagieren; aber eben nicht in Form von Eigenschaften, sondern in der Art seines Verhaltens. So werden wir im folgenden zu unterscheiden haben zwischen der geistigen Schwingungsstruktur des Gestirns an sich und ihren Erscheinungsformen im seelischen und stofflichen Bereich des Menschen, die von seiner jeweiligen Erfahrung und Entwicklungsstufe (E-Wert) abhängig sind. So kann derselbe Venusaspekt, der bei einem Menschen als problematisches Liebesleben in Erscheinung tritt, einen anderen zu künstlerischer Gestaltung inspirieren.

Im übrigen scheint sich die Gestirnsdeutung nach dem Gesichtspunkt der Moralbegriffe und des materiellen Erfolgsdenkens erst im Mittelalter durchgesetzt zu haben. In früheren Zeiten, da das Sternenwissen nur wenigen Eingeweihten und Priestern bekannt war, dürfte man den ursprünglichen Zusammenhängen noch näher gewesen sein. Das läßt sich aus den Planetenzeichen erkennen. Sie bestehen beziehungsweise sind zusammengesetzt aus den folgenden vier Grundsymbolen:

○	☽	+	↑
Geist	Seele	Körper	Impuls
(Idee)	(Empfindung)	(Materie)	(Willensrichtung)

So erscheint das Marssymbol ♂ als die Idee, die das Wollen in eine bestimmte Richtung lenkt, das Merkursymbol ☿ als Verbindung von Seele und Körper durch den Geist usw. Allein aus der Interpretation dieser Symbole läßt sich schon einiges über das »Prinzip« des Gestirns aussagen, und wir werden davon in den anschließenden Beschreibungen ebenfalls Gebrauch machen.

Vorerst wollen wir nun die Strukturbilder der in der Astrologie verwendeten Gestirne, also von Sonne, Mond und den Planeten kennenlernen. Dabei wird sowohl das Wesen des Gestirns selbst als auch seine Verwirklichung im Menschen beschrieben. Diese manifestiert sich dann am deutlichsten, wenn das Gestirn bei der Geburt gerade aufgeht. Um festzustellen, ob das in einem bestimmten Geburtsbild der Fall ist, muß man allerdings die Geburtszeit kennen. Die charakteristische Art der Gestirnsimpulse in der menschlichen Natur, die sich auf diese Weise ergibt, ist jedoch nicht von einer Geburtszeit abhängig.

☉ Das Strukturbild der Sonne und des bei Sonnenaufgang geborenen Menschen

Wir erkannten die Bewegungskurve der Sonne als die reinste Form des geistigen Energieprinzips, indem sie als vollkommene Sinusschwingung die stetige Kreisbewegung darstellt. Diese Kurvenform tritt sowohl in der jährlichen Sonnenbahn durch den Tierkreis wie auch im täglichen Sonnenlauf zutage. Daher konnten wir die Sonnenschwingung bereits als die Brücke von der geistigen zur stofflichen Welt bezeichnen, und dies erklärt, warum der Sonnenlauf auch in der Natur das jährliche Wachsen und Welken ebenso wie den täglichen Rhythmus der Lebewesen bestimmt. Doch darf man in diesem Fall die Auswirkungen auf die Materie in Form von Licht- und Wärmeenergie nicht mit der geistigen Schwingungsenergie der Sonnenkurve verwechseln. Immerhin dürfte der bestimmende Sonneneinfluß auf die Naturvorgänge ursprünglich den Menschen auf die Himmelserscheinungen hingelenkt haben, so daß er diese mit seinem inneren Entwicklungsprozeß in Verbindung brachte. Es wird auch in dieser Betrachtungsweise die Sonne als Brücke zwischen den stofflichen und geistigen Vorgängen gesehen werden können. Die Schwingungsform der Sonnenbewegung ist jene Urenergie, die immer und unversiegbar im All vorhanden ist und die den Individuationsvorgang überhaupt ermöglicht.

So müßte man eigentlich annehmen, daß der um Sonnenaufgang geborene Mensch ein besonders intensiv an seiner Bewußtwerdung und geistigen Weiterentwicklung arbeitendes Wesen sei. Doch eher das Gegenteil ist der Fall. Die Kreisfunktion der Sonne ist in den Bewegungskurven aller Planeten enthalten, die Abwandlungen und Differenzierungen der Sonnenkurve darstellen. Man kann die Planeten als »Kinder der Sonne« betrachten, deren Eigenarten in der »Ursonne« zusammengefaßt sind. Wer also seiner geistigen Struktur nach »sonnenähnlich« ist, trägt bereits die verschiedenen Schwingungsformen in sich und braucht sie sich nicht erst umständlich bewußtzumachen. So bedeutet die Sonne auch nicht das Zentrum der Persönlichkeit, wie man meist annimmt, sondern sie umschließt diese. Das Sonnensymbol ist nicht der leere Kreis als »Geist an sich«, sondern der Kreis umgibt hier einen bezeichneten Mittelpunkt, nämlich das »Ich« des Menschen. Dies entspricht einer festgefügten, eher statischen Situation. Die Entwicklungstendenz zeigt wenig Expansionsdrang, der Geist ruht in sich und seinem Ursprung. Das mag sich oft so auswirken, daß ein solcher Mensch Vorgänge der geistigen Welt in das irdische Leben zu übertragen versucht, daß er, beispielsweise, der Augenblicksgeraden entsprechend die Gegenwart betont, das Gestern und Morgen dagegen als weniger wichtig erachtet. Das mag seiner Persönlichkeit eine besondere Präsenz und seinem Handeln erhöhte Durchschlagskraft verleihen.

Das Feld der Seele ist bei einem Sonnenstrukturbild stark

ausgeprägt und schwingt in einem regelmäßigen individuellen Rhythmus. Es strahlt intensiv nach außen und regt so andere Seelen zu ähnlicher Schwingungsform an. Daher werden rasch Sympathien bei anderen Menschen mit sensiblerer Seelenstruktur geweckt. Die eigene Seele jedoch ist weniger beeinflußbar. Wenn ein Resonanzeffekt auftritt, dann ergeben sich allerdings sehr intensive Schwingungen, handle es sich nun um Begeisterung oder Ablehnung. Nur sind auch solche seelische Reaktionen meist gegenwartsgebunden — sie klingen relativ rasch ab und das Feld der Seele geht wieder in seinen individuell bedingten Zustand über. Das statische, schwer zu erschütternde, aber auch gegen Entwicklungsmöglichkeiten ziemlich resistente Strukturbild der Sonne wirkt sich also auch hier entsprechend aus. Das ichbewußte Auftreten erleichtert wohl den äußeren Erfolg, erschwert aber die Möglichkeit, Ansichten anderer zu akzeptieren, und damit auch die Einfügung in eine Gemeinschaft. Ein solcher Mensch ist sich selbst genug — wohl ihm, wenn er aus seiner vorgeburtlichen Entwicklung solche geistigen Inhalte mitbringt, daß er damit bei sich und anderen im Sinne des Entwicklungsprinzips wirken kann. Anderenfalls wäre es ein selbstzufriedener Mensch, der um sein Ich kreist und alles tut, um Mittelpunkt zu sein.

Die körperliche Lebenskraft und der Lebenswille werden bei Geburten um Sonnenaufgang besonders entwickelt sein. Da sich nämlich der Geist eher statisch verhält, muß das geiststoffliche Kontinuum die Entwicklungsimpulse mehr aus dem seelischen und körperlichen Wahrnehmungsbereich beziehen. Deshalb ist hier ein gutes Funktionieren des Körpers besonders wichtig. Krankheiten können meist rasch und mittels einer inneren Heiltendenz überwunden werden. Aber es besteht auch die Gefahr, mit den vorhandenen Gaben verschwenderisch umzugehen und die Kräfte zu vergeuden. Jedenfalls müßte ein solcher Mensch seine Aufgaben im Bereich des praktischen Lebens und im extravertierten Handeln suchen. Die Möglichkeit einer Ausrichtung nach innen würde dem Sonnen-

Vollmond im Aufgang: Die Sonne befindet sich hier gleichzeitig am Westhorizont, also dem Mond gegenüber im Untergang. Die Schwingungen des seelischen Kraftfeldes machen sich überstark bemerkbar. Die Erlebnisskala eines solchen Menschen reicht von »himmelhoch jauchzend« bis »zu Tode betrübt«. Er steht mitten im Spannungsfeld zwischen seelischen und geistigen Bewußtseinsvorgängen. Springfluten und labiles Wettergeschehen kennzeichnen in der Natur oft die Tage um Vollmond — beim Menschen steigert sich das Traumleben und die seelische Erregbarkeit. Vieles von dieser »Vollmondtendenz« erscheint in den Erkenntnisprozessen des bei dieser Konstellation verkörperten Menschen, wobei der Mond nicht notwendigerweise im Aufgang zu stehen braucht. Jedoch tritt in der Aufgangsstellung das typische Strukturbild am deutlichsten in Erscheinung. Da um die Vollmondzeit die Geburtenhäufigkeit steigt, ist eine solche Konstellation öfter in Geburtsbildern anzutreffen, als es im Durchschnitt zu erwarten wäre. Das intensive seelische Erleben fördert eben die Entwicklungsgeschwindigkeit, doch ist es für den Geborenen keineswegs immer leicht, das rasch wechselnde Erleben der geistigen Struktur zu integrieren. Es sind die Menschen, die dem Empfinden mit Recht mehr Gewicht beimessen als dem Überlegen, die in Bildern denken, die sich auch in ganz besonderem Maße mit der Umwelt auseinandersetzen und deren Einfluß widerspiegeln.

Erstes Mondviertel im Aufgang: In diesem Fall befindet sich die Sonne am höchsten Punkt ihrer Tagesbahn, also in »Mittagsstellung«. Zwischen Seele und Geist ist ebenfalls ein das Erleben intensivierender Spannungszustand vorhanden. Doch kann sich jeder der beiden Bereiche seinem Wesen gemäß entfalten und dehnt sich nicht auf Kosten des anderen aus. Ein solcher Mensch erhält seine Anregungen aus der Außenwelt, oft besonders im Zusammenhang mit seinem beruflichen Wirkungskreis. Er weiß seine Gaben in der sichtbaren Welt zur Geltung zu bringen, was jedoch nicht unbedingt »Erfolg« zu bedeuten braucht. Ebensooft wird er auch auf Ablehnung stoßen und um die Daseinsberechtigung zu ringen haben. Immer aber sollte er aus dem engeren persönlichen Umkreis hinausstreben. Da der Mond, also die Seele, kein unabhängiges »Wesen« ist, verwirklicht dieser Mensch das Hinaustreten oft gemeinsam mit einem »Höherstehenden« oder aber auch in der Rolle des Gegenspielers zu einer wichtigen Persönlichkeit.

Letztes Mondviertel im Aufgang: Die Sonne steht hierbei unter dem Horizont am tiefsten Punkt des Himmels. Wieder ist ein ausgeprägtes seelisches Erleben vorhanden, wobei gleicherweise Seele und Geist mitwirken. Doch hat hier der Geist in den Tiefen des Wesens Zugang zum Ursprung und dem unbewußten Bereich. Dorther kommen für solche Menschen die Impulse. Die bewußte Versenkung in diese Tiefen, oft auch die Verbindung mit früheren Daseinsperioden, erschließt Erkenntnisse, führt zum Quell der Ideen und zeigt die Möglichkeiten zur Betätigung auf dem irdischen Lebensweg.

Diese Strukturbilder der Mondphasen im Aufgang der Geburtskonstellation werden im übrigen noch besser verständlich sein, wenn wir auch die Beschreibungen der Aspekte und der Felder kennen.

Die Mondphasen sind jeweils auf ungefähr zwei Tage beschränkt. In den übrigen Geburtsbildern, die Mond im Aufgang zeigen, ergeben sich Mischungen aus den beiden benachbarten Phasen.

Im körperlichen Bereich wird bei Mond am Osthorizont die Leistungsfähigkeit recht wechselnd sein. Es fehlt etwas das Durchhaltevermögen, man ermüdet rasch, ist aber vor allem von der jeweiligen Stimmung abhängig. Lob und Anerkennung spornen einen solchen Menschen zu besonderem Einsatz an, wogegen er auf ein disharmonisches Arbeitsklima mit Leistungsabfall reagieren wird. Oft zeigen sich im Zusammenhang mit länger dauernden unbefriedigenden Lebenssituationen gesundheitliche Störungen. Das psycho-physische Zusammenspiel ist besonders ausgeprägt, und die Ursache von Erkrankungen wird meistens im seelischen Bereich zu suchen sein.

☿

Das Strukturbild des Merkurs und des bei Aufgang dieses Planeten geborenen Menschen

Im Symbol des Merkurs kommt die Verbindung von Seele, Geist und Stoff zum Ausdruck. Als der denkende, vergleichende, speichernde Intellekt ist Merkur keineswegs nur eine »Gehirnfunktion«. Er empfängt die aus der synoptischen Welt kommenden Geistströme ebenso wie die von den Sinnesorganen aufgenommenen Eindrücke und die seelischen Empfindungen. Eng mit dem Wachbewußtsein verbunden, vermag er aber auch die aus den Träumen entstandenen Vorgänge im unbewußten Bereich zu entziffern. Nach der astrologischen Überlieferung fehlt Merkur eine eigene Urteilsfähigkeit, es wird ihm lediglich eine übertragende Funktion zugestanden, etwa dem Telephondraht vergleichbar, der die Gespräche leitet. Eine solche Deutung läßt sich jedoch nicht aufrechterhalten, wenn man die Schwingungsbilder der Merkurkurve betrachtet. Sie sind äußerst differenziert und bei jedem anthropozentrischen Umlauf wieder von anderer Struktur. Denken wir an die drei aufeinanderfolgenden Merkurzyklen in Abbildung 5 (Seite 29), mit denen uns dieser Planet die unterschiedlichen Qualitäten der Kurvenabschnitte veranschaulicht! Er fördert durch die Spielarten seiner Bewegungen Verborgenes zutage, er tastet ab, erläutert, sondert aus, stellt zusammen.

Wir haben bereits die Merkuroszillationen der Abbildung 5 mit denen der Seele beziehungsweise des Mondes in Abbildung 7 verglichen. In der Tat bleibt Merkur, von der Erde aus gesehen, immer in Sonnennähe, er umkreist die Sonne mehrmals während eines Jahreslaufs, wie der Mond ständiger Begleiter der Erde ist. So könnte man Merkur auch den »Mond« der Sonne, die »Sonnenseele« nennen. Wieder erschließen sich hier mittels unserer Bewegungskurven neue Erkenntnisse über die Merkurfunktion in astrologischer Sicht.

Zudem wird nun auch die Bedeutung des Merkursymbols besser verständlich. Die seelische Komponente (☽) ist einer Schale vergleichbar, angefüllt mit dem Wasser des Unbewußten. Dieses wird angereichert mit den Impulsen des Geistwesens (○), das hier im Mittelpunkt des ständigen Kreisens steht. Dadurch erfolgt ein Auflösen, Mischen und Koagulieren, woraus sich die Gedankenformen der Materie (+) kristallisieren. Merkur wird damit zum Meister des alchemistischen *»Solve et coagula«.** Seine Funktion erschöpft sich keineswegs in der Rolle des bloßen »Götterboten« der Antike, ebenso wie die merkurische Sichtbarmachung der Gedanken durch Wort und Schrift nicht nur in einer Aneinanderreihung von Lauten und Buchstaben besteht.

Des weiteren bezeichnete die Astrologie Merkur bisher als »geschlechtslos«, damit wiederum ein Merkmal seiner Unpersönlichkeit unterstreichend. Wenn man den Gestirnen überhaupt Geschlechtsattribute beifügen wollte, müßte man Merkur androgyn nennen, männlich und weiblich zugleich als die höhere Potenz der Geschlechtsfunktion. Wir lehnen jedoch die Benützung solcher körperlich-biologischen Merkmale in der astrologischen Deutung aus den bereits dargelegten Gründen ab. Wie sie das Bild verfälschen, läßt sich aber gerade am Beispiel des Merkurs erkennen, der zur Registrierung seelischer Empfindungen keinesfalls geschlechtslos, sondern geschlechtlich besonders differenziert sein müßte.

Das Wesen, das bei Aufgang des Merkurs geboren wird, sieht den Sinn seiner Verkörperung in der Bewußtmachung der vielfältigen Erkenntnismöglichkeiten. Jeder geistige Impuls wird zu einer Idee, jede seelische Schwingung versucht es mitzuteilen, der Körper ist in ständiger Aktion, um die Eindrücke aus der Umwelt aufzunehmen. Der nüchterne Verstandesmensch oder der kühle Intellektuelle, wie man astrologisch die »Merkurtypen« oft darstellt, sind lediglich Ausnahmefälle des mer-

* »Löse und verbinde«, eines der Grundprinzipien der Alchemie, als geistiger Entwicklungsweg verstanden.

kurischen Strukturbildes. Im allgemeinen ist dieser Planet viel zu beweglich, um sich in einem »Typus« zu manifestieren. Er ist unmittelbar mit dem Zusammenwirken von Geist, Seele und Körper verbunden, die ihm als gleichwertige Komponenten erscheinen, weil er deren Wirken gleicherweise darstellt. Das mag der »Merkurwirkung« Charakterisierungen wie »oberflächlich« oder »unkonzentriert« eingetragen haben. Doch kann man wohl von einem Prinzip, das um der Bewegung willen da ist, nicht erwarten, daß es einen einzelnen Gedanken lange festhält oder die Tiefen auszuloten versucht, während bereits die nächsten Impulse auf Bewußtmachung warten. Daß dennoch Merkur auch statische Situationen sichtbar zu machen weiß, zeigen seine Kurven bei Rückläufigkeiten im Gebiet von 90 oder 270 Grad recht deutlich.

Der bei aufgehendem Merkur geborene Mensch wird auch seinen Körper in den Dienst der vielseitigen Aufgaben zu stellen suchen. Es ist also meist ein feingegliederter, sehr beweglicher Körper mit lebhafter Gebärdensprache. Das Nervensystem ist sensibel und wird durch die Vielzahl der Eindrücke leicht überlastet. Krankheiten nervlichen Ursprungs sind häufig und können zuweilen auch organische Störungen bedingen. Sie verschwinden aber meist, wenn sich ein solcher Mensch genügend mitteilen oder sich in einem entsprechend abwechslungsreichen Wirkungskreis entfalten kann. Die Umwelt, das bereits bestehende Wissen und die Suche nach immer wieder neuem Erleben sind die Elemente, aus denen sich dieser Mensch sein Leben aufbauen wird, wenn er seine Individualität verwirklicht.

♀ Das Strukturbild der Venus und des bei Aufgang dieses Planeten geborenen Menschen

Wir haben in Abbildung 4 (Seite 27) zwei Schwingungskurven der Venus kennengelernt. Sie ist der einzige Planet, der neben Sonnenumkreisungen mit Rückläufigkeit auch solche in Form der reinen Sinusschwingung vollzieht. So wird Venus zum verbindenden Prinzip zwischen den Strukturbildern der Sonne und der Planeten. Man kann die Sonne für einmal auch als den geistigen, die Planeten als den stofflichen Aspekt des Sonnensystems betrachten. Die Sonne ist innerhalb dieses kosmischen Systems der einzige Himmelskörper, der eigenes Licht aussendet, indem aus dem Zerfall der Materie Energie produziert wird. Die Planeten dagegen sind verdichtete Masse in erstarrtem Zustand. Venus verbindet das Solare mit dem Planetarischen, den Geist mit der Materie, indem sie beide Schwingungsarten entstehen läßt. Das kommt in ihrem Symbol recht eindrücklich zur Geltung.

Wenn man daraus mit Recht ableitet, Venus sei das Prinzip der Verbindung und damit der Liebe und Harmonie, dann muß dies so verstanden werden, wie es das Kurvenbild ausdrückt. Der Begriff der Verbindung ist nicht gleichbedeutend mit dem Verschwinden der Gegensätze, ist nicht das Verschmelzen zweier unterschiedlicher Gebilde zu einer neutralen Einheit. Vielmehr setzt Venus die Verschiedenheiten in eine sinnvolle gegenseitige Beziehung. In ihren beiden Bewegungsbildern wird nicht eine Kurve von der anderen aufgesogen oder überdeckt; es erscheint auch nicht die eine Form dominierend, die andere untergeordnet, sondern der Planet pendelt zwischen beiden Schwingungsarten, vermittelt, schafft eine gemeinsame Basis, aber ohne der individuellen Struktur der einen oder anderen Bewegungsform Gewalt anzutun. Man könnte ein Buch allein über diesen Sinn des Liebesprinzips schreiben, den uns die Venusfunktion seit Menschengedenken an das Firmament zeichnet! Jedenfalls aber sind die Erscheinungsarten der Liebe, denen man in Form des Mitleids, Dienens, Leitens, der Bevormundung bis zur Besitzergreifung des Partners immer wieder begegnet, bestenfalls ein schwaches Abbild der Liebesschwingung, die Venus in ihren geistigen Impulsen übermittelt.

Wenn im Venussymbol der Geist mit dem Stoff eine Verbindung eingeht, so manifestiert sich dies wohl am deutlichsten in der Kunst. Die Ideen des Künstlers erfahren eine Verkörperung in der sichtbaren Form des Stoffes, mit dem er gestaltet. Es ist dasselbe wie bei der Geburt des Menschen, wo sich eine geistige Struktur mit der Materie des Körpers verbindet. Deswegen steht Venus in enger Beziehung zu diesem Vorgang, wobei man wiederum weniger an das biologische Geschehen, als an die Resonanzerscheinungen bei der Inkarnation zu denken hat. Dennoch wird sich Venus, etwa wenn sie bei der Geburtskonstellation im Aufgang steht, auch im körperlichen Bereich manifestieren. Ein solcher Mensch wird jene geistige Struktur besitzen, die nicht nur harmonische körperliche Proportionen gestaltet, was sich meist schon in der Jugend zeigt, sondern er wird auch entsprechenden Wert auf seine äußere Erscheinung legen und sie pflegen. Venus aber aufgrund solcher Zusammenhänge als »weibliches Gestirn« bezeichnen zu wollen, käme einer Verkennung ihres Strukturbildes gleich, obwohl ihr die weiblichen Organe zugeordnet und bestimmte Krankheiten dieses Bereichs als »venerisch« bezeichnet werden. Es ist eben der große Nachteil der astrologischen »Entsprechungslehre«, die ungeheure Vielfalt stofflicher Erscheinungen und Vorgänge nur sieben (oder in neuerer Zeit zehn) Gestirnen zuordnen zu können. Das muß immer zu Widersprüchen führen. Wäre das »Weibliche« wirklich ein Attribut der Venus, dann müßte beispielsweise die Kunst in erster Linie dem weiblichen Geschlecht vorbehalten sein. Daher hier nochmals die Bitte an den Leser, sich bei seinen Interpretationen an die reinen Strukturbilder der Gestirne zu halten und von diesen ausgehend das Sein und Verhalten des Menschen verstehen zu wollen.

Dann wird man auch der Verkörperung des Venusprinzips, wie sie sich etwa bei Geburten mit Venus am Osthorizont zeigen kann, nicht mehr Willensschwäche oder Mangel an Entschlußkraft vorwerfen. Gewiß fällt es einem solchen Menschen schwerer, sich für eine bestimmte Richtung zu entscheiden, weil er immer auch den Gegenpol, die andere Möglichkeit mit einbezieht. Er wird auch keine »Kämpfernatur« sein, denn er will nicht verletzen oder besiegen, sondern verbinden. Wenn er aber um diese geistige Struktur weiß oder wenn er gar das Glück hat, schon in seiner Jugend durch eine entsprechende Erziehung darauf hingewiesen zu werden, dann wird er genügend Aufgaben finden, die venusgemäß das Gestalten im Stoff durch Liebe und Geist ermöglichen.

♂ Das Strukturbild des Mars und des bei Aufgang dieses Planeten geborenen Menschen

Die für diesen Planeten erhaltene (auf Seite 26 abgebildete) Schwingungskurve entspricht jener der Venus, wenn sie ihren »stofflichen« Aspekt zeigt. Wohl liegen in den beiden Beispielen (Abbildungen 3 und 4) die Rückläufigkeiten in verschiedenen Kurvenabschnitten. Doch ist dies von der jeweiligen Stellung der Erde, des Planeten und der Sonne abhängig und ist kein Charakteristikum der Planetenkurve. Wichtig ist hingegen, daß die Mars- und Venusschwingungen strukturell übereinstimmen, was auch für das Verhältnis Umlaufszeit — Rückwärtsbewegung zutrifft, wie in der kleinen Tabelle Seite 28 gezeigt wurde.

Demnach wären also Venus und Mars gar nicht jene Gegensätze, als die sie die astrologische Deutung bisher darzustellen suchte? — Gewiß sind sie es nicht, wenn man sie als männliches und weibliches Prinzip betrachtet. Ebensowenig entsprechen ihre Bezeichnungen als Kriegsgott beziehungsweise Liebesgöttin der geistigen Struktur dieser beiden Planeten. Es ist ihnen vielmehr manches Gemeinsame eigen. Das geht unter anderem auch aus ihrer Schreibweise hervor, die in beiden Fällen auf dem Geistsymbol (○) aufbaut. Der Unterschied besteht lediglich darin, daß Venus im Stoff verbindet und gestaltet, Mars jedoch dem Geist eine neue Richtung, einen Impuls (↗)vermittelt. Die Richtung ist übrigens nicht genau festgelegt, wie es bei senkrechter oder waagrechter Stellung des Pfeils der Fall wäre und wie es uns später bei anderen Planeten noch begegnen wird. Bei Mars ist es »irgendeine« Richtung, das heißt, der Bewegungsanstoß ist die Hauptsache. Um die Folgen kümmert sich das Marsprinzip nicht.

In diesen »Folgen« aber liegt wohl die Gegensätzlichkeit der beiden Planetenstrukturen. Venus gibt der Idee im Stoff eine vorher geschaute eindeutige Form. Mars jedoch setzt eine Idee in Bewegung, wie ein Kind seinen Ball wirft. Er kann durch seinen Flug, sein Aufspringen und Rollen erfreuen, er kann aber auch eine Fensterscheibe zertrümmern. Doch die Marsschwingung m u ß nicht zerstören, wie es der »Kriegsgott« vermuten ließe; sie setzt lediglich in Bewegung um der Entwicklung willen. Nur weil die Bewegung sich fortsetzen möchte, beseitigt sie Hindernisse gewaltsam, die sich ihr in den Weg stellen, löst sie Verbindungen auf, die sie festhalten wollen, weist sie in die Zukunft, ohne das Vergangene zu berücksichtigen.

Das Marsprinzip ist nicht die stetige Bewegung an sich, sondern die Beschleunigung oder der Übergang aus der Ruhe in die Bewegung. Hier wird auch erkennbar, was die gemeinsame Basis ist, auf der Mars und Venus zusammenwirken. Ausgehend von der geistigen Idee, würde Venus den Stoff nicht gestalten können, wenn Mars nicht die Hände des Künstlers in Bewegung setzen würde. Umgekehrt würden aber die Bewegungen der Hände nur zusammenhanglose Zufallsformen entstehen lassen, wenn nicht Venus dank ihrer »Sonnenkurve« die Hände so lenkte, daß sich das geistige Bild auf den Stoff überträgt. Nicht von ungefähr zieht die Erde in der Mitte zwischen Venus und Mars ihre Bahn, wenn man es heliozentrisch betrachtet. So bietet sie den beiden benachbarten Schwingungsformen ständig im Stoff die Möglichkeit des Sichfindens und der Ergänzung. Denn das Symbol der Erde (♁) zeigt die Materie in der oberen (bewußten) Stellung. Zwar erscheint dieses Symbol nicht in den Konstellationsbildern, da der verkörperte Mensch mit der Erde eins ist. Die irdische Funktion kommt an dessen Stelle in den Feldern zum Ausdruck. Doch kann der tiefere Sinn der Venus- und Marsstruktur wohl nur über das Symbol der Erde verstanden werden.

Der Mensch, bei dessen Geburt Mars im Aufgang steht, wird immer wieder etwas in Bewegung setzen wollen. Er wird Aufgaben übernehmen, die in die Zukunft weisen, er wird sich für Ideen einzusetzen suchen, auch wenn sie von anderen Personen stammen, er ist die motorische Kraft, die Gestaltungen in Gang bringt. Das ist unabhängig davon, ob ein männliches oder ein weibliches Wesen eine solche Marsstruktur verkörpert. Wenn es für eine Frau schwieriger sein mag, etwas Neuem zum Durchbruch zu verhelfen, dann liegt es an unserer Gesellschaftsordnung, nicht jedoch daran, daß Mars ein männliches Prinzip darstellen würde.

Wer aktiv und in Bewegung ist, hat begreiflicherweise mehr mit Auseinandersetzungen und Zusammenstößen zu rechnen, er schafft sich eher Feinde, als wenn die Venusstruktur betont wäre. Er muß daher auch mutiger und eigenwilliger sein, voll Ungeduld, seine Ziele zu erreichen. Aber auch dies sind nicht marsische Eigenschaften, sondern durch die Materiewelt bedingte Vorgänge und Gesetzmäßigkeiten. Man beobachtet so oft, daß sich ein destruktives Verhalten bei demselben Menschen in unermüdliches Arbeiten verwandeln kann, sobald er eine der Marsstruktur gerecht werdende Aufgabe gestellt erhält. Das wäre nicht möglich, wenn es sich um vorgeprägte Charakterzüge handeln würde. Die körperliche Konstitution eines solchen Menschen entwickelt sich in dem Sinne, daß er überdurchschnittlichem Kräfteeinsatz gewachsen ist, daß aber auch immer wieder Haltepunkte gesetzt werden, die einen neuen »Anlauf« ermöglichen. Das können Krankheiten oder äußere Widerstände sein. Sie sind notwendig, weil diese Art des Gestaltens im Stoff nicht durch anhaltende und langfristige Planung, sondern durch die momentanen Eingebungen bestimmt wird, die durch eine rasche Impulsfolge gekennzeichnet sind.

♃ Das Strukturbild des Jupiters und des bei Aufgang dieses Planeten geborenen Menschen

Indem wir uns diesem Planeten zuwenden, machen wir in mehrfacher Hinsicht einen Sprung im Sonnensystem. Am deutlichsten drückt sich dies wiederum in den Schwingungsbildern aus. Während die Kurven von Mars und Venus eine, die von Merkur drei Rückläufigkeiten aufweisen, sind es bei Jupiter bereits zehn bis elf. Es entstehen so sehr differenzierte Oszillationen. Sie liegen aber bei Jupiter und, wie wir sehen werden auch bei Saturn, immer noch im stofflichen Manifestationsbereich. Von Uranus an, dessen Sinuskurve über achtzig Nebenschwingungen in Form von Rückläufigkeiten pro Kreisbewegung aufweist, werden wir eine neue Energieform kennenlernen.

Bereits Jupiter stellt aber im Vergleich zu den bisher beschriebenen Planeten eine veränderte Art von planetarischem Schwingungsbild dar. Betrachten wir seine Oszillation in Abbildung 6 (Seite 31) so werden uns die Gesetzmäßigkeiten der Sinusfunktion in voller Deutlichkeit bewußt. Eine Ahnung davon vermittelte uns zwar bereits Merkur, doch mußten wir dazu (in Abbildung 5) mehrere Umläufe des Planeten miteinander vergleichen. Jupiter dagegen verdeutlicht in jeder einzelnen Kreisschwingung die statischen oder dynamischen Eigenschaften der einzelnen Kurvenabschnitte und zwar wesentlich exakter, als es bei den Merkurumkreisungen der Fall ist. Daher bedeutet Jupiter in seiner Bewegung das Grundprinzip, dem alle Schwingungen des Sonnensystems folgen. So erklärt sich auch, warum ihn die astrologische Deutung zum Symbol des Gesetzes und Prinzips machte.

Es ist nun sehr interessant und bestimmt kein Zufall, wenn Jupiter auch in seiner Stellung als Himmelskörper viel vom kosmischen Bewegungssystem zum Ausdruck bringt. Er ist nächst der Sonne mit seinem Durchmesser von 143000 Kilometern das größte Gestirn unseres Sonnensystems (Sonne: 1,4 Millionen, Erde: rund 13000 Kilometer Durchmesser). Indem Jupiter von vier großen und acht kleinen Monden umkreist wird, bildet er eine Art »Planetensystem« für sich, wobei er selbst die Stellung der Sonne einnimmt. Neuerdings konnte man mittels der Raumsonden beim Vorbeiflug an Jupiter ein äußerst starkes elektromagnetisches Feld registrieren, das dem der Sonne ähnlich ist. Eine »verhinderte Sonne« wurde Jupiter in einem dieser wissenschaftlichen Berichte genannt. »Verhindert« deshalb, weil die immerhin ein Zehntel der Sonne betragende Größe des Jupiters in keinem Vergleich steht zu seiner Masse, die nur ein Tausendstel der Sonnenmasse beträgt. Diese reicht nicht aus, um die energetischen Vorgänge in den Atomen bis zur Lichtemission anzuregen und wie die Sonne in eigenem Licht zu erstrahlen.

So erlebt der Mensch, der mit Jupiter im Aufgang geboren wurde, diese »scheinbare Sonne« auf mancherlei Art. Es mangelt ihm nicht an Selbstvertrauen, Zuversicht, Optimismus. Aber oft plant und verspricht er mehr, als seine Kräfte hergeben können. Er umgibt sich mit einem Hofstaat von Trabanten, die seinen Weisungen folgen und seine Ansicht zum Prinzip erheben. Das mag durchaus zu Ansehen und Erfolg führen. Aber sofern ein solcher Mensch sich nicht seiner Grenzen und gesamten planetarischen Schwingungen bewußt bleibt, wird der Schein trügen, und er wird sein selbstgeschaffenes »System« nicht wirklich zum Leuchten bringen können. Dies ist immer dann der Fall, wenn der Geist nicht genügend zum Durchbruch kommt. Im Jupitersymbol selbst erscheint er nicht, sondern dieses ist eine Verbindung zwischen Seele und

Körper, die man beinahe als »animalische« Struktur bezeichnen könnte. Doch steht die seelische Komponente hier höher als das Stoffsymbol, es ist also ein beseelter Stoff, der uns in diesem Symbol entgegentritt.

So mag Jupiter in seiner ebenfalls überlieferten Bedeutung als »Religiosität« verstanden werden, die den Geist als das Göttliche außerhalb der Individualität als etwas Übergeordnetes empfindet. Der Glaube an eine »höhere Macht« ist bei Menschen mit aufgehendem Jupiter im Geburtsbild fast immer in irgendeiner Form vorhanden. Selbst wenn er sich als Wunsch nach Beeinflussung der Materie durch die Seele äußert, was in so vielen der in Mode gekommenen psychischen Erfolgs- und Trainingsschulungen gehandhabt wird. Letztlich sind auch Gebet und Glaube ein Sich-Erheben der Seele über den Stoff in der Hoffnung, mittels einer wie auch immer gearteten hierarchischen Ordnung zur Erfüllung zu gelangen. — Ein typisch auf das Jupitersymbol zugeschnittener Weg, der diesem Planeten unter anderem die Zuordnung zu Priestern und Magiern vermittelt hat.

Wer mit dem Gesetz oder der höheren Macht in Einklang lebt, der lebt richtig und unangefochten, also im »Glück«. Daher die Bedeutung des Jupiters als der so oft in der populären Astrologie zitierte »Glücksplanet«. Er soll aus der Fülle seiner Gaben Reichtum, Ansehen, Macht, Glück bis zum Lottoglück gewähren. Aber dies entspricht einer recht einseitigen Hervorhebung der Materieseite seines Symbols, die die Seele außer acht läßt.

Wegen der immerhin recht deutlichen Einbeziehung des Körperlichen manifestiert sich ein aufgehender Jupiter auch besonders in Gestalt und Gebaren des Menschen. Ein joviales Wesen, der eigenen Würde bewußt, eine volltönende Stimme, oft Neigung zu Übergewicht sind die Entwicklungstendenzen eines solchen Körpers. Genußfreudigkeit und eine gewisse Neigung zur Bequemlichkeit können die Gesundheit zuweilen beeinträchtigen. Leitbilder in Form von Ideen oder bekannten

Persönlichkeiten spielen während des ganzen Lebens eine große Rolle. Sie lassen die der eigenen Persönlichkeit gezogenen Grenzen weniger fühlbar werden und tragen wesentlich zur Erhaltung des hier besonders wichtigen körperlich-seelischen Gleichgewichtes bei. Im übrigen lassen sich bestimmte Aspekte der Jupiterstruktur noch besser durch Vergleich mit dem anschließend beschriebenen Saturnprinzip verstehen.

♄ Das Strukturbild des Saturns und des bei Aufgang dieses Planeten geborenen Menschen

Wir haben bereits bei Venus und Mars die Form der Gegenüberstellung benützt, um einen besseren Einblick in die beiden planetarischen Strukturen und ihr Zusammenwirken zu erhalten. Schon dabei handelte es sich um ein üblicherweise als »günstig« und ein als »ungünstig« bewertetes Gestirn. Wenn wir nun einen ähnlichen Vergleich zwischen Saturn und Jupiter durchführen, liegt der Fall womöglich noch krasser. Was sollten Jupiter, »das große Glück«, und Saturn, der typische »Unglücksstern«, miteinander gemein haben?

Beginnen wir mit der äußeren Form der beiden Planeten. Sie sind die weitaus größten des ganzen Sonnensystems: dem Durchmesser von 143 000 Kilometern des Jupiters steht Saturn mit 121 000 Kilometern nur wenig nach. Er besitzt das Hundertfache (Jupiter das über Dreihundertfache) der Erdmasse, erst in weitem Abstand gefolgt vom drittgrößten Planeten Uranus, dessen Masse »nur« das Fünfzehnfache der Erdmasse beträgt. Infolge dieser Massenansammlung hat Saturn als Schwingungsbild eine ähnlich wichtige Bedeutung in der stofflichen Welt, wie wir sie bereits bei Jupiter erwähnten. Gewiß sind auch die Bewegungsbilder dieser beiden Planeten energetische Vorgänge im geistigen Bereich, als die wir sie im fünfdimensionalen synoptischen Universum kennenlernten. Bei der

Bildung des Sonnensystems hat sich jedoch nach denselben Prinzipien die »Verkörperung« der Planeten zu Massen in der vierdimensionalen Raum-Zeit-Welt vollzogen. So ist es nicht abwegig, auch äußere Erscheinungsmerkmale der Planeten zum Verständnis ihrer geistigen Struktur heranzuziehen. Nicht umsonst besitzt Merkur die geringste Masse von allen Planeten (nur fünf Hundertstel der Erdmasse). So kann er mit »Gedankenschnelle« in allen Bereichen von Geist, Seele und Körper die Vorgänge bewußtmachen.

Die Schwingungsbilder von Jupiter und Saturn dagegen sind vorwiegend auf »Materialisierung« ausgerichtet, so daß sie sich nicht nur als Massekonzentration des Gestirns, sondern auch im Bereich des verkörperten Menschen nachhaltiger manifestieren, was nicht etwa gleichbedeutend mit »Wirkungen« der Gestirnsmasse auf den Menschen ist.

Auch in den Symbolen, die ebenfalls auf die innere Verwandtschaft dieser beiden Planetenriesen hinweisen, kommt diese Materiebeziehung zum Ausdruck. Wie bei Jupiter besteht auch das Saturnsymbol aus einer Verbindung von Seele (☽) mit Materie (+). Wir nannten dies die Beseelung des Stoffes, wobei wir zwei verschiedene Seiten dieses Vorgangs erkennen. Bei Jupiter kommt die Seele »von oben« aus dem Bereich der Hoffnungen und Verheißungen — im Saturnsymbol dringt sie »von unten« in den Stoff ein. Ich erinnere hier an die allgemeine Vorstellung, daß eben oben die Möglichkeiten der Zukunft, unten die Erfahrungen der Vergangenheit einander gegenübergestellt werden und die beiden senkrechten Pfeile die entsprechenden Entwicklungsrichtungen anzeigen. In dieser Darstellung würde Jupiter die Richtung von oben nach unten (Verkörperung, Verstofflichung), Saturn die Gegenrichtung (im Sinne der Entstofflichung und Vergeistigung) bedeuten.

Das erfordert einige Korrekturen am bisherigen astrologischen Deutungsbild des Saturns. Indem die Saturntendenz das seelische Erleben vor allem mit Inhalten der Vergangenheit durchtränkt, ist die Bewegungs- und Veränderungsmöglichkeit beschränkt. Doch dies erleichtert das Erkennen der Ursachen und Wurzeln, vermittelt die Essenz des Wissens aus den Erfahrungen und den hinter der äußeren Fassade verborgenen Sinn. Saturn löst gewissermaßen die Materie in der Idee auf, die damit zum Samenkorn eines weiteren Wachstums wird. Jupiter reichert den Stoff an, komprimiert ihn von oben, bis sich die Ideen in materiellen Werten niederschlagen. Der Mensch, der jeden Augenblick am Schnittpunkt von Vergangenheit und Zukunft steht, braucht Saturn und Jupiter gleichermaßen. Er bereichert sein Wissen ebenso mit den Erinnerungen, wie er die Realisierung seiner Zukunftspläne zum Leben benötigt. So sind Jupiter und Saturn nicht »günstig« und »ungünstig«, sondern sie entsprechen den beiden Phasen eines Wechselstroms, indem sie bald den oberen, bald den unteren Bereich betonen.

Es mag ungewohnt erscheinen, Saturn als das die Materie auflösende Prinzip zu betrachten, nachdem in der Astrologie immer seine »Schwere«, seine konzentrierende und belastende Tendenz hervorgehoben wird. Wenn wir aber nochmals physikalische Größen der Planeten zur Erklärung heranziehen, wird man erstaunt sein, daß dieses vermeintliche Symbol der Schwere von allen Planeten die geringste Dichte aufweist. Er besteht also aus dem leichtesten Stoff, seine Dichte beträgt nur 0,69, wenn die Dichte des Wassers gleich eins gesetzt wird. Die Dichte des Jupiters ist 1,33. Ein »Stück Saturn« würde also auf dem Wasser schwimmen, ein »Stück Jupiter« müßte untersinken. Mit den Auflösungserscheinungen des Stoffes in der Richtung von unten nach oben, der dadurch leichter, durchsichtiger wird, läßt sich jedoch die geringe Dichte des Saturns gut in Einklang bringen. Ebenso entfernt sich seine Schwingungskurve infolge der schon recht großen Anzahl der Oszillationen (bzw. Rückläufigkeiten) bereits von der typischen Materiestruktur des Jupiterbildes.

So erkennt man auch beim Menschen, der mit aufgehendem

Saturn geboren wurde, daß er beim Aufbau seines Körpers mit möglichst wenig Materie auszukommen sucht. Er ist meist hager, knochig und geht auch sonst mit seinen Ausdrucksmöglichkeiten recht sparsam um. Ein ernster, oft recht schweigsamer Mensch, der seine Aussagen und Bemühungen auf das Wesentliche konzentriert. Doch wäre es falsch, ihn als nüchternen Verstandestyp zu bezeichnen und ihm das Gefühl abzusprechen. Die seelische Komponente ist, wie bei Jupiter, im Saturnsymbol sogar besonders betont. Da sich jedoch eine solche Seele an der Vergangenheit orientiert, ist sie an bestimmte »traditionelle« Schwingungszustände gebunden. Ein solcher Mensch benötigt relativ lange Zeit (da es sich wiederum um das Entstehen einer Reihe von Erfahrungen handelt), bis er seine Ansicht oder Gefühlseinstellung ändert. So wird unter anderem das Strukturbild des Saturn auch zum Symbol der Zeit.

Schließlich ist aus der Vergangenheitsbezogenheit auch erklärbar, warum die astrologische Deutung Saturn mit dem Tod assoziiert. Mit dem Lebensende hört für den Menschen die Zukunft und die Gegenwart auf zu existieren. Alles ist Vergangenheit geworden und als solche nicht mehr veränderbar. Es lassen sich keine Fehler mehr korrigieren, keine Pläne mehr in die Tat umsetzen. Ein Zustand, wie er uns in der festen Erde entgegentritt. Nicht umsonst suchen die Archäologen in der Erde nach Relikten früherer Kulturen, und in den geologischen Schichten der Erdrinde sind die vergangenen Zeitalter unseres Planeten seit Jahrmillionen aufgezeichnet. Alles ist hier von der Zeit und dem Alter geprägt.

In der Tat sehen die bei Aufgang der Saturnstruktur geborenen Menschen meist älter aus, als es der Zahl ihrer Jahre entspricht. Hingegen bedeutet dies nicht ein kurzes Leben, sondern die Erfahrung zeigt, daß in diesen Fällen meist ein überdurchschnittliches Alter erreicht wird. Das »Alter«, in dem die Erfahrungen aus der Vergangenheit vorherrschen, ist eben das Lebenselement der »Saturnseele«. Es ist das Bild eines festgefügten Endzustandes, einer Begrenzung. An solche Menschen kommt man nicht leicht heran. Hat sich wohl als Ausdruck dieser Erscheinung der Planet Saturn mit seinem Ring umgeben? Bedeutete er deshalb jahrtausendelang die Begrenzung des Sonnensystems als äußerster Planet? — Er ist die sichtbare und zugleich umgrenzende Form in der stofflichen Welt, aber auch das innere Gesetz, nach dem diese Form geworden ist. Wie der Kristall, der sich für einen bestimmten Stoff immer wieder nach derselben Gitterstruktur der Moleküle bildet. Damit beweist gerade diese »konsequenteste« Form der Materie, daß es letztlich keine »unbelebte« Natur gibt, besonders wenn man das Symbol der Zeit, Saturn, in seiner höheren Dimension der synoptischen Welt betrachtet.

♅ Das Strukturbild des Uranus und des bei Aufgang dieses Planeten geborenen Menschen

Seit sich die Menschen des Geschehens am Firmament bewußt waren, seit sie Planeten und Fixsterne unterschieden, waren Merkur, Venus, Mars, Jupiter und Saturn bekannt. Man nennt sie daher auch die »alten« Planeten. Saturn bildete die Grenze, die erst überschritten wurde, als 1781 der Astronom F.W. Herschel den Uranus entdeckte. 1846 erfolgte die Entdeckung des Neptuns und 1930 wurde Pluto aufgefunden. Diese drei »neuen« Planeten unterscheiden sich vom früher bekannten Teil des Sonnensystems jedoch nicht nur dadurch, daß sie wegen der viel größeren Entfernung lichtschwächer sind und daher erst mittels verfeinerter Beobachtungsmethoden erkennbar wurden. Sie erweisen sich auch hinsichtlich ihrer Bewegungsstruktur von anderer Art. Durch die Vielzahl ihrer Rückläufigkeiten während einer Kreisbewegung nähert sich ihr Schwingungsbild immer mehr der reinen Sinusfunktion. Dies zeigt Abbildung 8, in der das erste Drittel (0 bis 120 Grad) der Uranusschwingung veranschaulicht ist. Gegenüber unseren früheren Darstellungen (Abbildungen 3—6) wurden die Maßstäbe vergrößert, um die einzelnen Oszillationen erkennbar zu machen.

Abbildung 8

Es ist hier die Uranusbewegung in den Jahren 1928 bis 1958 verwendet, als der Planet die Tierkreiszeichen Widder bis Löwe durchlief. Eine vollständige Sonnenumkreisung dauert bei Uranus 84 Jahre. Die Kurven von Neptun und Pluto ähneln der des Uranus, doch sind die Oszillationen der Rückläufigkeiten noch zahlreicher und ihre Abweichungen von der genauen Sinuskurve noch geringer als bei Uranus. Indem dadurch immer mehr die reine Sonnenkurve erreicht wird, ist dies gleichbedeutend mit einer zunehmenden Entstofflichung, so daß sich diese Energiestrukturen vorwiegend seelisch-geistig erfassen lassen. Sie sind auch kaum mehr als körperliche Merkmale der bei Aufgang dieser Gestirne geborenen Menschen zu erkennen. Die stofflichen Manifestationen haben mit Jupiter und Saturn ihren Abschluß gefunden.

Dagegen kommen die Strukturbilder der neuen Planeten im Empfinden und Verhalten der betreffenden Menschen recht charakteristisch zum Ausdruck. Sie lassen sich aber meist mit den in der materiellen Welt geltenden Auffassungen nur schwer vereinen. Kein Wunder, daß die Trivialastrologie diese Planeten mehrheitlich als »ungünstig« deutet.

Wenden wir uns nun vorerst Uranus zu, so erinnert sein Symbol zum Teil an das der Sonne. Wie diese ist er in seinem Geist auf einen Mittelpunkt, nämlich das Ich, die Individualität, bezogen. Doch es ist hier nicht die in sich geschlossene, statische Situation, sondern dieses Ichbewußtsein ist mit einem Impuls (↑) verbunden. Das ergibt eine Parallele zu Mars. Während dieser jedoch seinen Bewegungsdrang in unbestimmter Richtung entfaltet, hat der Uranusimpuls einen genau definierten Vektor, nämlich nach oben im Sinne der Senkrechten. Diese Richtung haben wir bereits mehrfach in der Bedeutung von »Zukunft« oder »Bewußtsein« kennengelernt. Uranische Ideen weisen also nicht nur eindeutig in die Zukunft, sondern gehen auch von einem im Geist fest markierten Ausgangspunkt, einem Kristallisationspunkt, aus.

Ein bei Uranusaufgang geborener Mensch ist seiner Zeit voraus. Mit seinen Ideen möchte er aber zugleich auch seiner eigenen Persönlichkeit zum Durchbruch verhelfen — er wirkt und arbeitet ichbezogen. Das Uranussymbol ist insofern Mars verwandt, als es ebenfalls trennt, auflöst, mit der Vergangenheit bricht, um Platz für Neues zu schaffen. Während jedoch an diesem Punkt die Aufgabe des Mars bereits erfüllt ist, beginnt die des Uranus erst richtig, indem anstelle des alten Zustandes ein neuer Weg zu zeigen ist, neue Lösungen bereitgehalten werden.

Solche Menschen sind oft Erfinder, Entdecker, Reformer.

Sie erschließen Neuland, plötzlich, sprunghaft, wie eine neue Erkenntnis sich Bahn bricht. Als am 2. Dezember 1942 um 15 Uhr 20 in den Laboratorien der Universität Chicago erstmals die Kettenreaktion der Atomumwandlung in Gang gesetzt wurde und damit die Geburtsstunde des Atomzeitalters schlug, stand Uranus im Aufgang. Gleichzeitig versank die Sonne am Westhorizont. Typischer hätte das »Geburtshoroskop« der Atomenergie gar nicht aussehen können. Die Sonne als wohldosierte stetige, einhüllende Energieform, die das Leben hegt und entfaltet, wurde ersetzt durch Uranus, die spontane Energieballung, die nicht nur als Waffe diente, sondern auch in der zivilen Anwendung immer wieder ins Extrem verfällt und Sicherungsvorkehrungen durchbricht. Und doch stammen beide Energien aus derselben Quelle der Atomumwandlung — so wird man auch die uranische Variante der Sonne im Laufe der Zeit ausschließlich den Lebensvorgängen dienstbar zu machen wissen.

Der Mensch, dessen Erkenntnisvorgang uranisch ausgerichtet ist, wird oft in ähnlicher Weise die durch Konventionen und Gesellschaft gezogenen Schranken durchbrechen wollen. Wann sich dies zerstörerisch, wann befruchtend auswirkt, läßt sich nie voraussehen. Oft gehen beide Auswirkungen parallel, nicht weil ein solcher Mensch in sich gegensätzlich wäre, sondern weil Uranus mit seiner schon weitgehend immateriellen Struktur auch bereits an jener Grenze steht, die von der irdischen eindimensionalen Zeitachse in die Zeitebene überleitet. So überblickt diese Bewußtwerdungsart schlaglichtartig Zusammenhänge, die sich der »Durchschnittsmensch« erst nacheinander erarbeiten muß. Daß sich dies im psychischen Feld eines solchen Menschen ebenso irrational in Form von Turbulenzen auswirken muß, die vom genormten Erleben abweichen, ist verständlich und erklärt die Neurosen, die vor allem dann auftreten, wenn in solchen Fällen das uranische Schwingungsbild von der Umwelt abgelehnt oder nicht verstanden wird und sich nach »innen« entladen muß.

Das Strukturbild des Neptuns und des bei Aufgang dieses Planeten geborenen Menschen

Hinsichtlich der Schreibweise des Neptunsymbols bestehen verschiedene Auffassungen. Es wird zuweilen mit drei Spitzen als der Dreizack des Meeresgottes dargestellt, oder der Pfeil erhält an seinem unteren Ende einen kleinen Querbalken, ähnlich dem Materiesymbol bei Merkur oder Venus. Die hier benutzte Form entspricht jedoch dem aus der astrologischen Erfahrung entstandenen Erscheinungsbild des Neptuns am besten. Außerdem fügt sie sich auch sinnvoll in die Darstellungsweise der übrigen Planetensymbole ein. Nachdem in Uranus der senkrechte Bewußtwerdungsimpuls die geistige Ausweitung anzeigt, die mit der Entdeckung der »neuen« Planeten eingeleitet wurde, erfährt in Neptun auch die Seele einen aktiveren Auftrieb.

Um die Bedeutung dieses Symbols zu erfassen, erinnere ich nochmals an unsere Definition der Seele. Wir bezeichneten sie nicht einfach als die Gefühlssphäre des Menschen, sondern (Seite 39) als das Kraftfeld, das aus dem Zusammenspiel geistiger und körperlicher Wahrnehmungen entsteht. Zugleich wurde betont (Seite 41), daß dieses Schwingungsfeld bei der Trennung des Geistes vom Körper im Tod nicht zusammenbricht. Es enthält die während des Lebens gespeicherten Empfindungen, mit denen das Geistwesen in der Parallelwelt bestimmte Erlebnisse rekonstruiert und verarbeitet. Dabei haben wir die »Bildersprache« als die besondere Ausdrucksweise der Seele hervorgehoben.

Wenn nun das Neptunsymbol eine Aktivierung der Seele mittels des Impulspfeils ausdrückt, dann bedeutet dies nicht nur, daß ein zum Beispiel beim Aufgang des Neptuns geborener Mensch psychisch besonders ansprechbar oder aufnahmefähig ist, sondern seine Seele erhält dadurch eine zusätzliche Fähigkeit, nämlich aus den in ihr enthaltenen Eindrücken neue Bilder zusammenzusetzen und diese wiederzugeben, sie gewissermaßen auszustrahlen. Es ist dies die Eigenschaft, die wir mit »Phantasie« bezeichnen. Das vom griechischen *phainomai* (erscheinen) abgeleitete Wort wird zwar oft in recht abschätziger Bedeutung gebraucht, um etwas als unwirklich, frei erfunden oder täuschend zu bezeichnen. Doch ist Phantasieren ein durchaus realer und normaler Vorgang in der Seelenstruktur, der in der neptunischen Schwingungsform eben besonders ausgeprägt erscheint.

Die auf solche Weise von der Seele aus ihren eigenen Inhalten synthetisierten Bilder werden normalerweise vom Intellekt »zensiert« und gelangen nur dann ins Bewußtsein, wenn ihr Wahrscheinlichkeitswert genügend groß ist. Ein hauptsächlich verstandesbetonter Mensch hat weniger Phantasie, weil seine intellektuelle Zensur ziemlich mächtig ist und wenig derartige Bilder durchläßt. Kinder mit ihrem noch weniger entwickelten Intellekt sind phantasiereicher. Beim »neptunisch« schwingenden Menschen ist oft die seelische Bilderproduktion so intensiv, daß sie entweder den Intellekt überschwemmt oder von ihm weitgehend akzeptiert wird. Ja der Intellekt kann sich sogar in den Dienst dieser seelischen Funktion stellen, was zum Beispiel bei schöpferisch tätigen Menschen der Fall ist.

Wer in der astrologischen Deutung Neptun als »Täuschungsfaktor« bezeichnet, verkennt die wahre Struktur dieses Planeten völlig. Die menschliche Seele hat, wie ihre Traumbildersprache beweist, neben dem persönlichen Erleben auch Zugang zu den überindividuellen Erfahrungen der Menschheit, dem sogenannten kollektiven Unbewußten. Sie reicht damit über die Grenzen des eigenen Ich hinaus. Dadurch erklärt sich, warum Personen mit Neptun im Aufgang oder sonstwie stark entwickelter Neptunstruktur oft eine humanitäre Einstellung besitzen oder warum sie anderen Menschen besonders vertrauend entgegentreten. Der »andere« ist eben für sie kein völlig Fremder, sondern über gewisse universelle Bilder der Seele empfindet man das Gemeinsame, Verbindende.

Wenn man dann dennoch die Ablehnung eines fremden Ich verspürt oder gar das Vertrauen ausgenutzt wird, entsteht gewiß eine Enttäuschung. Aber sie wird nicht durch die neptunisch aktivierte Seele, sondern durch die äußeren Umstände bewirkt, etwa durch den allgemein vorhandenen Mangel an menschlichem Verstehen.

Der Neptunimpuls der Seele ist ebenso wirklich, wie die spontanen geistigen Bewegungsvorgänge der Uranusstruktur. Wie der Geist des uranischen Menschen ist auch die Seele des »Neptuniers« der heutigen Zeit voraus. Ihre Bilder werden vorerst noch als Phantasien belächelt, und dies, obwohl eine Wissenschaft von der Seele um deren Anerkennung als Realität ringt und obwohl die vielen Psychosen uns ständig die Gefahren aufzeigen, denen die durch den Verstand zu sehr zensurierte Seele unterliegt.

Solche Gefahren bestehen allerdings auch für den, der mittels des Irrationalen auf andere Seelen zu wirken versucht. Von Menschen mit ausgeprägter Neptunstruktur geht infolge des aktiven psychischen Kraftfeldes oft eine besondere Faszination aus, die andere Seelen zum Mitschwingen anregt. Es ist auf diese Weise möglich, ziemlich tief in das Gefüge eines Individuums einzugreifen und dessen Seele zur Hervorbringung bestimmter Vorstellungsbilder zu veranlassen. Eine solche Fähigkeit zu besitzen ist immer eine Versuchung, damit Vorteile materieller Art zu erreichen oder im Streben nach Macht andere Menschen von sich abhängig zu machen. Ob man einer solchen Versuchung erliegt oder seine Fähigkeit dazu benützt, andere Seelen aus der Erstarrung zu lösen und mit seinen Bildern wegweisend zu werden, hängt nicht von einem »guten« oder »schlechten« Neptun im Horoskop ab, sondern vom Verantwortungsbewußtsein, um das man sich unabhängig von der Struktur seines Konstellationsbildes zu bemühen hat.

Das Strukturbild des Plutos

Dieser Planet benötigt für eine vollständige Umkreisung 248 Jahre. Er wurde, wie gesagt, 1930 entdeckt. In der Astrologie begann man sich jedoch erst nach dem Zweiten Weltkrieg mit den Plutostellungen im Horoskop zu befassen, als die ersten genaueren Ephemeriden zur Verfügung standen. So liegen im Vergleich zu den anderen Planeten noch relativ wenig empirische Erfahrungen über diesen fernen Himmelskörper vor, zumal die Konstellationsbilder der in diesem Jahrhundert geborenen Menschen Pluto lediglich im Tierkreisabschnitt zwischen Zwillinge und Schütze zeigen. Wo in astrologischen Lehrbüchern »Deutungsregeln« über die Plutostellung enthalten sind, entsprechen diese ungefähr dem Bild des Mars, zuweilen mit etwas Saturnwirkung verbrämt. Man spricht manchmal von Pluto auch als einer »höheren Oktave« des Mars. Daß in diesem Zusammenhang Auswirkungen des Plutos auch für die Tierkreiszeichen angegeben werden, in denen der Planet überhaupt noch nicht beobachtet werden konnte, zeigt einmal mehr das schematische Vorgehen bei der Zusammenstellung solcher Aussagen.

Einige Autoren wollen in Pluto keinen individuellen Faktor, sondern mehr den »Zeitgeist« sehen oder die überpersönlichen Tendenzen im Schicksal, wie sie sich etwa aus der allgemeinen politischen und wirtschaftlichen Struktur eines bestimmten Landes für den Einzelmenschen ergeben.

Ebensolche Unklarheit besteht darüber, was für ein Symbol man Pluto zuteilen solle. Oft wird er lediglich mit »P« bezeichnet. Amerikanische Ephemeriden verwenden das Symbol, das aus denselben Komponenten wie das des Merkurs besteht. Unsere hier vorgeschlagene Schreibweise fügt sich der Reihe der neuen Planeten am besten ein: das reine Prinzip des Geistes mit der Seele verbunden, beide jedoch nicht mehr in Bewegung und Veränderung begriffen, wie bei Uranus beziehungsweise Neptun, nicht mehr auf das Zentrum eines Individuums bezogen, sondern im Zustand des immerwährenden Seins. So wie es in der Ewigkeit verwirklicht ist, wenn eines Tages der Bewußtwerdungsvorgang der gesamten Menschheit sein Ende erreicht haben wird, wenn sich das »Rad der Verkörperungen« zu drehen aufgehört hat. Oder wenn die Erde als erkalteter Planet eine nur noch schwach leuchtende Sonne umkreisen wird und das menschliche Bewußtsein, das Leben irgendwo im Raum einem neuen »Es werde Licht!« entgegenharrt.

Das Schwingungsbild des Plutos ist mit seinen insgesamt etwa 250 winzigen Oszillationen nur mehr wenig von der reinen Sinuskurve verschieden, wie sie uns in Sonne und Mond entgegentritt. Auch dies rechtfertigt unsere Auffassung des Symbols. Jedenfalls bestätigt ein Vergleich der Kurven von Mars und Pluto, daß es sich um zwei völlig verschiedene Strukturbilder handelt. Marsähnliche Deutungen können also keinesfalls auf Pluto zutreffen, wie es auch kaum verständlich wäre, warum sich eine planetarische Energieform innerhalb desselben kosmischen Systems wiederholen sollte.

In Pluto ist der Vorgang der Differenzierung zur Ruhe gekommen. Indem dieser Planet zwanzig Jahre im selben Tierkreiszeichen steht, kann er, ähnlich wie es für Uranus und Neptun gilt, nur noch hinsichtlich seiner Stellung zum Horizont, also in den zwölf Feldern interpretiert werden. Ebenso werden seine Verbindungen zu einigen raschlaufenden Gestirnen zu berücksichtigen sein, wie wir sie in Form der Aspekte im nächsten Kapitel kennenlernen werden. Aber auch dann dürften seine energetischen Impulse nur solchen Menschen bewußt werden, die nicht ausschließlich auf den persönlichen Erlebnisbereich eingestellt sind. Man muß schon in »globalen Dimensionen« denken oder sein Handeln auf einen Zustand ausrichten, der vom Laufe der Jahre vom Wechsel der sichtbaren Erscheinungen kaum mehr berührt wird, um die plutonische Schwingungsform zu erkennen.

Am besten kann man vielleicht die Bedeutung von Pluto erfassen, wenn man sich die Situation des Geistwesens in dem unmittelbar auf das Lebensende folgenden Erlebnisraum der synoptischen Welt vorstellt. Es ist der Zustand, in dem der Geist vermittels der im seelischen Feld gespeicherten Erlebnisbilder die Quintessenz eines Menschendaseins erkennt und sie zu Keimen einer neuen Existenz verdichtet. Bereits während des Lebens aber wird ein betonter Pluto im Geburtsbild zu einer recht engen Verbindung zwischen Seele und Geist hinstreben, während deren Verbindung mit dem Körper eher lokker ist. Das ermöglicht ein Erfassen der Spuren vorgeburtlicher Eindrücke im seelischen Kraftfeld, wenn ein solcher Mensch auf die entsprechenden Erkenntnismöglichkeiten stößt.

Ob nach Pluto noch weitere Planeten entdeckt werden? Sie würden das bestehende Bild des Sonnensystems nicht verändern, sondern lediglich zusätzliche seelisch-geistige Variationen erschließen. Für uns heutige Menschen ist mit Pluto der Vorgang der planetarischen Differenzierung zum Abschluß gelangt, indem Seele und Geist in den Zustand eingetreten sind, der ebenso Ende eines Vorgangs wie Beginn eines neuen Zyklus bedeuten kann.

4
Das Geburtsbild ohne Geburtszeit

Ich werde zunächst einmal das technische Vorgehen bei der Aufzeichnung einer Geburtskonstellation beschreiben. Dabei machen wir uns zugleich mit weiteren neuen Erkenntnissen vertraut. Die folgenden Seiten sind also keineswegs nur für solche Leser gedacht, die erstmals ein Horoskop aufstellen.

Der Ausdruck »Horoskop« ist leider bei vielen kritisch denkenden Menschen mit einem gewissen Odium behaftet, seit unter diesem Titel in so vielen Zeitschriften die Empfehlungen für die »Tierkreistypen« erscheinen. Selbst wenn man weiß, daß dies mit ernsthafter Astrologie nichts zu tun hat, empfindet man heute »Horoskop« doch als abgegriffenes Modewort, das man in einer wissenschaftlichen Darstellung kaum mehr zu verwenden wagt. So werde ich von dieser Bezeichnung im folgenden möglichst sparsam Gebrauch machen und sie lieber durch »Konstellationsbild« oder »Geburtsbild« ersetzen. Das empfiehlt sich auch noch aus einem anderen Grund.

Das Wort »Horoskop« ist aus der griechischen Wortverbindung *hora* = Stunde und *skopein* = betrachten entstanden. Es wird also die Konstellation der Zeit betrachtet, zu der ein Mensch geboren wurde. Ein Horoskop ließe sich demnach wörtlich genommen nur erstellen, wenn die Geburtszeit bekannt ist. In der Schweiz ist seit 1890 die behördliche Eintragung der Geburtszeit vorgeschrieben. Man braucht sich nur einen Geburtsschein ausstellen zu lassen, wenn man die Zeit seiner Geburt nicht kennt. In vielen anderen Ländern ist dies jedoch nicht der Fall, oder es sind die Archive infolge Kriegsgeschehens vernichtet worden. Sehr viele Menschen kennen also ihre Geburtszeit nicht und haben auch keine Möglichkeit, sie je zu erfahren. Aber nicht nur in solchen Fällen sollte der Astrologe dennoch ein Konstellationsbild erstellen können. Man hat zum Beispiel die Eignung von Bewerbern für eine bestimmte Stellung zu begutachten oder man möchte aus anderen Gründen sich über einen Menschen orientieren, ohne ihn direkt daraufhin ansprechen zu können. Das Geburtsdatum läßt sich dann immer noch leichter eruieren als seine Geburtszeit.

Da solche Fälle nicht nur den Berufsastrologen interessieren, sondern gerade auch zu Studienzwecken wertvoll sind, habe ich ein solches Beispiel an den Anfang unserer praktischen Arbeit gestellt. Man wird erstaunt sein, wieviel sich dabei bereits aufgrund der neuen Theorie aussagen läßt, vorausgesetzt, daß über den betreffenden Menschen einige weitere Fakten wie Berufstätigkeit, Familiensituation usw. bekannt sind. Zugleich sind die sich so ergebenden Deutungen auf gesicherten Tatsachen gegründet. Für die Geburtszeiten ist dies keineswegs immer der Fall, und sehr oft muß man feststellen, daß Angaben, die etwa auf Erinnerungen der Eltern beruhen, sich als irrtümlich erweisen.

Nicht zuletzt wird es gerade der Anfänger als bedeutende Erleichterung empfinden, daß man ohne Einbeziehung der Geburtszeit von jedem rechnerischen Ballast befreit ist. Er kann sich voll auf das Entstehen und die Beschreibung eines Konstellationsbildes konzentrieren und zugleich die verschiedenen Komponenten kennenlernen, die er später mit Verwendung der Geburtszeit weiter benützen kann. Hier nun unser Übungsbeispiel.

Es handelt sich um einen Mann, der am 3. Februar 1937 in Verona, Italien, geboren ist. Beruf: technischer Fachschriftsteller und Berater, nebenberuflich als Erfinder tätig. Verheiratet, eine Tochter. Besondere Interessengebiete: Archäologie und Reisen.

Um eine Geburtskonstellation aufzuzeichnen, gibt es verschiedene Möglichkeiten. Die gebräuchlichste ist eine Kreisfigur, deren Umfang in die zwölf Tierkreisabschnitte von je 30 Graden eingeteilt ist. Für unsere Zwecke sollte zugleich auch die Kreiseinteilung in 360 Grade ablesbar sein. Auf der nächsten Seite ist eine solche Kreisfigur dargestellt. Der Leser kann davon Photokopien zum eigenen Gebrauch anfertigen lassen. Dies ist empfehlenswerter, als »Horoskopformulare« von einschlägigen Verlagen zu beziehen. Denn solche vorgedruckten Blätter enthalten meist noch zusätzliche Rubriken, wie Aspektarium usw. Deshalb ist man gezwungen, den Tierkreis immer in derselben Stellung zu benutzen, was zur Folge hat, daß die »Horizontebene« kaum jemals waagrecht eingezeichnet werden kann und die »Himmelskarte« also in den seltensten Fällen ihrer natürlichen Stellung entspricht. Bei den Photokopien unserer Figur empfiehlt es sich, den Kreis der gestrichelten Linie entlang auszuschneiden weil man den Tierkreis je nach Geburtsdaten in verschiedenen Lagen benützt. Es ist störend, ein rechteckiges Blatt beim Aufzeichnen ständig

24	20 13 33	04 06 36	05♋30	15 40	20 33	09 47	12 07	19 22	05 40	18 39	
25	20 17 30	05 07 35	19 31	15 29	21 37	10 18	12 20	19 28	05 41	18 38	22 14
26	20 21 27	06 08 33	03♌21	15D 27	22 42	10 48	12 34	19 34	05 41	18 37	
27	20 25 23	07 09 30	16 57	15 32	23 46	11 18	12 47	19 40	05 42	18 36	
28	20 29 20	08 10 27	00♍16	15 44	24 50	11 48	13 00	19 47	05 43	18 34	22 05
29	20 33 16	09 11 23	13 15	16 03	25 53	12 17	13 13	19 53	05 44	18 33	
30	20 37 13	10 12 17	25 56	16 28	26 56	12 47	13 26	19 59	05 45	18 32	
31	20 41 09	11 13 11	08♎18	16 59	27 59	13 16	13 39	20 05	05 45	18 31	21 55
Pluto		1: 28♋00		9: 27 49		17: 27 39		25: 27 28			

1937 **FEBRUAR**

Tag	Sternzeit	☉	☽	☿	♀	♂	♃	♄	♅	♆	☊
	h m s	° ′ ″	° ′	° ′	° ′	° ′	° ′	° ′	° ′	° ′	° ′
1	20 45 06	12♒14 05	20♎26	17♑36	29♓02	13♏45	13♑52	20♓12	05♉46	18♍29	21♐52
2	20 49 02	13 14 57	02♏23	18 17	00♈04	14 14	14 05	20 18	05 47	18R 28	
3	20 52 59	14 15 48	14 14	19 02	01 05	14 43	14 18	20 25	05 48	18 27	
4	20 56 56	15 16 39	26 03	19 51	02 07	15 12	14 31	20 31	05 50	18 26	21 43
5	21 00 52	16 17 29	07♐57	20 44	03 07	15 40	14 44	20 38	05 51	18 24	
6	21 04 49	17 18 17	20 00	21 39	04 08	16 09	14 57	20 44	05 52	18 23	
7	21 08 45	18 19 05	02♑17	22 38	05 08	16 37	15 10	20 51	05 53	18 21	21 33
8	21 12 42	19 19 52	14 52	23 40	06 07	17 05	15 22	20 58	05 54	18 20	
9	21 16 38	20 20 37	27 48	24 44	07 07	17 33	15 35	21 04	05 56	18 19	
10	21 20 35	21 21 21	11♒05	25 51	08 05	18 00	15 47	21 11	05 57	18 17	21 24
11	21 24 31	22 22 04	24 43	26 59	09 03	18 28	16 00	21 18	05 59	18 16	
12	21 28 28	23 22 46	08♓37	28 10	10 01	18 55	16 12	21 25	06 00	18 14	
13	21 32 25	24 23 26	22 45	29 22	10 58	19 22	16 25	21 32	06 02	18 13	21 14

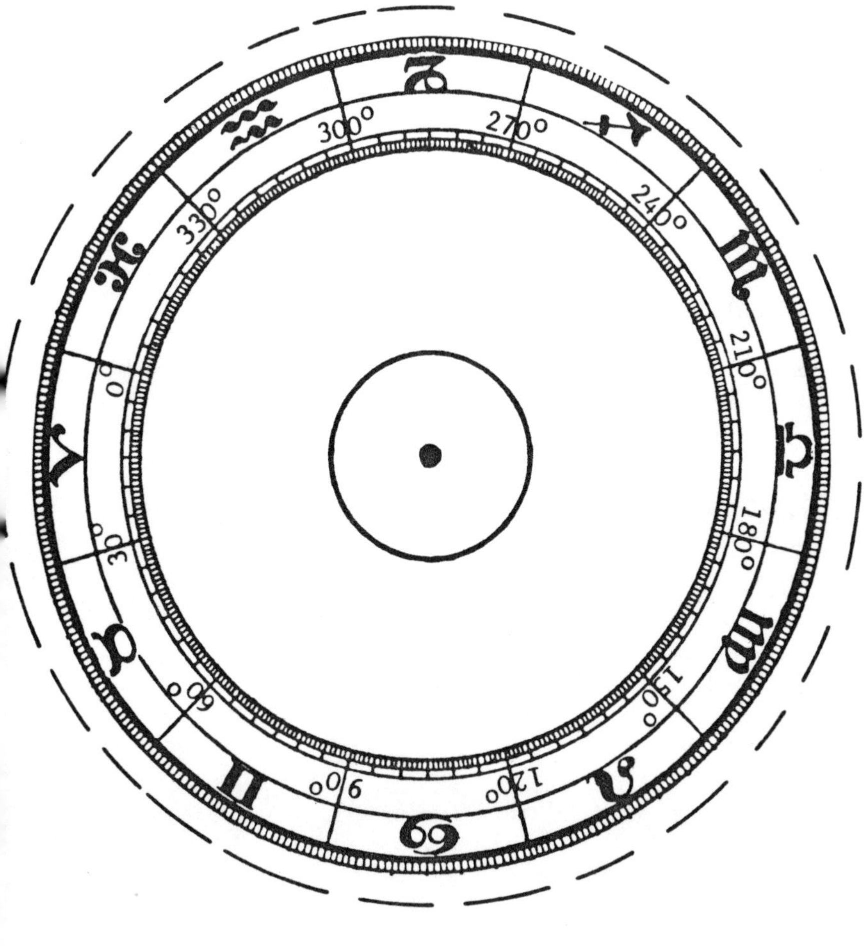
0°
30°
60°
90°
120°
150°
180°
210°
240°
270°
300°
330°

schief vor sich hinlegen zu müssen. Sind die Eintragungen beendet, läßt sich die Zeichnung in der richtigen Lage auf ein Blatt kleben, wodurch auch das spätere Betrachten sehr erleichtert wird und man für alle seine Zeichnungen eine einheitliche Stellung der Horizontachse erhält.

Sodann benötigen wir für unser Geburtsbild noch jenen Band der Ephemeriden, der die Tageskonstellationen der Gestirne für den 3. Februar 1937 enthält. Der Ausschnitt aus einer solchen Ephemeride* (Seite 82) zeigt die entsprechenden Angaben für den 3. 2. 1937.

Um die Stellungen der Gestirne ablesen und einsetzen zu können, sollten wir uns mit ihren Symbolen vertraut machen:

☉ Sonne	♀ Venus	♄ Saturn
☾ Mond	♂ Mars	♅ Uranus
☿ Merkur	♃ Jupiter	♆ Neptun
		♇ Pluto

Die Symbole der Tierkreiszeichen sind uns bereits aus der Zusammenstellung (Seite 21) bekannt. Sie sind hier mit den zugehörigen Kreissektoren nochmals aufgeführt:

1. ♈ Widder	0– 30 Grad	7. ♎ Waage	180–210 Grad
2. ♉ Stier	30– 60 Grad	8. ♏ Skorpion	210–240 Grad
3. ♊ Zwillinge	60– 90 Grad	9. ♐ Schütze	240–270 Grad
4. ♋ Krebs	90–120 Grad	10. ♑ Steinbock	270–300 Grad
5. ♌ Löwe	120–150 Grad	11. ♒ Wassermann	300–330 Grad
6. ♍ Jungfrau	150–180 Grad	12. ♓ Fische	330–360 Grad

Der Ephemeride entnehmen wir nun, daß am 3. Februar 1937 die Sonne in 14 Grad Wassermann stand. Die dort ebenfalls für die Sonne angegebenen Werte der Minuten (′) und Sekunden (″) benötigen wir nicht. Ebenso geben wir für die anderen Gestirne die Stellungen nur gradgenau ohne Minutenwerte an. Für die Eintragung legen wir unsere Kreisfigur so

* Entnommen der Ephemeride 1890—1950 des Verlags Max S. Metz, Zürich, 1949.

vor uns hin, daß die Mitte des Wassermannzeichens auf der linken Seite liegt. Warum dies notwendig ist, werden wir bald verstehen. In dieser Lage des Tierkreises zeichnen wir Sonne, Mond und alle Planeten ein, indem wir jeweils die Position aus der Ephemeride ablesen, die Stelle im Tierkreis markieren und in deren unmittelbarer Nähe das Gestirnssymbol genügend groß einzeichnen, etwa in der Art, wie es später aus Abbildung 25 zu ersehen ist. In den meisten Horoskopdarstellungen findet man nämlich die Planetensymbole viel zu klein gezeichnet, so daß man oft Mühe hat, sie im Gewirr der Aspektlinien zu finden. Doch ist die Verteilung der Gestirne viel wichtiger, und man sollte von ihr auf den ersten Blick ein eindrückliches Bild gewinnen. Ein solches Bild liegt nun also für den Geburtstag unseres Beispiels vor uns. Es zeigt die Gesamtverteilung der Gestirne im Tierkreis an diesem 3. Februar 1937.

Nun wollen wir damit die Situation im Zeitpunkt des Sonnenaufgangs festhalten. Wir brauchen also noch den Erdhorizont. Dazu ziehen wir von 14 Grad Wassermann eine Linie durch den Kreismittelpunkt, bis sie auf der anderen Seite (bei 14 Grad Löwe) wieder auf den Tierkreis trifft. Wenn wir die Figur so legen, daß die Sonne auf der linken Seite steht, verläuft die Linie waagrecht. Sie bedeutet die Erdoberfläche, links der Ostpunkt, wo die Sonne aufgeht, rechts der Westhorizont. Der darüber liegende Halbkreis entspricht damit der sichtbaren, der untere Teil des Kreises der unter dem Horizont verborgenen Himmelshälfte. An jenem Geburtstag standen somit bei Sonnenaufgang Jupiter und Merkur schon etwas über dem Osthorizont (Merkur war »Morgenstern«). Mond und Mars befanden sich eng beisammen ungefähr am höchsten Punkt des Himmels und Neptun näherte sich bereits dem Untergangspunkt im Westen. Die übrigen vier Gestirne finden wir unter dem Horizont, Uranus in der Nähe des tiefsten Punktes, während sich Venus und Saturn allmählich dem Aufgang nähern. Durch diese Horizontlinie gibt unsere Zeichnung nun schon ein viel eindrücklicheres Bild der Planetenverteilung, bezogen auf den Anfang der »Tageskurve«. Wir erkennen zugleich, wie die Sonne, der Tierkreis und die Planeten von Osten nach Westen über den Himmel wandern, wenn man die Erdoberfläche mit dem Menschen als feststehend ansieht.

Wir wissen, daß diese Tagesbewegung am Himmel durch die Erddrehung in entgegengesetzter Richtung entsteht. In »Wirklichkeit« bewegt sich der Mensch (allerdings ohne daß ihm dies bewußt wird) mit der enormen Geschwindigkeit von 1600 Stundenkilometer in der entgegengesetzten Richtung. Der Mensch geht dadurch gewissermaßen im Osten unter und im Westen auf, wenn wir Ost- und Westpunkt am feststehenden Tierkreis oder Himmelsgewölbe markieren.

Diese Rotation läßt sich, da es sich um eine Kreisbewegung handelt, ebenfalls als Sinuskurve darstellen. Sie läuft jedoch der täglichen Sonnenkurve entgegen, wenn wir sie ebenfalls bei Sonnenaufgang beginnen lassen. Während die Sonne als nach oben steigend gesehen wird, bewegt sich gleichzeitig der Mensch nach unten. Seine Bewegungskurve senkt sich vom Anfangspunkt (0 Grad) erst bis zum Minimum bei 90 Grad,

Abbildung 9

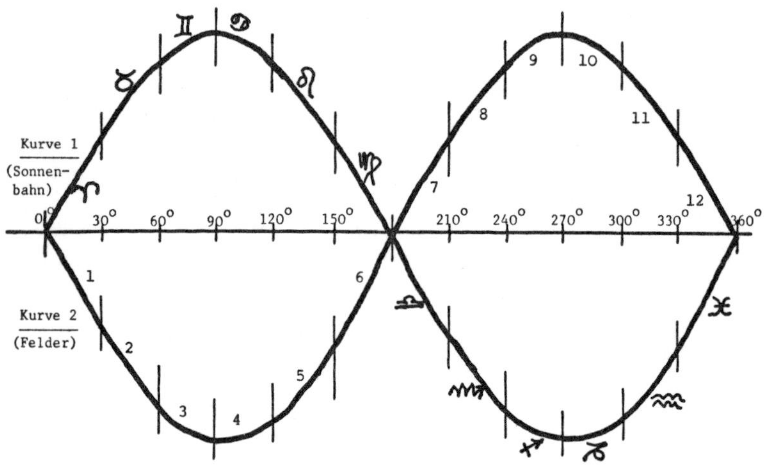

steigt dann zum Maximum bei 270 Grad an, um darauf wieder bis 360 Grad, dem Nullpunkt des folgenden Zyklus zu fallen. Diese Vorgänge sind in Abbildung 9 veranschaulicht.

Für beide Kurven in Abbildung 9 gelten als Sinusschwingungen ähnliche Erlebnisstrukturen, und ihre entsprechenden Abschnitte zeigen ähnliche »Qualitäten«. Da beide Bewegungen gleichzeitig verlaufen, gilt für den Bereich 0 bis 30 Grad der absteigenden Kurve eine ähnliche Tendenz wir für den Abschnitt 6 bis 8 Uhr der täglichen Sonnenkurve, und es läßt sich auch derselbe Zeit- oder Gradmaßstab verwenden. Man kann die korrespondierenden Kurventeile ebenfalls den Tierkreiszeichen zuordnen und den ersten Abschnitt mit »Widdertendenz«, den zweiten mit »Stiertendenz« usw. gleichsetzen, wie es in unserem Schaubild geschehen ist.

Der Leser wird gleich sehen, warum unsere zeichnerische Arbeit am Konstellationsbild durch diese ausführlichen Überlegungen unterbrochen wurde. Sie führen nämlich zum Verständnis einer Darstellungsweise im Horoskop, die zwar bereits seit Jahrhunderten angewandt wurde, für die aber bisher noch keine Erklärung gefunden werden konnte. Es sind die zwölf »irdischen Häuser« des Horoskops. Sie werden entgegen dem Uhrzeigersinn gezählt, das erste »Haus« liegt unterhalb des Aufgangspunktes, dann folgen die Häuser 2, 3, 4, 5 und 6 unter dem Horizont, Haus 7 liegt am Westpunkt, wo also die Gestirne untergehen, dann folgen die restlichen Häuser oberhalb der Horizontlinie. Ebenso seltsam mutete es an, daß die Bedeutung der Häuser ungefähr den Entsprechungen der Tierkreiszeichen folgte, jedoch hauptsächlich auf die irdischen Lebensbereiche zugeschnitten erscheint. Man folgte dabei einfach der Überlieferung, indem man diese Deutungsregeln anwendete.

Noch Dr. Alfred Fankhauser schreibt in seinem grundlegenden Werk *Horoskopie** (Seite 111): »Warum man dabei das

---

* Orell Füßli Verlag, Zürich (1939).

›erste Haus‹, das als eine ›Art Widder‹ gedacht wurde, im Osten unter dem Horizont und nicht im ersten Tageszwölftel der Sonne suchte, das freilich bleibt ein Rätsel.«

Erst die Darstellung der Bewegungsvorgänge als Sinuskurven vermag jetzt unter anderem auch dieses Rätsel zu lösen.

Die zwölf »Häuser« werden wir im weiteren besser »Felder« nennen, wie es auch schon andere Autoren (u.a. Fankhauser) vorgeschlagen haben. Sie übertragen also die kosmische Symbolik der Tierkreiszeichen auf die irdische Sphäre des praktischen Lebens, wobei die entsprechenden Interpretationen im nächsten Kapitel beschrieben werden sollen. Wir wenden uns nun nochmals unserer Zeichenarbeit zu und fügen die 12 Felder in unser Konstellationsbild ein. Dazu teilen wir den ganzen Kreis in 12 Sektoren von je 30 Graden, beginnend bei unserer Sonnenstellung in 14 Grad Wassermann. Das erste Feld reicht dann bis 14 Grad Fische, das zweite bis 14 Grad Widder usw. Wir brauchen also in allen Zeichen nur den 14. Grad zu markieren und können jeweils zwei solcher gegenüberliegender Punkte verbinden. Zum Schluß numerieren wir die Felder noch von 1 bis 12 im Gegenzeigersinn, beginnend mit 1 am Osthorizont.

Wenn alles richtig eingezeichnet wurde, sieht nun unser Konstellationsbild für den 3. Februar 1937 so aus, wie Abbildung 10 zeigt. Die Gestirne stehen in bestimmten Feldern und betonen damit die entsprechenden Betätigungsgebiete, beziehungsweise lassen sie Aussagen zu über die Art, wie sich das Individuum mit den verschiedenen Lebensbereichen auseinandersetzt. Damit hat das Geburtsbild bereits eine wesentlich größere »Wirklichkeitsnähe« erhalten, als wenn man nur die Gestirne in den Tierkreiszeichen berücksichtigen könnte.

Gewiß handelt es sich hier vorerst um eine vereinfachte Art der Felderdarstellung. Dem Fachastrologen, der bisher gewohnt war, die »Häuser« nur auf einen mittels der Geburtszeit errechneten Aszendenten (Aufgangspunkt) zu beziehen, mag dies ungewohnt und zu wenig individuell erscheinen. Ich habe

Abbildung 10

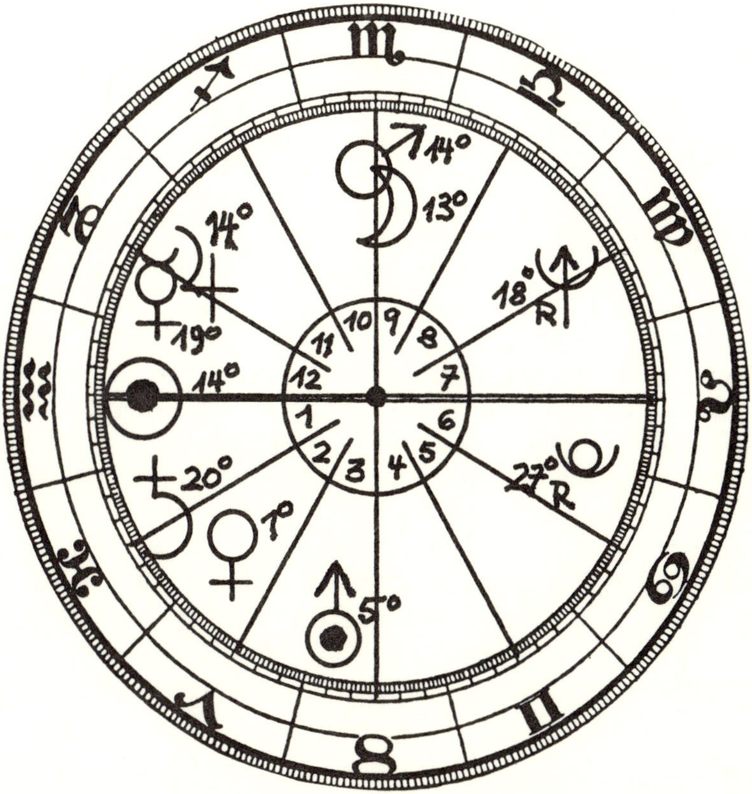

jedoch bereits betont, daß im Falle der unbekannten Geburtszeit die Reaktionsweise des Geborenen aus der Bewußtseinsstufe in Form seiner persönlichen Lebenssituation und seiner Interessen in Verbindung mit den Konstellationen erkennbar wird. Dies ist oft sogar zuverlässiger, als es ein aus ungenauer Geburtszeit ermittelter Aszendent sein kann, vor allem, wenn es sich um die Konstellation eines Erwachsenen handelt. So kommt wenigstens kein direkt falsches Element in die Deutung.

Im übrigen ist der Sonnenaufgang als Beginn unserer Bewegungskurve gewissermaßen der »Aszendent« des betreffenden

Tages. Das Erscheinen der Sonne ist ein Auslösungsmoment, das nicht mit beliebigen anderen Zeitpunkten des Tages verglichen werden kann. Nach diesem Aufgangspunkt richtet sich das Erleben der zwölf Doppelstunden bis zum folgenden Tag. Jeder kennt wohl auch aus eigenem Erleben, wie oft der Stimmungszustand des Morgens dem ganzen Tag sein Gepräge geben kann. In dieselbe Richtung scheint die indische Lehre von den Tattwa-Schwingungen zu weisen, die den Beginn der einzelnen Schwingungsphasen für den ganzen Tag ebenfalls auf den Sonnenaufgang verlegt. So dürfte der »Sonnenaszendent« auch Beziehung zu einem Geburtsvorgang haben, der irgendwann im Laufe dieser zwölf Doppelstunden erfolgt und damit über die beiden gegenläufigen Bewegungskurven mit deren Anfangspunkt in Verbindung steht. Das wird später die Analyse unseres Beispiels bestätigen. Um diese durchführen zu können, müssen wir uns zunächst mit den Deutungsbildern der Tierkreiszeichen, Felder und Aspekte vertraut machen. Diese gelten selbstverständlich unabhängig davon, ob man sie für ein Horoskop ohne oder mit Geburtszeit benützt.

5
Die Gestirnsverbindungen oder Aspekte

Sonne, Mond und die Planeten können auf ihrem Lauf durch die 360 Grade des Tierkreises die verschiedensten Stellungen zueinander einnehmen. Manchmal stehen zwei Gestirne nahe beisammen, ihr Abstand beträgt nur wenige Grade, sie wandern auf ihrer täglichen Bahn über und unter dem Horizont gewissermaßen Hand in Hand. Oder es stehen sich zwei Gestirne im Kreis gegenüber, beim Aufgang des einen geht das andere unter, zwischen ihnen liegt ein Kreisbogen von 180 Graden. Zwischen diesen beiden Grenzfällen sind alle möglichen Stellungen denkbar. Sie lassen sich ebenfalls in Graden ausdrücken, da es sich um Entfernungen auf dem Kreisumfang beziehungsweise um die dabei eingeschlossenen Winkel handelt.

Die astrologische Erfahrung hat gezeigt, daß einigen Winkelabständen eine ganz bestimmte Bedeutung zukommt, indem dann die beiden Gestirne in eine besondere Beziehung zueinander treten. Eine solche Verbindung nennt man Aspekt (von lateinisch *aspicere* = anblicken). Die mittelalterliche Überlieferung deutet denn auch die Aspekte so, als ob sich die entsprechenden Gestirne »freundlich oder feindlich anblicken«, je nach der Art des Winkels, den sie miteinander einschließen. Diese Bewertung der Gestirnsverbindung als günstig oder ungünstig hat sich in der Astrologie bis heute erhalten. So gelten zum Beispiel Winkelverbindungen von 90 und 180 Grad gleichermaßen als ungünstig, obwohl es sich um ganz verschiedene Stellungen der beiden Gestirne handelt. Eine solche Bewertung führt zu ähnlichen Fehldeutungen wie die Einteilung in »gute« und »böse« Planeten, und es ist nicht verwunderlich, daß gerade die summarischen Aspektbezeichnungen die häufigste Fehlerquelle bei Horoskopanalysen bilden.

Aus diesem Grunde wird hier eine neue Auffassung der Aspekte vorgeschlagen, die im folgenden mittels unserer Theorie begründet werden soll. Außerdem werden wir uns auf die fünf wichtigsten Aspekte beschränken, da sich mit diesen die Gesamtheit der Gestirnsverbindungen erfassen und deuten läßt. Die astrologische Überlieferung benützt durch weitere Unterteilung der Kreisabschnitte neun verschiedene Aspekte, was dazu führt, daß praktisch nahezu jedes Gestirn mit jedem anderen in irgendeiner Verbindung steht. Wenn man diese dann lediglich unter dem Gesichtspunkt »günstig« oder »ungünstig« betrachtet, läßt sich ermessen, wie weit man sich dadurch von der eigentlichen Wesensstruktur des Menschen entfernt. Aus diesen Gründen benützen wir nur die folgenden und spezifischer definierten Aspekte:

Winkelabstand	*Bezeichnung*	*Symbol*	*Tendenz*
0°	Konjunktion	☌	verbindend
60°	Sextil	⚹	erweiternd
90°	Quadrat	□	unterscheidend
120°	Trigon	△	verwirklichend
180°	Opposition	☍	spannungssteigernd

In Abbildung 11 ist die Verteilung der Aspekte auf dem Kreisumfang und zugleich auf den korrespondierenden Punkten der Sinuskurve dargestellt. Ein weiteres Mal erkennt man hier, wieviel deutlicher das Kurvenbild die geistige Struktur und tieferen Zusammenhänge der kosmischen Vorgänge hervortreten läßt.

Abbildung 11

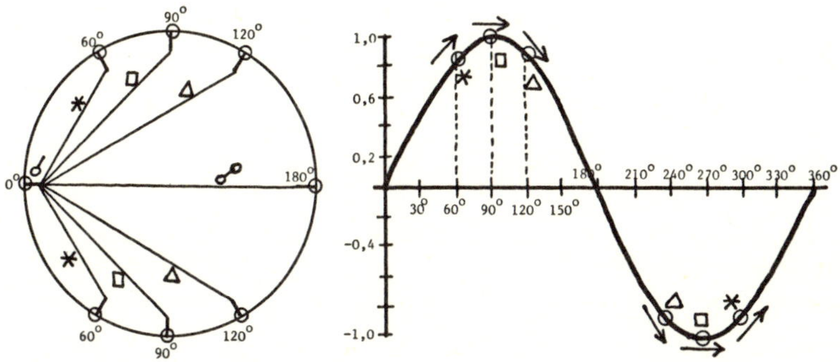

Auf dem Kreisumfang sind die Aspekte einzelne Punkte, die sich lediglich durch ihren Abstand voneinander unterscheiden. Es ist daraus nicht ersichtlich, warum ein Punkt bei 60 Grad anders »wirken« sollte als der Punkt bei 90 Grad. Die Sinuskurve dagegen ermöglicht es, die Lage der Aspekte mit bestimmten Bewegungsvorgängen in Beziehung zu setzen. Betrachten wir die Kurve in Abbildung 11 als die tägliche Bewegung zweier Gestirne, also ihren durch die Erddrehung bedingten Umlauf. Dann lassen sich die einzelnen Kurvenbereiche mit den Erlebniswerten beschreiben, die wir aus der täglichen Sonnenkurve (siehe Seite 13) erhielten. Befinden sich nun auf dieser Kurve zwei Gestirne, die wir mit A und B bezeichnen wollen, dann lassen sich ihre Aspekte folgendermaßen interpretieren.

Die Konjunktion: Beide Gestirne stehen nahe beieinander. Sie gehen also gemeinsam auf, treten gleichzeitig ins Bewußtsein. Ihre Strukturbilder, wie wir sie in Kapitel 3 dieses Buches beschrieben haben, verbinden sich miteinander, durchdringen sich gegenseitig. Dadurch läßt sich zwar ihre spezifische Eigenart weniger erkennen, doch entsteht aus dem Zusammenwirken etwas Neues. Man erlebt die beiden Gestirne nicht etwa nebeneinander als A + B, sondern als eine Art Produkt in der neuen Einheit AB. Dies wird sich in den verschiedenen Lebenssituationen abwandeln, denn beide Gestirne kulminieren auch miteinander, gehen zusammen unter usw. Der Erkenntnisvorgang registriert in allen Fällen die Synthese aus den beiden Strukturbildern.

Das Sextil: Hier kann sich zum Beispiel Gestirn A bereits 60 Grad über dem Osthorizont befinden, was gemäß der Kreiseinteilung in 12 Doppelstunden etwa der Erlebnissituation um 10 Uhr morgens entspricht. Gestirn B würde dann gerade aufgehen. Es tritt also in der Zeit ins Bewußtsein, da A mit dem praktischen Einsatz seiner Fähigkeiten beschäftigt ist. Hierfür vermittelt der aufgehende Impuls B zusätzliche Ideen oder Möglichkeiten. Wie diese verwertet werden, hängt selbstverständlich nicht vom Aspekt, sondern vom betreffenden Menschen beziehungsweise seiner Entwicklungsstufe ab. In jedem Fall wird im Abstand des Sextils das Strukturbild eines Gestirns durch das 60 Grad entfernte andere Gestirn um einen bestimmten Faktor erweitert.

Das Quadrat: Gestirn A befindet sich jetzt am höchsten Punkt der Kurve, B dagegen im Aufgang. Man braucht nur die Erlebnisbilder der beiden entsprechenden Tageszeiten (6 Uhr und 12 Uhr, Seite 14) miteinander zu vergleichen, um die Gegensätzlichkeit der beiden Situationen zu erfassen. Hier steht sich die Tendenz eines dynamischen und eines statischen Abschnitts der Sinuskurve gegenüber. Das bedeutet aber durchaus nicht, daß sich A und B dabei »feindlich« anblicken, daß sie einander bekämpfen. Sie unterscheiden sich lediglich von einander besonders deutlich, weil ihre an sich schon verschiedene Struktur durch die Unterschiede in den Abschnitten der Kurve noch mehr hervorgehoben wird. Das erleichtert die Bewußtwerdung beziehungsweise den Einsatz des für jedes Gestirn typischen Energiebildes. Vom Erkenntnisvorgang aus betrachtet wäre also das Quadrat als »günstig«, Konjunktion oder Sextil eher als »nachteilig« zu betrachten, woraus man ersieht, wie relativ solche Bewertungen sind. In jedem Falle richtig ist es, beim Quadrataspekt das Unterscheidende hervorzuheben. Damit erkennt man Situationen, die nicht miteinander vereinbar sind und die folglich vermieden oder geklärt werden müssen. Das gilt übrigens für alle Kurvenabschnitte, die 90 Grad auseinanderliegen und also zu einander im Quadrat stehen. Man denke etwa an die Erlebnistendenz um Mitternacht und bei Sonnenaufgang (Planet B in 270 Grad und A in 360 Grad) oder den Unterschied zwischen 90 und 180 Grad auf der »Erlebniskurve«, dann wird man das Wesen des Quadrats richtig verstehen.

Das Trigon: Gestirn A hat den Kulminationspunkt bereits überschritten und befindet sich in jenem Bereich der Kurve (»14 Uhr«), in dem zum Abschluß gebracht und verwirklicht wird, was man sich bei Tagesbeginn vorgenommen hat. Wenn nun zu dieser Zeit Gestirn B aufgeht, dann sind Beginn und Erfüllung miteinander in Beziehung gesetzt. Beide Trigonalpunkte befinden sich zudem — vom Aufgang an gerechnet — in dynamischen Bereichen der Kurve. Es geschieht etwas dank der Vorbereitung, es wird etwas fortgesetzt oder vollendet. Das Trigon ist die Bestätigung, daß dem Entwicklungsprinzip gemäß gehandelt wurde, was die Voraussetzung für die Verwirklichung ist. Man vergleiche auch die Erlebnissituationen um 14 Uhr und um 22 Uhr oder das Erleben um 22 Uhr mit dem bei Aufgang des folgenden Tages, die jeweils ebenfalls im Abstand von 120 Graden zueinander stehen. Immer ist der Zusammenhang so, daß der folgende Punkt die Bestätigung des vorangegangenen ist, wobei die Tendenz ebenso in der umgekehrten Richtung gilt.

Die Opposition: Nach dem überlieferten Deutungsschema müßten sich hier (ähnlich wie beim Quadrat) die Gestirne »feindlich« gesinnt sein, sich gegenseitig auslöschen wollen. Das soll selbst dann der Fall sein, wenn es sich um zwei »gute« Planeten wie etwa Venus und Jupiter handelt. Ebensogut könnte man dann aber auch die beiden Pole einer elektrischen Batterie als »feindlich« bezeichnen, nur weil sie als Plus- und Minuspol verschiedene Vorzeichen tragen. Rebellisch werden sie nur, wenn man versucht, sie direkt miteinander zu verbinden, sie also kurzzuschließen. Schaltet man jedoch ein stromverbrauchendes Gerät zwischen die Pole, dann liefern sie dank ihrer Spannung Licht, Wärme oder Arbeitsleistung.

In derselben Weise sind zwei Gestirne, die sich im Oppositionsaspekt gegenüberstehen, die beiden Pole einer Spannungsquelle. Da der Mensch zwischen sie geschaltet ist, können sie nicht kurzgeschlossen werden. Ihre Energie wandelt sich also in das Licht des Erkennens oder in motorische Kraft für geistige oder körperliche Arbeitsleistung um. Je größer der Spannungsunterschied, um so mehr Energie steht zur Verfügung. Daher liegt es im Wesen der Opposition, die individuelle Art der beiden Gestirne nicht wie in der Konjunktion miteinander zu verschmelzen, sondern ihre Verschiedenheit besonders hervorzuheben. Wie aber ein Pluspol und ein Minuspol nur dann Energie liefern, wenn beide derselben Batterie angehören, besteht auch zwischen den beiden Gestirnen in der Opposition eine innere Verbindung, etwas Gemeinsames. Unsere Kurve zeigt dies deutlich. Wenn Gestirn A untergeht, steht B im Aufgang — beide befinden sich in der Horizontebene. Beide Stellen entsprechen auch einem Wendepunkt der Sinuskurve. An beiden Punkten tritt das Ichbewußtsein hervor, einmal wendet es sich der Außenwelt, das andere Mal dem privaten Bereich, der Innenwelt zu. Es kann aber auch Planet A am oberen, Planet B am unteren Kulminationspunkt der Kurve stehen, oder umgekehrt. In beiden Fällen ist der statische Kurvenabschnitt das Gemeinsame.

Wenn Sie anschließend an dieses Kapitel die Symbolik der Felder kennenlernen, wird sich zeigen, daß der Aufgangspunkt das Ich, der Untergangspunkt das Du, den Partner, bedeutet.

Auch den sich im Tierkreis gegenüberstehenden Zeichen ist manches gemeinsam. So ist die Opposition nicht etwa »trennend«, wie ebenfalls oft behauptet wird, sondern eine Verbindung, in der die Eigenarten der beiden Gestirne besonders deutlich zum Ausdruck kommen. Wir sehen es am Beispiel des Vollmondes, der die Opposition zwischen Sonne und Mond veranschaulicht. Es ist die Stellung, in der jedem der beiden Gestirne sein typisches »Reich« zugeteilt ist: Sonne als das Tages-, Mond als das Nachtgestirn. Wenn bei Vollmond die Sonne untergeht, befindet sich der Mond im Aufgang. In seiner vollständigen Beleuchtung durch die Sonne können wir ihn am besten erkennen. Die besonderen »Mondwirkungen«, zum Beispiel als Ebbe und Flut, treten in der Oppositionsstellung zur Sonne am deutlichsten zutage. So betont dieser Aspekt auch bei den übrigen Gestirnen das entsprechende Prinzip in verstärktem Maße, indem ein Spannungsfeld erzeugt wird, an dem die Schwingungsstrukturen der beiden Gestirne abwechselnd beteiligt sind.

Ermittlung der Aspekte in der Geburtskonstellation: Um in einem »Horoskop« die Aspekte mit einem Blick erfassen zu können, werden sie in das Konstellationsbild als Verbindungslinien zwischen den betreffenden Gestirnen eingezeichnet. Es kommt relativ selten vor, daß zwei Gestirne in einem gradgenauen Aspekt stehen, daß sie also bei einem Quadrat genau 90 Grad voneinander entfernt sind. Der Aspekt macht sich meist sogar deutlicher bemerkbar, wenn er nur ungefähr der typischen Winkelverbindung entspricht. Man berücksichtigt daher bestimmte »Wirkungsbreiten« der Aspekte, die von der Art der Gestirne abhängen, die den Aspekt bilden. Es ist dies der sogenannte Orb der Aspekte (von lateinisch *orbis* = Umkreis). Ein Quadrat beispielsweise bilden auch noch Gestirne, die in einem Winkel von 87 oder 95 Grad zueinander stehen. Die Breite des Orb hängt von der Umlaufgeschwindigkeit der Gestirne ab. Die Aspekte des raschlaufenden Mondes haben einen

Orb von ±10 Grad, die Aspekte von Sonne, Merkur, Venus und Mars einen solchen von ±5 Grad und die der äußern Planeten einen Orb von etwa ±2 Grad. Da an einem Aspekt immer zwei Gestirne beteiligt sind, addieren sich deren Schwankungsbreiten. Der Orb von Aspekten zwischen Sonne und Mond beträgt also ±15 Grad. Eine Opposition zwischen diesen beiden Gestirnen (Vollmond) ist demnach zum Beispiel vorhanden, wenn die Sonne in 15 Grad Waage steht und sich der Mond im Bereich von 0 bis 30 Grad Widder befindet, obwohl die exakte Opposition nur bei Mondstellung in 15 Grad Widder gegeben ist. Um diesen Bereich von 30 Graden im Tierkreis zu durchlaufen, benötigt der Mond etwa zwei Tage. So lange bleibt auch der Vollmond in seiner Gestalt praktisch unverändert, was den Orb eines solchen Aspekts bestätigt. Dagegen würde der Orb bei einem Aspekt zwischen Saturn und Neptun nur ca. ±4 Grad betragen.

Allerdings sind diese Angaben nur als Richtwerte aufzufassen. Man halte sich nicht allzu eng daran, sondern verfahre bei der Einzeichnung der Aspekte in Grenzfällen lieber etwas großzügig. Im übrigen haben wir auch hier wieder eine Bestätigung dafür, daß es bei den Stellungen im Konstellationsbild mehr auf den »Bereich« als auf exakte Punkte ankommt, weil es sich um fließende Übergänge in der Bewegung und nicht um ein feststehendes Momentbild handelt.

Das Aufsuchen der Aspekte bei der Aufstellung einer Geburtskonstellation erfordert keine Rechenarbeit. Das Vorgehen soll an unserem bereits aufgezeichneten Übungshoroskop für den 3. Februar 1937 (Abbildung 10, Seite 90) erläutert werden. Die Aspekte werden in einer solchen Horoskopzeichnung selbstverständlich erst eingetragen, nachdem alle Gestirne eingezeichnet und mit den Angaben der Gradposition versehen sind.

Konjunktionen erkennt man leicht daran, daß zwei Gestirnssymbole nahe beieinander stehen. Es ist lediglich zu prüfen, ob ihre Gradstellungen noch in den Orb fallen. In unserem Beispiel ist dies bei Mond (13 Grad Skorpion) und Mars (14 Grad Skorpion) der Fall. Also setzen wir neben diese beiden Gestirne das Symbol für die Konjunktion (☌). Auch kann man beide mit einer ovalen Linie umgeben, um die Einheit anzudeuten. Man sollte es sich zur Gewohnheit machen, die Aspekte farbig einzuzeichnen; sie unterscheiden sich so besser von den übrigen Eintragungen. Es empfiehlt sich, für Konjunktion, Quadrat und Opposition Rot, für Sextil und Trigon Grün zu wählen. — Eine weitere Konjunktion ergibt sich zwischen Merkur (19 Grad Steinbock) und Jupiter (14 Grad Steinbock). Dagegen befinden sich Saturn (20 Grad Fische) und Venus (1 Grad Widder) nicht mehr in Konjunktion, weil ihr Abstand bereits 11 Grad beträgt. Außerdem stehen sie in verschiedenen Tierkreiszeichen, was die »Verschmelzung« zur Konjunktion zusätzlich erschwert.

Die Oppositionen ermitteln wir der Einfachheit halber als nächstes. Betrachtet man für jedes Gestirn das im Tierkreis gegenüberliegende Zeichen, so läßt sich sofort feststellen, ob seine Opposition durch ein anderes Gestirnssymbol besetzt ist. Anhand der Grade prüfen wir dann wieder, ob es innerhalb des Orb liegt. In unserem Beispiel steht dem Neptum (18 Grad Jungfrau) der Saturn in 20 Grad Fische gegenüber. Wir verbinden also diese beiden Gestirne mit einer (roten) Linie, die wir mit dem entsprechenden Symbol (☍) versehen. Eine weitere Opposition besteht zwischen Uranus (5 Grad Stier) und dem Mond in 13 Grad Skorpion, weil Mond einen entsprechend großen Orb hat. Dagegen ist zwischen Uranus und Mars eigentlich keine Opposition mehr vorhanden. Da aber Mars und Mond bereits in einer Konjunktion vereint sind, wird man hier Mars mitberücksichtigen müssen.

Sextile werden ermittelt, indem man für jedes Gestirn die entsprechenden Grade im übernächsten Tierkreiszeichen aufsucht. So erhält man auf einfache Weise die beiden ca. 60 Grad entfernten Stellen. Für unsere Mond-Mars-Verbindung sind dies die mittleren Grade in Jungfrau und Steinbock. An beiden Stellen befinden sich Planeten, nämlich Neptun in 18 Grad Jungfrau und Merkur mit Jupiter in 14 bis 19 Grad Steinbock. Also verbinden wir diese Gestirne durch (grüne) Linien mit Mond und Mars. Ein weiteres Sextil ergibt sich zwischen Merkur und Saturn.

Das Trigon erstreckt sich über vier Tierkreiszeichen. Es ergibt sich hier zwischen Neptun und Jupiter-Merkur von selbst aus den beiden Sextilen, da zweimal 60 Grad gleich 120 Grad sind. Ein weiteres Trigon ist zwischen Mond und Saturn vorhanden — auch in diesen Aspekt muß Mars als eng mit dem Mond verbunden einbezogen werden.

Quadrate überspannen drei Tierkreiszeichen. Vor allem ist dies hier zwischen der Sonne im Wassermann und Mond-Mars im Skorpion gegeben. Sinngemäß wird man auch Uranus in die Quadratbeziehung zur Sonne setzen, obwohl er in 5 Grad Stier von der genauen Quadratstelle um 9 Grade entfernt ist, da Uranus durch die Opposition bereits mit dem Mond verbunden ist. Das sind jedoch bereits Feinheiten, mit denen man sich erst nach längerer Deutungspraxis beschäftigen sollte.

Wir haben nun alle Aspekte eingezeichnet und vergleichen unsere Zeichnung zur Kontrolle mit Abbildung 12. Danach können wir bereits die Aspekte zu interpretieren versuchen. Zu diesem Zweck greifen wir auf die Strukturen der einzelnen Gestirne zurück, wie sie im dritten Kapitel beschrieben sind, und verbinden sie jeweils durch die Tendenz des betreffenden Aspekts. Hierfür einige Beispiele:

Mond Konjunktion Mars: Beide Gestirne durchdringen sich und schaffen eine neue Einheit. Diese könnte man etwa als die von Bewegungsimpulsen (Mars) durchdrungene Seele (Mond) be-

Abbildung 12

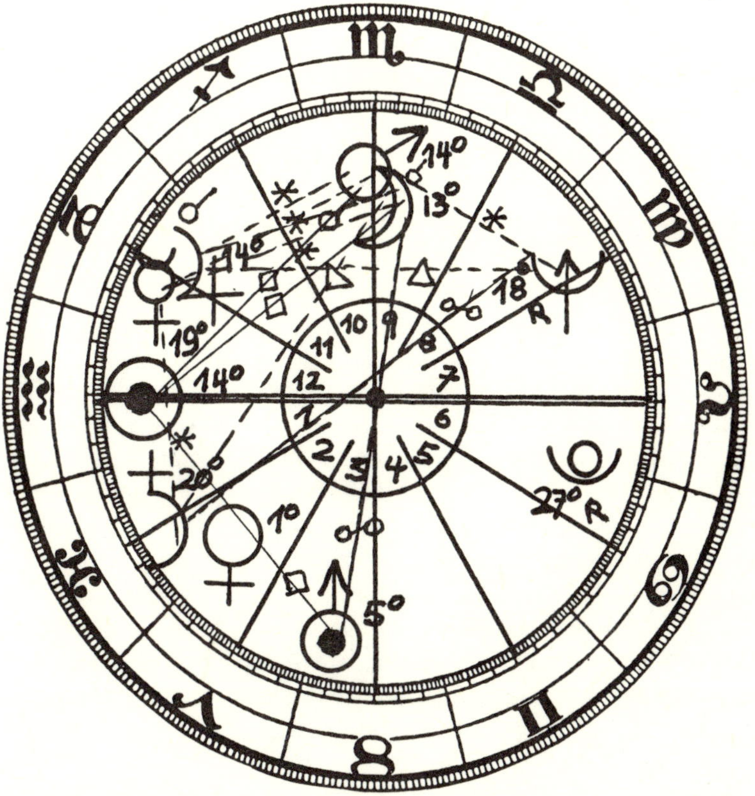

zeichnen. Die Psyche dieses Menschen ist also sehr reaktionsfähig, seine Willensimpulse resultieren aus den jeweiligen Stimmungen. Das seelische Feld schlägt oft hohe Wellen der Begeisterung, ist aber auch den belastenden Eindrücken von außen her vermehrt ausgesetzt. Es ist einem Wasser vergleichbar, das immer wieder vom Erbeben seines Grundes wie von hereinprasselnden Steinen in Wallung versetzt wird.

Merkur Konjunktion Jupiter: Auch hier entsteht ein neues Strukturbild. Entsprechend dem Merkur wirkt es sich vor allem im

Bereich des Denkens, der Bewußtwerdung sowie der Vermittlung zur Umwelt aus. Merkur registriert hier besonders die grundlegenden Prinzipien, vielleicht auch religiöse und weltanschauliche Inhalte (Jupiter), und er ist von moralischen Vorstellungen gefärbt. Eine objektive Einstellung ist kaum möglich, aber auch kein eigentlich selbständiges Denken, weil er nicht frei beweglich und sich selbst ist. Dieser Mensch weiß sich zwar sehr überzeugend auszudrücken, doch er bedient sich dazu oft der Autorität bekannter Personen oder gar von »höheren Wesenheiten«, die er als Zeugen seiner Ansichten benützt.

Mond-Mars Sextil Neptun: Die bereits beschriebenen seelischen Energien erhalten eine Erweiterung im Sinne des Neptunsymbols. So kann der Geborene seine so spontanen seelischen Vorgänge gut in Bildern ausdrücken und anderen anschaulich mitteilen. Das wirkt sich als Entlastungsvorgang aus und setzt die Gefahr gewaltsamer seelischer Entladungen herab.

Sextile von Jupiter-Merkur auf Mond-Mars: Eine bereits recht komplizierte Aspektverbindung! Sie möge vorerst gesamthaft als Erweiterung der Möglichkeit betrachtet werden, die so unruhigen seelischen Impulse besser zu ordnen und sie dem gedanklichen Erfassen zugänglich zu machen. Außerdem werden dadurch die Gebiete erweitert, auf denen sich das kreative Denken und die Kontaktmöglichkeiten zur Umwelt betätigen können.

Merkur Trigon Neptun: Eine Verstärkung der eben erwähnten Sextile. Die vielseitig erweiterten Möglichkeiten lassen sich praktisch verwirklichen. Da wir wissen, daß sich der Geborene auch als Fachschriftsteller betätigt, läßt sich diese Deutung noch präzisieren. Die schriftliche Ausdrucksweise wird nicht nur trockenes Fachwissen übermitteln, sondern mit seelischen Bildern, aber auch mit subjektiven Vorstellungen angereichert sein, die mit besonderem Selbstbewußtsein (Jupiter Konjunktion Merkur) verkündet werden.

Sonne Quadrat Mond-Mars: Dieser Aspekt ist hier ziemlich exakt. Bezogen auf Sonne und Mond entspricht er dem ersten Mondviertel. Man vergegenwärtige sich, was über diese Stellung auf Seite 53 gesagt. ist. Wenn sich hier der Mond auch nicht im Aufgang befindet, gilt doch die deutliche Unterscheidung zwischen Seele und Geist. Ferner ist der Wunsch, nach außen hin zu wirken und bekannt zu werden, hervorgehoben. Die Einbeziehung des Mars macht solche Bestrebungen sehr impulsiv und nicht immer besonders zielgerichtet. Ein Wirken »um jeden Preis«, die Gefahr, gegen bestehende Meinungen anzurennen, aber in der »Volksseele« Gehör zu finden, wird hier zum Ausdruck gebracht.

Mond Opposition Uranus: Ein weiterer Spannungsfaktor in dieser schon kaum mehr zu überblickenden Menge von seelischen Impulsen. Der Geborene wird die eben erwähnten Bestrebungen des Hervortretens durch zukunftsträchtige Ideen unterstützen, was seine nebenberufliche Tätigkeit als Erfinder (wie er sich selbst bezeichnet) erklärt. Doch ist durch diesen Gegenpol des Uranus, das Quadrat des Mars zur Sonne und die Mars-Mond-Verbindung soviel Bewegendes und Umgestaltendes vereint, daß es schwerfällt, konsequent auf ein Ziel hinzusteuern. Die Gefahr einer seelischen Verwirrung durch das Überborden des Kraftfeldes tritt zutage, dürfte aber so lange gebannt sein, als die sich ständig verändernden seelischen Bilder und ichbetonenden Impulse nach außen hin abgeleitet werden können. Deswegen ist wohl auch die Notwendigkeit öfterer äußerer Veränderungen gegeben, was im Wunsch nach häufigen Reisen und mehrfacher Wohnsitzverlegung zum Ausdruck kommt.

Ein recht kompliziertes Aspektbild also, das keineswegs leicht zu interpretieren ist! Immerhin hat sich anhand dieser

Beispiele gezeigt, daß man lediglich unter Benützung der Gestirnsverbindungen bereits ziemlich tiefe Einblicke in das Wesen eines Menschen erhält. Voraussetzung dafür ist allerdings, daß bestimmte Angaben über die äußere Lebenssituation vorliegen, die Hinweise auf die Entwicklungsstufe (E) des Geborenen vermitteln. Um die Aussagen weiter zu präzisieren und auf andere Bereiche ausdehnen zu können, müssen zusätzlich die Stellungen der Gestirne in den Feldern und einzelnen Tierkreisabschnitten berücksichtigt werden. Diesen weiteren Deutungselementen werden wir uns im folgenden Kapitel zuwenden.

6
Die Tierkreiszeichen und ihre irdischen Felder

Wir haben in Abbildung 9 (Seite 87) dargestellt, wie sich die tägliche Bewegung des Tierkreises und die Bewegungsrichtung des Menschen mit der Erddrehung gegensinnig verhalten. Dies kam in den beiden um 180 Grade verschobenen Sinuskurven 1 und 2 zum Ausdruck und führte zur Einzeichnung der Felder im Horoskop. Beide Bewegungen, Tierkreis und Felder, vollziehen sich in den zwölf Doppelstunden des Tages. Sie stehen also unmittelbar miteinander in Verbindung. Die astrologische Erfahrung bestätigt ebenfalls die weitgehende Übereinstimmung zwischen der Tierkreiszeichensymbolik und den zwölf Feldern, wenn man den Anfang des Tierkreises (0 Grad Widder) an den Aufgangspunkt verlegt. Man kann in diesem Falle den Tierkreis als den »unstofflichen« Faktor bezeichnen, der sich im Wesen des Menschen ausdrückt. Die Felder entsprechen dann dem irdischen Bereich im Sinne der Umwelt und der äußeren Lebensbedingungen, in die sich der Geborene hineingestellt sieht.

Es ist somit sinnvoll, wenn wir uns im folgenden bei der Interpretation der einzelnen Tierkreiszeichen zugleich auch mit den jeweils entsprechenden Feldern beschäftigen. Es sollen also nun gemäß Abbildung 9 die einzelnen Abschnitte der Kurve 1 zu denselben Bereichen der Kurve 2 in Beziehung gesetzt werden. Damit wird nicht nur das Verständnis für die Zusammenhänge zwischen den beiden Bewegungsvorgängen vertieft, sondern man findet sich auch rascher in den Bedeutungen zurecht. Wenn bisher der Astrologiestudierende sich mit den Zeichen und Feldern getrennt auseinandersetzen mußte, dann nur deshalb, weil ihre Verbindung über die täglichen Bewegungskurven nicht bekannt war. Zudem sollen hier Tierkreis- und Felderdeutungen nicht aufgrund überlieferter Regeln zusammengestellt werden, sondern wir werden sie aus den Erlebnissituationen der täglichen Sonnenbahn abzuleiten suchen.

In den Geburtskonstellationen kann der Tierkreis gegenüber den Feldern jede beliebige Stellung einnehmen. Das hängt vom Aszendenten oder beim Geburtsbild ohne Geburtszeit von der Sonnenstellung im Tierkreis ab. So ist in unserem Übungsbeispiel das Wassermannzeichen mit dem ersten Feld verbunden. Die Bedeutung der Zeichen und Felder ändert sich dadurch nicht. Die Erlebnistendenzen der zwölf Tagesabschnitte bleiben für die Reihenfolge der Tierkreiszeichen und Felder das Leitmotiv. Im Geburtsbild beginnt das erste Feld immer am Osthorizont und bezeichnet die ersten 30 Grade unterhalb des Ostpunktes, auch wenn die Geburt nicht in der Morgenfrühe beziehungsweise um Sonnenaufgang erfolgte. Ebenfalls behalten die Tierkreiszeichen ihre Symbolik unabhängig davon, ob Widder oder ein anderes Zeichen bei der Geburt im Osten aufging. Deshalb ist die Stellung der Zeichen in bezug auf die Felder ein sehr wichtiges Deutungselement, das sich, wie wir noch sehen werden, durchaus nicht nur auf den sogenannten Aszendenten beschränkt.

Im übrigen werden wir in den Tierkreiszeichen keinen völlig neuen Prinzipien begegnen. Sie entsprechen vielmehr weitgehend den Strukturbildern der Planeten, die wir bereits kennen. Die astrologische Symbolik ist kein Puzzle, das sich aus hunderterlei positiven und negativen Eigenschaften zusammensetzt, sondern sie beruht letztlich nur auf den anthropozentrischen Bewegungsbildern von Sonne, Mond und den Planeten, beziehungsweise den dadurch ausgedrückten geistigen Schwingungsenergien, sowie auf dem Erleben der täglichen Erdrotation. Indem wir diese beiden Erscheinungsbilder bereits kennen, werden sich die Bedeutungen der Tierkreiszeichen und Felder wie von selbst ergeben.

Daß die Tierkreisabschnitte den Planetenprinzipien entsprechen, war seit den Anfängen der Astrologie bekannt. Man nannte die Planeten die »Herrscher« über die betreffenden Zeichen und sagte beispielsweise, das Widderzeichen werde von Mars »beherrscht«. Da man früher nur sieben Gestirne (Sonne, Mond und fünf Planeten) im Sonnensystem kannte, waren jedem Planeten zwei Zeichen »unterstellt«, nämlich dem Mars Widder und Skorpion, der Venus Stier und Waage, dem Merkur Zwillinge und Jungfrau, dem Jupiter Schütze und Fische, dem Saturn Steinbock und Wassermann, während Mond den Krebs und Sonne den Löwen »regierten«. Nach der Entdeckung der »neuen« Planeten wurden diesen ebenfalls Tierkreiszeichen zugeordnet, und zwar soll Uranus Verbindung zu Wassermann und Neptun zu den Fischen haben. Die Zuordnung des Plutos zu Skorpion ist heute schon eher verständlich. Wir haben bereits gesehen daß die »neuen« Planeten infolge ihrer Schwingungsstruktur eine subtilere Energieform darstellen, für die unsere heutige Zeit noch nicht reif ist. Es dürfte also verfrüht sein, diese Planeten für sich mit einem Tierkreiszeichen in Beziehung zu bringen. Es entspricht der gegenwärtigen Situation besser, sie lediglich als mitbestimmend für ein Zeichen zu betrachten. Wassermann würde demnach einer Verbindung von Saturn mit Uranus, Fische einem Zusammenwirken von Jupiter mit Neptun entsprechen. Selbstverständlich wollen wir von den Planeten nicht als »Beherrscher« der Tierkreiszeichen sprechen, sondern von einer Übereinstimmung oder Zuordnung, die das Wesen des betreffenden Tierkreisabschnitts besser verständlich macht.

Aber die Planeten sind noch auf eine andere bedeutsame Art mit dem Tierkreis verbunden. Wir sahen bereits, daß bei der Schreibweise der Planetensymbole vier Formen Verwendung finden, nämlich der Kreis (Geist), der Halbkreis (Seele), das Kreuz (Körper, Materie) und der Pfeil (Impuls). Diese vier

Bereiche entsprechen nun ziemlich genau den vier »Elementen«, wie man sie im Altertum kannte und wie sie auch in der Alchemie symbolisch benützt wurden. Sie haben zwar nichts mit dem Elementbegriff der heutigen Chemie gemein, sind aber keineswegs als falsche Vorstellung abzutun. Ich möchte diese Elemente Feuer, Erde, Luft, Wasser als bildliche Darstellung der verschiedenen Zustandsformen der Materie bezeichnen. Etwa als das, was die Wissenschaft heute die Aggregatzustände der Stoffe (fest, flüssig und gasförmig) nennt. So bezeichnet das Element Erde den festen, das Element Wasser den flüssigen, das Element Luft den gasförmigen Zustand. Der dem Element Feuer entsprechende strahlende Aggregatzustand ist in der Naturwissenschaft erst bekannt, seit Madame CURIE 1898 die Radioaktivität entdeckte. Heute ist diese Zustandsform in Gestalt der atomaren Strahlung weltweit bekannt.

Die vier Elemente lassen sich aber auch in den Tierkreisabschnitten nachweisen, und zwar in Form von drei Zyklen. Sie beginnen jeweils mit einem Feuerzeichen, gefolgt vom Erd-, Luft- und Wasserzeichen. In Verbindung mit der Planetensymbolik und den Zustandsformen der Materie ergibt sich daraus folgende Zusammenstellung:

Element	*Aggregatzustand*	*Planetensymbolik*	*Tierkreiszeichen*
Feuer	strahlend	↑ Impuls	Widder, Löwe, Schütze
Erde	fest	+ Materie	Stier, Jungfrau, Steinbock
Luft	gasförmig	○ Geist	Zwillinge, Waage, Wassermann
Wasser	flüssig	☽ Seele	Krebs, Skorpion, Fische

Man präge sich diese kleine Tabelle gut ein — sie erleichtert das Verständnis der Tierkreiszeichen und Planetenzuordnungen ebenso wie die spätere Deutungsarbeit. Im folgenden soll nun die Symbolbedeutung der einzelnen Zeichen und Felder erläutert werden. Man vergegenwärtige sich dabei immer auch das Erleben der einzelnen Tagesabschnitte, wie es auf den Seiten 13 f. geschildert ist, sowie ihre Lage auf der Kurve der täglichen Sonnenbewegung.

Das Widderzeichen (0°-30°) und das 1. Feld

Der Mensch steht hier am Beginn eines Entwicklungszyklus, ob er sich nun eines neuen Tages oder seiner selbst bewußt wird oder ob seine Wesensstruktur vornehmlich nach dem Widderimpuls ausgerichtet ist. Er erkennt aufgrund eines Gegensatzes, etwa wenn er zwischen dem Dunkel der Nacht und der Helle des dämmernden Tages zu unterscheiden beginnt. Im Widdersymbol kommt dieser Vorgang zum Ausdruck, indem sich von unten nach oben die Einheit in die zwei »Hörner« aufspaltet. Es wird etwas in Bewegung gesetzt — deshalb gilt Widder als das dem Mars entsprechende Zeichen. Der Mensch wendet sich aus der Ruhe der Nacht den Aufgaben des beginnenden Tages zu. So erhält sein Geist neue Anstöße, sein Ich-Erleben wird betont. Es gilt, die »Trägheit der Masse« zu überwinden, ob aus innerem Antrieb oder durch äußeren Zwang spielt für den Widderimpuls keine Rolle. Das marsische Zeichen kennt keine Kompromisse, es folgt einfach dem Willen zur Entfaltung. So vertritt es auch das Feuerelement. Indem die Einheit in die Zweiheit zerfällt, wird »Strahlung« freigesetzt, sei es in Form von Ideen, Entscheidungen oder geschaffenen Dingen. Dafür macht sich der Mensch, der dieses Zeichen zum Ausdruck bringt, alle Möglichkeiten zunutze, die seine Kräfte verstärken, seine Durchschlagskraft erhöhen. Es kann sich da um technische Mittel, um körperliche Fitneß durch sportliche Betätigung oder um Ausbildung geistiger Fähigkeiten handeln. All dies sind besondere Interessenbereiche eines solchen Menschen, der Bewegung und Entfaltung um jeden Preis anstrebt und mit seinem Verhalten immer wieder neue Entwicklungen einleiten möchte.

Daß sich dieser Mensch dabei oft eigenwillig verhält, voll Ungeduld, ans Ziel zu gelangen, daß er sich für leitende Stellen eignet, selbstbewußt, wenig rücksichtsvoll, technisch begabt ist, sich nicht gerne einordnet usw., sind nicht Eigenschaften des Widderzeichens, sondern menschliche Verhaltensweisen, die sich aus der Widder- und Marsstruktur ergeben und zudem vom individuellen Niveau des Geborenen abhängen.

Dieselbe Struktur kommt im irdischen Bereich des ersten Feldes zum Ausdruck, das ganz im Zeichen des »Ich« steht. Auch wenn sich keine Gestirne in Aufgangsnähe befinden, hat dieses Feld unmittelbare Beziehung zum geistigen Wesen wie zum körperlichen Aussehen und Verhalten des Geborenen. Dann läßt das hier stehende Tierkreiszeichen die typische »Färbung« der Persönlichkeit zutage treten. Steht ein Gestirn im ersten Feld, dann ist meist eine besondere persönliche Ausstrahlung eines solchen Menschen im Sinne der betreffenden Schwingungsstruktur vorhanden. Hinweise wurden dafür bereits bei den Strukturbildern der Gestirne »im Aufgang« gegeben.

Das Stierzeichen (30°-60°) und das 2. Feld

Dieses mit der zweiten Doppelstunde des Tages korrespondierende Zeichen entspricht der Verfestigung in der Materie. Die im Widderabschnitt entstandenen Gedanken und Pläne erhalten hier ihre stoffliche Form. So entspricht Stier auch dem Erdelement, und es kann infolge dieser äußeren Formgebung ebenso vom Strukturbild der Venus her verstanden werden. Hier kommt eine ganz bestimmte Seite der Venusschwingung zum Ausdruck, gewissermaßen der »untere Teil« ihres Symbols, das Kreuz der sichtbaren Erscheinungsformen. Im Stierabschnitt gestaltet Venus nach den Gesetzen der Materie: langsam, aber stetig aufbauend, die Erfahrungen der Vergangenheit verwertend. Indem auf solche Weise das Harmonieprinzip im Stoff tätig ist, kann sich dieser zur vollen Blüte entfalten — gleich der Pflanze, die, im festen Erdboden verwurzelt, aus ihm Kraft und Nahrung erhält. So wird für den Menschen ein sicherer, beständiger und den natürlichen Harmoniegesetzen entsprechender Zustand geschaffen.

Das ist auch die Beziehung, über die das zweite Feld mit dem Stierzeichen verbunden ist. Es bedeutet für den Menschen im irdischen Bereich die materielle Sicherheit, die er sich dank seiner Arbeit und in Anwendung seiner Kenntnisse erwirbt. Es ist jedoch irreführend, dieses Feld einfach mit »finanziellen Angelegenheiten« gleichzusetzen, wie es meist geschieht. Hier kommt vor allem das Streben und Bemühen des Menschen zum Ausdruck, der sich in der zweiten Doppelstunde nach Sonnenaufgang an sein gewohntes Tagewerk begibt: gewiß auch, um seinem Körper Nahrung und seinem Dasein Sicherheit zu verschaffen, aber auch, um seine Kräfte sinnvoll einzusetzen und seine Umwelt so zu gestalten, daß er in Harmonie mit sich durch die Erfüllung seiner materiellen Wünsche leben kann. Die Einstellung des Menschen zum irdischen Dasein und zur äußeren Form ist in diesem Feld ersichtlich aus der Art, wie das Individuum die Beziehung zur Materie bewältigt.

Wenn im zweiten Feld einer Geburtskonstellation Gestirne stehen, verbindet sich ihr Strukturbild mit dieser Einstellung und Bemühung bezüglich des materiellen Bereichs beziehungsweise der Mittel, die der Mensch dafür einsetzt. So würde beispielsweise die Sonne in diesem Feld das Wesen des Menschen in solchen Bemühungen aufgehen lassen, und der selbstverständliche Einsatz der geistigen und körperlichen Kräfte würde eine gesicherte Existenz gewährleisten — nicht unbedingt Reichtum, vielmehr eine Wirklichkeitsnähe, die geistige Kräfte und materielle Notwendigkeiten sinnvoll zu verbinden weiß. Mars im zweiten Feld würde unermüdlich seine materiellen Mittel zu mehren suchen, aber gerade durch dieses ständige Tätigsein auch zuweilen Gelegenheiten überschätzen oder Mittel vergeuden. Verluste würden in diesem Fall aber nicht Resignation, sondern immer wieder neuen Ansporn auslösen. Saturn dagegen könnte hier die auf das »Existenzminimum« reduzierten Mittel bedeuten, zugleich aber besonders konzentrierte und ausdauernde Bemühungen, die Situation systematisch zu sichern und nichts dem Zufall zu überlassen, etwa im Sinne einer sicheren »Lebensstellung«.

Diese Beispiele mögen genügen. Es hätte wenig Sinn, bei jedem der zwölf Felder für alle Gestirne Deutungen zu geben, wenn man nicht in den alten Schematismus verfallen will. Die Interpretation eines Feldes mit Gestirnsbesetzung ergibt sich nämlich nicht nur aus dem Gestirn selbst, sondern aus dessen Aspekten, ferner aus dem Tierkreisabschnitt, in dem das Feld liegt. So muß praktisch jeder einzelne Fall individuell gedeutet werden, wobei auch noch gerade bei den Feldern die äußere Lebenssituation des Geborenen zu berücksichtigen ist. Dies läßt sich am einfachsten an Beispielhoroskopen lernen, die uns hierzu noch genügend Stoff liefern werden, nachdem wir die Beschreibung der Zeichen und Felder beendet haben werden.

Das Zwillingszeichen (60°-90°) und das 3. Feld

Mit diesem Kreisabschnitt gelangen wir auf der Sinuskurve allmählich in den Bereich, wo sich der aufsteigende Ast der Horizontalen dem Scheitelpunkt nähert. Wie wir wissen, entspricht dies dem Übergang aus der dynamischen in die statische Zone. Das intensive Erleben, der innere Betätigungsdrang des Widder- und Stierabschnitts beginnt zu erlahmen, falls sich nicht neue Anregungen bieten. Diese werden nun hauptsächlich von außen her erwartet. So ist das Zwillingszeichen aufnahmebereit für alle Wahrnehmungen aus der Umwelt, aber auch aus dem seelischen und gedanklichen Bereich. Es handelt sich da um eine ähnliche Situation, wie sie uns vom Bild des Merkurs her vertraut ist. So kann man Zwillinge dem

Merkur zuordnen, doch ist es vor allem ein bestimmter Teilaspekt dieses Planeten, der hier zur Geltung kommt, ähnlich, wie es bereits beim Stierzeichen für die Venus der Fall war. Nur ist im »Zwillings-Merkur« vor allem der »obere Teil« seines Symbols betont, also das Unstoffliche, während das materielle Kreuz erst im Jungfrauzeichen zu berücksichtigen sein wird. Hier handelt es sich um einen weitgehend schwerelosen und daher besonders beweglichen, kontaktfreudigen, aber auch unruhigen und veränderlichen Merkur. Daher entspricht Zwillinge zugleich dem Luftelement des Tierkreises — es ist ein Luftzeichen. Wo sich diese Merkurform im Menschen manifestiert, ist er der Außenwelt zugewandt, mit der Aktualität in Verbindung, geistig sehr wendig, seelisch sensibel, nicht an Prinzipien gebunden, sondern von der freien Vielheit der Betrachtungsmöglichkeiten fasziniert. Die Sicherheit des Stierzeichens wird zugunsten der ständigen Erlebnisbereitschaft aufgegeben, um den Bewußtwerdungsvorgang fortzusetzen, wenn er durch Eintönigkeit zu stagnieren droht.

Das mit diesem Zeichen übereinstimmende dritte Feld des irdischen Bereichs ist denn auch ganz auf diese »Kontaktsituation« ausgerichtet. Hier ist alles betont, wodurch der Mensch sich mitteilt und Informationen erhält. Also seine Art des Denkens, Sprechens und der schriftlichen Ausdrucksweise, sein Bekanntenkreis, die erlernte und anerzogene Denk- und Verhaltensweise, kleinere Reisen, Besuche, Begegnungen, auch die Geschwister als Ausdruck der engeren Umwelt, die beruflich oder geschäftlich bedingten Verbindungen, die kleinen Abwechslungen und Zerstreuungen des Alltags.

Wer im dritten Feld etwa den Mond stehen hat, sucht Geselligkeit mit seelisch verwandten Menschen, er bedient sich einer »bildhaften« Ausdrucksweise, er macht gerne Ausflüge in die nähere Umgebung, von denen er zahlreiche Stimmungseindrücke mitbringt. Wenn dagegen Saturn in diesem Feld steht, wird man konzentriert denken, seine Worte sparsam gebrauchen, sich von den Menschen seiner Umgebung eher etwas distanzieren und am einmal erlernten Wissensgut unbedingt festhalten wollen. — Dies wiederum als Beispiel für die Verknüpfung von Gestirns- und Felderstruktur.

Das Krebszeichen (90°-120°) und das 4. Feld

Die äußere Aktivität tritt in diesem Kurvenbereich eher zurück, man folgt dem Ruhebedürfnis und regeneriert die Kräfte von innen heraus. Wie die Seele im allgemeinen befindet sich hier auch der Körper im »empfangenden« Zustand, was sich etwa im Bedürfnis nach Nahrungsaufnahme um die Mittagszeit äußert. Daher entspricht das Krebszeichen ebenso dem seelischen Prinzip Mond, wie dem Wasserelement des Tierkreises. Es ist das Symbol für die Geborgenheit im Heim und in der Familie, aber auch der Verwurzelung mit den tiefen Bereichen des Unbewußten. Alles ist in diesem Zeichen von seelischen Inhalten durchdrungen, von der Gefühlssphäre mitbestimmt. Ähnlich wie das Wasser die Erde durchdringt und sie fruchtbar macht, wie im Meer das Leben in unendlicher Vielfalt der Formen gedeiht, hat das Krebszeichen Verbindung zu den Lebensvorgängen. Wegen seiner Empfindsamkeit und seelischen Verletzbarkeit braucht der dieses Zeichen deutlicher verkörpernde Mensch den Schutz seiner vier Wände, ähnlich wie das Krebstier seine Schale oder das Wasser die Begrenzung durch das Gefäß, um nicht zu zerfließen. So wird etwas von der Ruhe des »Urzustandes« verwirklicht, die in diesem Tierkreiszeichen ebenso aufscheint wie in der Natur, wenn sie mittags beim höchsten Sonnenstand den Atem anhält und der Mensch die erfrischende Kühle des Schattens (als kleinen Vorboten der Nacht) aufsucht.

Das diesem Zeichen entsprechende vierte Feld liegt sinngemäß am tiefsten Punkt des Horoskops, dem Mitternachtspunkt der täglichen Sonnenkurve. Hier ist der Bereich, der vom »äußeren« Getriebe am wenigsten gestört wird und der damit Beziehung zur Innenwelt und zum Privatleben des Menschen zeigt. Die Symbolik dieses Feldes umfaßt die häusliche Situation, die Familie, die Vorfahren und das durch sie übermittelte Erbgut, ferner auch die Verbindung des Individuums mit seinem vorgeburtlichen Erleben. Aber auch jene Beziehungen, die den Menschen materiell und psychisch mit Grund und Boden verbinden, der Grundbesitz, Haus und Wohnung, fallen in den Bereich des vierten Feldes. Da man in der Jugend besonders eng dem Elternhaus verbunden ist und man im Alter seßhafter wird, da zudem diese beiden Lebensperioden dem Ursprung am nächsten sind, sollen auch die Verhältnisse in der Jugend wie im Alter zur Symbolik dieses Feldes gehören. Man findet es in Horoskopen mit Gestirnsbesetzung des tiefsten Bereichs unter dem Horizont erstaunlich oft bestätigt.

An dieser Stelle möchte ich, nachdem wir nun schon den Symbolgehalt mehrerer Felder und Tierkreiszeichen kennen, auf eine Möglichkeit verweisen, die Aspektbedeutungen zum Vergleich heranzuziehen. Wir können etwa davon ausgehen, daß Widder und Krebs in einem Winkel von 90 Grad, also in einem Quadrat, zueinander stehen. Wir ordneten diesem Aspekt die Tendenz »unterscheidend« zu. So ergibt sich die Bewegung und die Ruhe als wichtiges Unterscheidungsmerkmal zwischen diesen Zeichen. Dasselbe gilt für ihre zugeordneten Gestirne: den nach außen orientierten Mars und den »introvertierten« Mond. Also müßte ein Quadrat zwischen Mars und Mond in einer Geburtskonstellation als besonders wichtig für den Erkenntnisprozeß bezeichnet werden. Ein Quadrat besteht aber auch zwischen dem 1. Feld der Entfaltung des Ich und dem 4. Feld der Bindung des Ich an den Familienkreis. Dagegen befinden sich die Felder 1 und 3 im Sextil zueinander: die Möglichkeiten des Ich erfahren durch die Umweltbeziehungen eine Erweiterung. Die entsprechenden Planeten Mars und Merkur werden somit auch in einem Quadrat oder einer Opposition weniger »gegensätzlich« sein als Mond und Mars.

Indem man immer wieder solche Querverbindungen zwischen Gestirnen, Zeichen und Feldern sowie den Aspekten aufsucht und sich ihre

Stellung auf der täglichen Sonnenkurve vergegenwärtigt, wird man ständig tiefer in die einheitliche Struktur des Menschen und in die Deutung seiner Verhaltensweisen vordringen.

Das Löwezeichen (120°-150°) und das 5. Feld

Indem nach der Mittagsruhe nun wieder eine Zeit der Tätigkeit beginnt, kommt erneut das Feuerelement zur Geltung. Doch es ist nicht dasselbe Feuer, wie im Widderzeichen. Dort war es notwendig, etwas in Bewegung zu setzen — jetzt kann man auf bereits Erreichtes zurückblicken, gewissermaßen von einer höheren Plattform aus handeln. Manches geht nun »von selbst«, das Rad, das Mars im Widder ankurbelte, dreht sich weiter. Löwe befindet sich auf der Sinuskurve »weiter oben«, die Anstrengungen des Mars sind hier als potentielle Energie vorhanden und wirken auf dem fallenden Ast der Kurve weiter. So ist Löwe ein ruhigeres Feuer — das Zeichen ist der durch sich selbst strahlenden Sonne zugeordnet. Wer in seiner individuellen Struktur diesen Schwingungsbereich besonders betont, der wird nach einer oberen Stellung streben und im Mittelpunkt stehen wollen. Er wird auch seine Umgebung etwas prunkvoller gestalten, er ist ideenreich und tätig, doch weniger wie Mars und Widder mit den eigenen bewegenden Händen, sondern mittels seiner persönlichen Ausstrahlung die Kräfte anderer oder auch die Gunst der Umstände für sich einsetzend.

Das mit diesem Zeichen korrespondierende fünfte Feld umfaßt die Erscheinungsformen des irdischen Geschehens, die mit Selbstvertrauen, Lebensbejahung und Begünstigung durch helfende Kräfte zusammenhängen. So ist es das Feld der Liebesverbindungen, nicht in ihrer beständigen Form als Ehegemeinschaft, sondern als das Erleben der körperlichen wie seelisch-geistigen Begegnung im Liebesakt. Ferner ist es das Feld der Kinder, weniger als der »Folgen« aus solchen Begegnungen, sondern weil das Kind in ähnlicher Art unbeschwert, spontan, spielerisch, bewegungsorientiert und dem Augenblick hingegeben ist. Es ist dies zugleich die Mentalität des Abenteurers, des Spielers, des Genießers, des Bohémiens. Wohl als Entsprechung soll man aus dem fünften Feld auch Lottoglück, Spekulationsgewinne oder Erfolge in der Kunst erkennen. Doch verwechsle man nicht Tendenzen und reale Ergebnisse miteinander! Nicht jeder, der sich »unbürgerlich« gibt, ist ein Künstler, und noch seltener gelingt es einer Spielernatur, das »große Los« zu gewinnen. Daß es sich jedoch mit einer spielerischen Einstellung beschwingter leben läßt und man damit dem »Glück« näher ist, bestätigt sich immer wieder.

Das fünfte Feld steht im Quadrat zum zweiten: der Unterschied zwischen den durch Einsatz der Erfahrungen und stetigen Bemühungen erworbenen Mitteln und den »Zufallstreffern« infolge glücklicher Umstände. Mit dem ersten Feld bildet das fünfte ein Trigon: die Impulse, die im ersten Feuerzeichen bewußt wurden, finden ihre Verwirklichung und Erfüllung nach außen.

Das Jungfrauzeichen (150°-180°) und das 6. Feld

Der Mensch erkennt im weiteren Verlauf der Entwicklung, daß er mit spielerischer Unbeschwertheit stehenbleibt, daß es somit nicht genügt, den Augenblick zu genießen. Die Sonne neigt sich allmählich ihrem Untergang zu, und manches sollte noch erledigt werden. Der Verstand schaltet sich in Gestalt des Merkurs wieder ein, es ist jedoch nicht mehr der beschwingte Merkur des Zwillingszeichens, sondern die mit den Anforderungen der Materie beschäftigte, praktisch denkende Seite des Merkursymbols, durch das untenstehende Kreuz dargestellt. Fragen, wie das verbleibende Tageslicht noch genutzt werden kann, wie weit die Kräfte noch reichen, welche realen Ergebnisse das Tagewerk zeitigen werde, tauchen auf. So zeigt wieder das Element »Erde« das Typische dieser Zustandsform an. Jungfrau ist das merkurische Erdzeichen. Aus Pflichtbewußtsein, dem Wunsch nach Vollendung, wohl auch aus einer Art Resignation, daß der »Löwe-Abschnitt« nicht alle Erwartungen erfüllte, ordnet man sich nochmals in den Arbeits- oder Entwicklungsprozeß ein, bereit, die Einschränkungen der Materie auf sich zu nehmen.

All dies kommt im sechsten Feld zum Ausdruck. Es wird üblicherweise als der Bereich der »schicksalshaften Belastung« bezeichnet. Doch ist dies ebenso einseitig, wie die Bezeichnung »Krankheitsfeld«, die ebenfalls häufig anzutreffen ist. Das Ich hat sich hier lediglich mit seiner stofflichen Erscheinungsform, seinem Körper, auseinanderzusetzen. Der Körper braucht Nahrung und Betätigung — darauf sind die täglichen Verrichtungen angelegt. Ob jemand aber die Arbeit als Erfüllung oder als Last empfindet, ob er mit körperlichen Schwächen zu kämpfen hat oder durch ein »körpergerechtes« Leben sich gesund und leistungsfähig fühlt, hängt von der inneren Bereitschaft und Einstellung zu diesen Fragen ab. Gewiß wird jemand mit Saturn in seinem sechsten Feld härter mit dem Schicksal zu ringen haben, besonders wenn er sich ein bequemes Leben wünscht. Er wird sich so lange der Belastungen durch dieses Feld bewußt werden, bis er die ihm entsprechenden Aufgaben und Wege erkennt. Dann aber kann derselbe Saturn eine besondere Zähigkeit und Beständigkeit des Körpers bedeuten oder Erfüllung durch Arbeiten symbolisieren, die auf lange Sicht angelegt sind und einen systematischen Aufbau erfordern.

Das sechste Feld steht in Trigon zum zweiten. Beide Felder betonen die materielle Ebene der Arbeit zur Existenzsicherung, indem die im zweiten Feld erhaltenen Mittel dem Menschen seine weiteren Leistungen ermöglichen. Es steht in Quadrat zum dritten Feld: die Unterschiede der Merkurstruktur treten zutage als das idealistische beschwingte Denken des dritten und die nüchternen Überlegungen des sechsten Feldes.

Das Waagezeichen (180°-210°) und das 7. Feld

In diesem Bereich begegnen sich die beiden Bewegungskurven der Tierkreiszeichen und der Felder, der immateriellen und der irdischen Bereiche, dargestellt durch die Kurven 1 und 2 in Abbildung 9 (Seite 87). In der Abenddämmerung halten sich auch Tag und Nacht die Waage — es ist die Stunde des Ausgleichs. Nicht jedoch als Ruhezustand zu verstehen, denn wir befinden uns weiterhin im dynamischen Kurvenbereich. Die beiden Schalen der Waage pendeln auf und nieder, sie schwingen zwischen zwei gegensätzlichen Polen hin und her. Das Ich des Widderzeichens begegnet seinem Gegenpol, dem Du, dem »anderen« Menschen. Aber es ist nicht irgendein Bekannter oder Freund, sondern ein ergänzender Partner, mit dem man eine »Einheit« bildet. Es besteht zwischen Widder und Waage als einander gegenüberliegende Zeichen die spannungssteigernde Opposition, die Gegensätze verbindet und die uns bereits beim Vergleich zwischen Mars und Venus begegnet ist. Auch hier wieder steht dem Marszeichen Widder das Venuszeichen Waage gegenüber. Es ist diesmal der unstoffliche Teil der Venus, der zur Entfaltung gelangt und der Waage zugleich als bewegliches Luftzeichen erscheinen läßt. Wie bereits bei Venus und Mars warne ich hier nochmals davor, Widder als das männliche, Waage als das weibliche Zeichen zu betrachten. Wichtig ist allein die Verbindung der Gegensätze, die jedem der beiden Partner seine eigene Wesensart auf eine neue Weise bewußtmacht. Das ist etwas völlig anderes, als eine Verschmelzung, die einer Auslöschung der beiden Individualitäten entsprechen würde. Die Opposition der beiden Zeichen im Tierkreis kann nur verstanden werden, wenn man bedenkt, daß beide in dynamischen Kurvenbereichen liegen.

Waage ist aber nicht nur das Zeichen der Verbindung mit dem Du, sondern die Venus im Luftelement manifestiert sich hier in allem, was Harmonie, Schönheit, künstlerische Gestaltung zum Ziele hat und was das Leben angenehm macht, wie

Gastlichkeit, geistvolle Gespräche, Vergnügung und Zerstreuung als Ausgleich zu den Pflichten und Anstrengungen des Tages. In dieser Hinsicht ist die Venus der Waage ähnlich aktiv und braucht dieselbe Entfaltungsfreiheit wie der »Widder-Mars«. Nur geschieht dies alles nicht allein für das eigene Ich, sondern ist auf den oder die »anderen« ausgerichtet.

Das siebente Feld bedeutet verständlicherweise den Bereich der Partnerbeziehungen. Als solche gelten alle Verbindungen, die das Ich mit einem anderen Individuum zur Gestaltung gemeinsamer Vorstellungen eingeht. Weil das Zusammenleben von Mann und Frau die verbreitetste Form einer solchen Beziehung ist und weil es gesetzlich durch die Ehe geregelt ist, nennt man diesen Bereich auch das »Ehefeld«. Vom astrologischen Standpunkt aus ist dies nicht ganz richtig. Denn abgesehen davon, daß die Ehe eine gesellschaftliche Institution ist, paßt sie mit ihren einschränkenden Verpflichtungen und Treuevorstellungen keinesfalls zum Bild der »dynamischen« Venus im Luftelement. So fühlt sich die »Waagenatur« in der Ehe oft recht deplaziert, wenn nämlich die Einschränkungen allzu deutlich fühlbar werden. Sie sucht dann die Harmonie in anderweitigen menschlichen Begegnungen. Oder wenn Jupiter im »Ehefeld« eines Horoskops steht, müßte er nach dem Deutungsschema als »Rechtsprinzip« und »Glücksplanet« eine besonders sinnvolle und glückliche Entwicklung dieses rechtlichen Status erkennen lassen. Meist ist jedoch, wie die Erfahrung lehrt, das Gegenteil der Fall: Jupiter am Westhorizont erscheint als Symbol rechtlicher Zerwürfnisse in der Ehe. Lediglich die Eheschließung als solche scheint er zu »begünstigen«.

Die Ehe ist also lediglich ein (oft recht problematischer) Sonderfall des siebenten Feldes. Allgemein bedeutet dieser Bereich den das Ich ergänzenden zweiten Pol, der die eigenen Möglichkeiten erweitert, unabhängig davon, ob es sich um die Verwirklichung gemeinsamer menschlicher, ideeller oder sogar (im Hinblick auf Geschäftspartner) wirtschaftlicher Ziele handelt. Daher läßt sich, besonders wenn Gestirne in diesem Feld stehen, auch etwas über die Wesensart dieses »anderen Pols« aussagen. Das wird uns bei der Horoskopdeutung noch beschäftigen.

Mit dem Partnerbereich erhebt sich die Felderkurve über den Horizont. Das Quadrat zum vierten Feld betont den Unterschied zwischen Ruhe und Abschließung einerseits und Hinwendung zum Du im anderen Bereich. »Ehe und Familie« liegen als siebentes und viertes Feld also nicht auf derselben Ebene, sondern bilden sogar ein unterscheidendes Quadrat zueinander. Wenn wir hier wieder von den durch Menschen geschaffenen Konventionen absehen und die Entwicklung des Individuums zugrunde legen, wird dies verständlich. Die Zugehörigkeit zur Familie bringt man ebenso wie Erbmasse und vorgeburtliches Erleben mit auf die Welt, es ist ein statischer Zustand, in den man hineinverwoben ist. Die Verbindung mit dem Partner jedoch ist Bewegung und Entwicklung, die nicht mit der vertraglichen Vereinbarung der Eheschließung endet, sondern sich im Zusammenleben der beiden Partner ständig gestaltet. Das Heim, das sich die Eheleute schaffen, wie sie ihre Wohnung, ihr Haus einrichten, die Wohnungswechsel usw., das gehört wieder in den Bereich des vierten Feldes. Dies aber nicht, weil sie verheiratet sind, sondern weil jeder Mensch die »Häuslichkeit« nach jener geistigen Struktur zu gestalten sucht, gemäß der er sich bei der Geburt durch den Resonanzvorgang mit seinem Körper und damit den biologischen Erbfaktoren des Elternhauses verbunden hat. So können zwei Ehepartner recht verschiedene Vorstellungen von der Gestaltung des Heims haben, das damit häufig zu einem wichtigen Kriterium des gegenseitigen Verstehens wird.

Das Skorpionzeichen (210°-240°) und das 8. Feld

Wie es bereits bei Waage der Fall war, können auch alle folgenden Zeichen aus der Stellung zum gegenüberliegenden Tierkreisabschnitt verstanden werden. Aufgrund der Opposition haben beide jeweils eine gemeinsame Basis, über die sie sich im Spannungszustand befinden. Dem Skorpionzeichen liegt Stier, der Bereich der Verfestigung der Materie, gegenüber. So muß Skorpion ebenfalls mit der materiellen Form in Beziehung stehen, die hier jedoch aufgelöst oder besser in einen anderen Aggregatzustand umgewandelt wird. Dazu ist Energie beziehungsweise Arbeitsleistung notwendig. Sie wird aus der Stellung des Zeichens auf der Kurve bezogen, das sich immer noch auf dem abfallenden Kurvenast befindet. Da sich hier die im Stier entstandene Form wandelt, kann der Impulsfaktor Mars durchaus als dem Skorpionzeichen zugehörig betrachtet werden. Nur wird es sich hier um einen hinsichtlich seiner Natur und Richtung völlig anderen Mars handeln, als er uns im Widder erscheint. Denn Skorpion gehört zum Wasserelement. Das Feld der Seele, des Innenlebens, ist erneut stark betont. Der im Widder nach außen gerichtete Mars sendet seine Impulse hier nach innen und ruft Erschütterungen im seelischen Kraftfeld hervor, die im körperlichen wie im geistigen Bereich registriert werden. Ein solcher »Kampf mit sich selbst« ist für das Skorpionzeichen typisch. Er bedeutet das ständige Bemühen, die Materie zu vergeistigen, der man doch so verhaftet ist. So könnte die Zuordnung des Mars die Problematik des eine Skorpionstruktur verkörpernden Menschen recht gut verdeutlichen.

Über die Zuordnung Plutos zum Skorpion bestehen dennoch heute kaum mehr Zweifel. Dieser Planet trat in den Jahren 1984/85 erstmals seit seiner Entdeckung in »sein« Zeichen. Seither zeichnet sich immer deutlicher das Krankheitsbild AIDS als Geißel der Menschheit ab. Indem es sich zu seiner Verbreitung besonders der Fortpflanzungsorgane bedient, die dem Skorpion zugeordnet sind, erhalten wir eine Bestätigung, die an Deutlichkeit kaum zu überbieten ist. Damit wird Skorpion zu einem eigentlich »alchemistischen« Zeichen. Es führt zu den Wurzeln der Menschwerdung, indem es den Gegensatz zwischen Geist und Stoff über eine Art Läuterungsprozeß zu verbinden weiß.

Das achte Feld, das zu diesem Zeichen gehört, wird in der astrologischen Überlieferung bezeichnenderweise das »Todesfeld« genannt. Es bezieht sich nicht auf das Lebensende des Individuums, obwohl behauptet wird, daß dort stehende Gestirne auf die »Todesart« hinweisen sollen. Das Feld ist vielmehr der Bereich des Empfindens, das in irgendeiner Form mit dem Tod zusammenhängt, mit der Einstellung zum Jenseits, aber auch mit Todesfällen und Hinterlassenschaften. Ferner ist es das Gebiet der Auflösung materieller Werte im Sinne von Verlusten oder des Verzichtens auf materielle Vorteile zugunsten der inneren Entwicklung. Dennoch darf man das achte Feld nicht einseitig als eine Absage an das Diesseits betrachten. Vor allem ist es keine Verneinung des Lebens, sondern es ist, indem das Skorpionzeichen gewissermaßen Energie aus dem Zerfall der Materie gewinnt, sein zugehöriges Feld auch der Bereich der Regeneration, der Erneuerung. Im Trigon zum vierten Feld stehend verwirklicht es gerade jene Voraussetzungen, um derentwillen die Verkörperung der Individualität erfolgte, und es zeugt neue Körperstrukturen aus der Fruchtbarkeit des Wasserzeichens. Das Quadrat des achten Feldes zum fünften macht den Unterschied zwischen der Zeitebene des Diesseits und der Parallelwelt deutlich. Im fünften Feld das dem dimensionslosen Augenblick zugeordnete Geschehen der spontanen Entschlüsse — im achten Feld die höhere Dimension der Gegenwart als Gerade, in der sich die seelischen Bilder eines Lebens speichern lassen, um daraus schon im Diesseits »paranormale« Erkenntnisse gewinnen zu können. Ähnlich dem vierten ist auch das achte Feld ein Bereich, der über die Grenzen von Geburt und Tod hinausführt.

Das Schützezeichen (240°-270°) und das 9. Feld

Das letzte der drei Feuerzeichen liegt in einem Kurvenbereich, der bereits in die statische Zustandsform übergeht, wie sie gegen Mitternacht vorherrscht. Für das Feuerelement eigentlich paradox, da es in ständiger Bewegung begriffen ist. Doch für dieses Zeichen liegt die Beständigkeit in der Bewegung selbst. Sein Symbol ist der fliegende Pfeil. Im ständigen Fliegen liegt das Unveränderliche. Der Pfeil braucht, ja er soll gar nicht ins Ziel gelangen, und wenn es doch einmal geschieht, schwebt bereits wieder ein entfernteres Ziel vor Augen, das der Pfeil ansteuert. Die Zukunft ist der Existenzbereich des Schützen. Die Hoffnung auf das Morgen ist wichtiger als das heutige Geschehen. Die Gegenwart erledigt sich von selbst, Denken und Planen liegen voraus, denn nur die Zukunft verspricht die Weite der vielen Möglichkeiten. Es ist die Unbegrenztheit der Zeitachse, die sich in der unbestimmten Ferne verliert, die der Pfeil erkunden möchte. »Alles Tun ist nur Vorbereitung« — so könnte die Devise eines die Schützetendenz verkörpernden Menschen lauten. So wird schließlich im weitesten Sinne das Leben zur Vorbereitung auf die Ewigkeit. Nicht zuletzt deshalb ist für dieses Zeichen auch die Ausrichtung auf das Höhere, das Göttliche, auf die moralischen Prinzipien und die Heilswege so typisch.

Seine Zuordnung zu Jupiter weist in dieselbe Richtung. Sie läßt zugleich erkennen, daß Schütze nicht als Bereich der »geistigen« Weiterentwicklung zu deuten ist, sondern im Jupitersymbol ist, wie wir sahen, die Seele mit dem Stoff verbunden. Wohl nimmt in einer entsprechenden Verkörperung der ganze Mensch, also auch sein Geist, an diesem Suchen teil. Aber die Hinwendung zu einer höheren Macht ist vornehmlich emotional bedingt. Es ist die »unsterbliche« Seele, die in dieser Jupiter-Manifestation hervortritt. Der stofflichen Seite des Jupiters werden wir erst im Fischezeichen begegnen. Wenn es allgemein in der Natur des Feuerelements liegt, daß die Oszillationen der Seele besonders ausdrucksstark sind, dann ist die Intensität der Gefühlsregungen im Schützen sicher am größten, eben weil dieses Jupiterzeichen in der Aufwertung der Seele seinen Ausdruck findet.

Die Opposition zu Schütze ist das Zwillingszeichen. Gemeinsam ist beiden die Bewegung in der Vielheit der Möglichkeiten. Bei Zwillinge ist es der Intellekt, der Wissen sucht, der in toleranter Weise alle Informationen aus der Umwelt aufnimmt, ohne sie nach Werten einzustufen. Im Schützen wird nach falsch und richtig unterschieden. Die Urteile werden danach gefällt, ob etwas dem Prinzip, dem Dogma entspricht, und es ist sehr oft die eigene Ansicht, die dafür wegleitend ist. Im Festhalten an solchen Bewertungen kommt wiederum das Statische dieses an sich unruhigen Zeichens zum Ausdruck.

Das hier als Entsprechung stehende neunte Feld umfaßt jene Verhaltensweisen, die sich aus dem Heraustreten des Geborenen aus seiner engeren Umwelt ergeben. Gemäß dem fliegenden Pfeil läßt es den Drang nach der Ferne erkennen als Gegenpol der Kontakte mit der engeren Umwelt des dritten Feldes. So würden beispielsweise Ausflüge und kleinere Reisen innerhalb der eigenen Landesgrenzen dem dritten, große Reisen und Aufenthalte in fremden Ländern dem neunten Feld entsprechen, wenn man es geographisch betrachtet. Das in der Schule gesammelte Wissen ist der merkurische Erkenntnisvorgang des dritten Feldes — die durch eigenes Forschen und Suchen gewonnenen Einsichten sind jupiterhaft und gehören ins neunte Feld. Was im dritten Bereich unterhaltende Gespräche und Diskussionen sind, erscheint im neunten als Vorträge, philosophische Exkurse und Prophezeiungen, aber auch als Auseinandersetzung über rechtliche Fragen, als Prozesse und Gerichtsverhandlungen — je nachdem, ob sich Jupiter als »Zentrum« umgeben von seinen vielen Monden oder als »verhinderte Sonne« empfindet.

Das Steinbockzeichen (270°-300°) und das 10. Feld

Es entspricht der Mitternachtsstunde und damit jenem Kurvenbereich, in dem die licht- und wärmespendende Sonne am tiefsten unter dem Horizont verborgen ist. Mensch und Natur liegen im Schlaf, den wir mit einem dem Tod ähnlichen Zustand verglichen haben. Der statische Aspekt tritt deutlich in den Vordergrund, die Lebensvorgänge sind weitgehend eingeschränkt. So kann Steinbock auch als Zeichen des festen Erdelements verstanden werden. Eine Art »eingefrorener« Zustand des Lebens, ähnlich der Struktur des Samenkorns, in dem die Lebensvorgänge auf »Warteposition« stehen, bis sie aufgrund geeigneter äußerer Bedingungen wieder in Gang gesetzt werden. Die Dauer der Wartezeit spielt dabei keine Rolle, ähnlich wie auch der Schlafende kein Zeitempfinden hat. So ist Steinbock auch die Konzentration, durch die Veränderungen auf ein Minimum beschränkt werden. Der Zeitfaktor büßt an Wert ein — alles dauert lange. Ähnliche Voraussetzungen fanden wir im Strukturbild des Saturns, dem denn auch das Steinbockzeichen zugeordnet ist. In diesem Erdzeichen bezieht sich die Entsprechung vor allem auf die obere Hälfte des Steinbocksymbols, auf das Kreuz der Materie. Die Konzentration oder Erstarrung gilt hier also in erster Linie für den materiellen Bereich des Menschenschicksals — um so freier kann sich der Geist entfalten.

Wir erkannten in Saturn bereits seine Vergangenheitsbezogenheit. Wie sich der Samen aus dem früheren Wachsen der Pflanze, ihrem Blühen und der Frucht entwickelt hat, in sich also den vorgeformten Zyklus trägt, so wird der im Menschen personifizierte Steinbockbereich die Bindung an Tradition, Gewohnheit, Erfahrung zum Ausdruck bringen. Er wird dies alles in sich bewahren, um es bei Gelegenheit im Sinne eines systematischen Aufbaus und Wachsens anwenden zu können. Ein solcher Mensch wird die materiellen und aus der Erfahrung gewonnenen Werte zu schätzen und zu erhalten wissen. Er braucht die saturnische Entsprechung durchaus nicht als »hartes Schicksal« zu empfinden, wie es die astrologische Deutung so häufig ausdrückt. Es ist lediglich notwendig, sich der statischen Situation und der Saturnstruktur bewußt zu werden, um danach das Leben genau so sinnvoll wie nach anderen planetarischen Strukturen ausrichten zu können. Dies ist auch aus den Trigonen zu verstehen, die das Steinbockzeichen mit Stier und Jungfrau bildet: Erfahrung, Wissen, Arbeit und Pflichterfüllung finden in der so festgefügten Situation des Saturns ihre Verwirklichung.

Aus solchen Beziehungen ist wohl die Bedeutung des dem Steinbockzeichen entsprechenden zehnten Feldes entstanden. Es symbolisiert die äußere berufliche und gesellschaftliche Situation, die sich der Mensch im Laufe seines Lebens aufbaut. Scheinbar ist es widersprüchlich, die »Mitternachtssituation« mit dem Kulminationspunkt der äußeren Laufbahn zu vergleichen, an dem das Wirken des Menschen weithin sichtbar wird. Wenn man aber Stellung und Beruf als Ergebnis des Einsatzes der Mittel (2. Feld) und der täglichen Arbeit und Pflichten (6. Feld) betrachtet, also der Trigone zum zehnten Feld, wird die Situation verständlich; sie ergibt sich auch aus der Gegenüberstellung der beiden Kurven in Abbildung 9 (Seite 87). Indem der Beruf das Image der Persönlichkeit in der Gesellschaft bestimmt, ist er als der beständige und endgültige Zustand zu verstehen, der dem Saturnsymbol entspricht. Steht in einem Konstellationsbild dann noch Saturn selbst in diesem zehnten Feld, dann wird er dessen Tendenz unterstützen, während Saturn in einem die Bewegung betonenden Feld wie etwa dem dritten oder fünften schon eher problematisch wäre. Dies als Beispiel dafür, daß bei der Deutung darauf geachtet werden muß, wie weit die planetarische Struktur mit der Art des betreffenden Feldes übereinstimmt.

Das Wassermannzeichen (300°-330°) und das 11. Feld

Wassermann gehört nicht etwa zum Wasserelement des Tierkreises, sondern ist ein Luftzeichen. Seine bildliche Darstellung zeigt einen Mann, der den Inhalt einer Amphore ausgießt. Es kann sich um Wasser handeln — aber man bewahrte früher auch Öl oder Wein in solchen Krügen auf. Die alte Bezeichnung für Wassermann lautete *»amphora«:* das Gefäß war also ursprünglich wichtig. Erst in späteren Jahrhunderten benützte man das lateinische Wort *aquarius*.

Dieses Ausgießen bedeutet die Sichtbarmachung von etwas Neuem, das bisher verborgen war. Indem das Gefäß dem Körper entspricht, sind es die seelisch-geistigen Inhalte, die in diesem Zeichen zutage treten. Ursprünglich war es dem Saturn zugeordnet. Heute kennt man Uranus zumindest als zusätzliche Entsprechung, die sich immer mehr bestätigen wird, wenn die Menschheit allmählich dazu gelangt, nicht nur das Sichtbare als wirklich zu betrachten.

Von Saturn sind es die seelischen Inhalte, von Uranus die Impulse geistiger Erneuerung, die sich hier miteinander verbinden. Den entsprechenden Erlebnisabschnitt der täglichen Sonnenbahn (2 bis 4 Uhr morgens) haben wir mit dem vielfältigen Traumleben in Verbindung gebracht, das die unbewußten Inhalte sichtbar macht, für die Seele und Geist die eigenartigsten Assoziationen finden. Nur ein kleiner Teil dieser Bilder ist dem heutigen Menschen verständlich, weil sie meist nicht mit Logik und geltenden Ansichten konform gehen. Daher können viele dieser Inhalte nur als Metaphern verkleidet auftreten. Ob der Wunsch nach Verkleidung und Maskierung, wie er sich in der Karnevalszeit (wenn die Sonne im Wassermann steht!) äußert, hierin seine ältesten Wurzeln hat? Da solche Bräuche schon in vorchristlicher Zeit bekannt waren, haben sie nichts mit dem Beginn der Fastenzeit vor Ostern zu tun. Auch nicht mit einer Vertreibung des Winters, sondern das Wort Karneval soll von *carrus navalis* (Schiffswagen) abgeleitet sein, der zur »Wassermannzeit« schon im alten Rom unter allerlei Mummenschanz durch die Straßen gezogen wurde. Jedenfalls liegen im Wassermannzeichen skurrile Einfälle, künstlerisches Gestalten, Wunsch nach Befreiung vom Alltag, Selbstverwirklichung und Erschließung neuer geistiger Bereiche eng beieinander. Welche Seite ein dieses Zeichen betonender Mensch vorzugsweise zum Ausdruck bringt, läßt sich meist nicht aus dem »Horoskop« erkennen, zumal dies nicht in allem Lebensphasen dasselbe ist. Hier können nur das Verhalten und die Entwicklungsstufe Anhaltspunkte geben. Oft existieren auch Interesse für uraltes Wissen und modernste Strömungen als Saturn- und Uranustendenzen nebeneinander, und ein solcher Mensch kann aus beiden Quellen schöpfen. Dies sind dann die genialen Künstler, die Vorkämpfer für neue Ideen, die Pioniere in Technik und Wissenschaft, die ihre uranischen Impulse mit saturnischer Konsequenz verwirklichen.

Die Opposition zu Wassermann ist Löwe, das Sonnenzeichen. Gemeinsam ist beiden die Betonung des Ich, der Individualität. Während die Sonne fest in sich selbst ruht, verströmt sich die »Antisonne« Uranus, sie gießt sich aus. Löwe zieht die Menschen an — Wassermann begibt sich nach ihnen auf die Suche. Wohl deshalb wird das ihm zugehörige e l f t e F e l d das Gebiet der »Freunde« und der »Beziehungen« genannt. Wer Verbindungen hat und freundschaftliche Sympathien erfährt, erleichtert sich das Leben. So gilt dieser Bereich, ähnlich wie das mit ihm in Opposition stehende fünfte Feld, als Begünstigung durch das Schicksal. Doch ist es hier nicht das Spielen mit den Chancen, das lebensbejahende Selbstvertrauen, das die Ich-Bestätigung sucht; indem man seine Amphore ausgießt, gerät man zugleich in Gefahr, sich zu verlieren oder eines Tages mit leeren Händen dazustehen.

Die Trigone des elften Feldes zu den Bereichen drei und sieben sind ebenfalls aufschlußreich. Alle drei sprechen von menschlichen Beziehungen. Aber in Elf sind sie von anderer Art als die täglichen Bekannten und Nachbarn (3) oder die

Partnerverbindungen (7). Die Freunde sind, gleich den Traumbildern, Symbole verborgener Seiten des eigenen Ich. So können Freundschaften ebenso erkenntnisfördernd wie irreleitend oder enttäuschend sein. Wer sich ausschließlich auf die Verbindungen des elften Feldes stützt, wird vielleicht mancher Anstrengungen enthoben sein, aber sein Ich wird einem abgeernteten Feld gleichen, das nichts mehr hervorbringt. Nur wer die inneren Ströme nicht versiegen läßt, aus denen er seine Amphore immer wieder füllen kann, wird sich beglückender Freundschaften erfreuen, ohne die eigene Natur verleugnen zu müssen...

Das Fischezeichen (330°-360°) und das 12. Feld

Bevor ein neuer Zyklus beginnen kann, muß ein Kreis vollendet werden. Dies vollzieht sich im Wasserelement, das uns schon im Krebszeichen als Verbindung mit dem Ursprung (Entstehung der Materie) und im Skorpion als Umwandlung und Neugeburt (Ringen mit der Materie) begegnet ist. Dementsprechend könnte man im Fischezeichen den Abbau der Materie im Sinne ihrer Auflösung sehen. Sie kehrt im Bereich des Unbewußten zu ihren Quellen zurück. Jedoch nicht im selben Zustand, in dem sie entstanden ist. Auf seinem Entwicklungsweg hat der Stoff Eindrücke in einer Seele hinterlassen. Diese Seele macht sich nun selbständig in der Art, wie wir es im Neptunsymbol erkannten. Indem sie aus den empfangenen Impulsen Bilder entstehen läßt, macht sie sich für einen weiteren Bewußtwerdungskreis bereit, ob es sich nun um einen neuen Tag oder ein neues Leben handelt.

Das Fischezeichen kann aber auch vom Jupitersymbol her verstanden werden. Hier ist es vor allem die stoffliche Seite dieses Planeten, die das Gesetz vom Werden und Vergehen zum Ausdruck bringt. Die äußere Form löst sich im Wasser auf, doch ist diese Vorstellung nur bedingt richtig und hat zu der allzu einseitigen Auffassung von der Auflösung des Ich im letzten Zeichen des Tierkreises geführt. Ein solches völliges Verschwinden der Materie tritt jedoch nicht einmal im Tode auf, viel weniger noch in den »Fischesituationen« während des Lebens. Es handelt sich vielmehr um den Zerfall einer einheitlichen materiellen Form in einzelne Teile oder Bruchstücke, Mosaiksteinen vergleichbar, aus denen die Phantasie ständig andere Gebilde formt, sie zerfallen läßt, um neue Strukturen wiedererstehen zu lassen. So ist das Wesen eines das Fischezeichen verkörpernden Menschen zu verstehen: seelisch außerordentlich beweglich, seine Gefühle den kleinen Einzelheiten zuwendend und sie mit wechselnden Vorstellungen ausschmükkend. Wohl beeindruckbar, aber deshalb keineswegs willensschwach oder anlehnungsbedürftig, wie der »Fischetyp« oft dargestellt wird. Vielmehr ist er bei der »Zusammensetzung« seiner Vorstellungen meist recht jupiterhaft, nicht so apodiktisch wie das Schützezeichen, aber beharrlich an seinen Bildern festhaltend. Wie der Mensch, der in seinem Erleben der frühen Morgenstunde von den Traumbildern festgehalten wird, bis er sich, dem neuen Widderimpuls folgend, erhebt.

Das symbolhaft mit dem Fischezeichen verbundene zwölfte Feld hat in der überlieferten Deutung einen ziemlich schlechten Ruf. Es gilt als der Bereich der geheimen Gegner, der feindlichen Strömungen und Auflösungserscheinungen, der Einschließung in Krankenhäuser und Anstalten. Dafür gesteht man ihm »okkulte« Erkenntnismöglichkeiten und magische Kräfte zu. Gewiß ist dieses Feld gemäß der im Neptunzeichen in Aktion tretenden Seele manchen materiellen Bestrebungen entgegengerichtet. Es demonstriert die Veränderlichkeit der äußeren Form durch ihren Abbau. Wer die verborgenen Gesetze der Materiestruktur kennt, vermag hier neue Gebilde — nicht nur in der Phantasie — entstehen zu lassen. Daher das Trigon zum achten Feld: die Verwirklichung der Verwandlung der stofflichen Form, jedoch »von innen heraus«. Das bestätigt sich durch die Unterscheidung (Quadrate) zum dritten und neunten Feld; diese bedeuten die Bewegung nach außen, zur Umwelt hin (Reisen), das zwölfte Feld die Absonderung von der Umwelt. Die Opposition zum sechsten Feld läßt für beide Bereiche gemeinsam die »Belastung zum Zweck der Vollendung« erscheinen. Im sechsten Feld ist es das tägliche Arbeitspensum und der »Tagesbogen« der Sonne, im zwölften die Differenzierung der seelischen Inhalte und die vollständige Sonnenbahn, was zum Abschluß gelangt. Jedes ist zugleich Vorbereitung, indem jeweils nach dem Erleben dieser Felder die Sonne durch die Horizontebene geht und den Schaltvorgang im psychodynamischen Bewegungsrhythmus vollzieht.

Der Leser findet im Anhang eine Zusammenstellung der Verhaltensweisen und Erscheinungsformen, wie sie sich beim Menschen in Zusammenhang mit den Tierkreiszeichen und Gestirnen äußern. Ich habe sie absichtlich von der in diesem Kapitel dargestellten geistigen Struktur und Symbolik getrennt, um nicht den Eindruck zu erwecken, es handle sich um »Einflüsse« im Sinne von Ursache und Wirkung. Vielmehr ist jene Übersicht auf den Seiten 215 ff. als das Ergebnis statistischer Auswertungen zu verstehen. Über den Einzelfall sagt bekanntlich eine Statistik nichts aus, sondern sie bildet Mittelwerte. Diese geben eine ungefähre Richtung oder Tendenz an, besonders wenn es sich um Erscheinungen im menschlichen Bereich handelt. Ob also beispielsweise jemand mit Widderbetonung auch die »Widdertendenz« im Beruf verwirklicht, also Techniker, Chirurg oder Sportler wird, oder ob er ganz andere Anlagen in seinem äußeren Wirkungskreis zur Geltung bringt, läßt sich nicht aus dem »Horoskop« voraussagen. Wenn ein solcher Mensch jedoch in der Berufswahl unschlüssig ist, kann man ihm (immer unter Berücksichtigung seiner Gesamtkonstellation) bestimmte Berufsrichtungen gemäß jener statistischen Auswertungen empfehlen.

Darüber hinaus dient eine solche Übersicht der Vertiefung der hier aus den einzelnen Strukturbildern gewonnenen Erkenntnisse, indem man sie mit den prinzipiellen Aussagen vergleichen kann.

7
Die Deutung der Geburtskonstellation als »Induktionsbild«

In den Gestirnen, Aspekten, Tierkreiszeichen und den irdischen Feldern haben wir nun sämtliche Komponenten kennengelernt, aus denen sich ein Konstellationsbild zusammensetzt. Damit sind die Voraussetzungen gegeben, jede beliebige Geburtskonstellation interpretieren zu können. Um hierbei ein schablonenhaftes Arbeiten zu vermeiden, vergegenwärtigen wir uns nochmals, wie ein solches Konstellationsbild mit der Verkörperung des Menschen in Beziehung steht. Die geistige Individualität hat während ihrer Entwicklung im synoptischen Universum eine bestimmte energetische Gesamtstruktur aufgebaut. Wenn die Bewegungsbilder im Sonnensystem eine ähnliche Struktur darstellen, erhält das Wesen den Induktionsimpuls, der seine individuelle Schwingung enorm verstärkt. Dadurch kann es mit einem zur Geburt bereiten Körper in Resonanz treten und sich mit ihm zum Menschenwesen vereinigen.

Die auslösende Konstellation ist also nicht mit dem Menschen identisch, sondern lediglich der Schlüssel, der ihm sein Tor zum Leben öffnet. Sie ist damit zugleich der Schlüssel zum Verständnis dessen, warum dieses stofflich-seelisch-geistige Gefüge auf der Welt inkarniert ist und wessen es sich bewußt werden kann. Wieweit es dies aber tut und in welcher Form es seine Struktur zum Ausdruck bringt, dafür gibt es verschiedene Möglichkeiten, die sich erst im Laufe des Lebens herauskristallisieren. Das ist auch einer der Gründe, warum bei der Beschreibung der kosmischen Faktoren keine Bewertungen oder Eigenschaften zugeordnet wurden. Diese ergeben sich, wie wir sahen, nur aus dem menschlichen Empfinden. Erst indem wir jetzt die Konstellationen eines Menschen auf sein Verhalten und seine Umwelt beziehen, kann man sich fragen, ob er eine bestimmte Konstellation bei der Verwirklichung seiner Lebensziele als fördernd oder erschwerend empfindet.

Um Aussagen darüber machen zu können, brauchen wir zusätzlich zum Geburtsdatum unbedingt einige weitere Angaben über den betreffenden Menschen. Man bedenke, daß uns lediglich 12 Tierkreiszeichen, 12 Felder, 10 Gestirne und einige Aspekte zur Verfügung stehen. Also eine verschwindend kleine Zahl von Kombinationsmöglichkeiten, wenn man sie mit den unendlich vielen Situationen und Verhaltensweisen im Leben vergleicht. Daher müssen die astrologischen Symbole notwendigerweise mehrdeutig sein. Kennt man jedoch zum Beispiel Ausbildung, Beruf, Familiensituation, Liebhabereien des Geborenen, dann wird die Zahl der Aussagen bedeutend eingeschränkt. Außerdem erhält man Hinweise auf die geistige Entwicklungsstufe (E), was gerade beim Induktionsbild wichtig ist. Obwohl es sich dabei um die geistige Struktur handelt, erlaubt es dennoch auch Deutungen über die »irdischen« Felder. Denn in den stofflichen Bereichen verwirklicht der Mensch letztlich seine geistigen Anlagen. Darauf wird bei den Formulierungen Rücksicht zu nehmen sein.

Dieses Vorgehen soll wieder am Beispiel des am 3. Februar 1937 geborenen Mannes verdeutlicht werden, dessen Geburtskonstellation wie in Abbildung 12 (Seite 101) dargestellt haben. Es sei nochmals daran erinnert, daß unsere Zeichnung nur aufgrund des Geburtsdatums, ohne Kenntnis einer Geburtszeit entstanden ist. Die Gestirnsstellungen in den Feldern bedeuten also die Situation bei Sonnenaufgang an jenem Tag. Diese Morgenstunde ist der Ausgangspunkt des Erlebniszyklus in den zwölf Doppelstunden, also letzten Endes in den Tierkreiszeichen und Feldern, die aus diesen Zeitabschnitten ihre Symbolik beziehen. So bringen auch alle Menschen, die zu anderen Stunden desselben Tages geboren wurden, etwas von dieser Aufgangssituation mit. Diese Tatsache wird uns bei Konstellationen mit bekannter Geburtszeit zusätzliche Deutungsmöglichkeiten vermitteln, die bisher der Astrologie unbekannt waren.

Die gegenseitigen Stellungen der Gestirne, also die Aspekte, sind in jedem Fall von der Geburtszeit unabhängig, da sie sich im Laufe von 24 Stunden nicht verändern. Sie sind zugleich die beste Möglichkeit, ein Gesamtbild von der Wesensstruktur des Geborenen zu erhalten. Also betrachten wir immer zuerst die Aspektverteilung. Je mehr Aspekte vorliegen und je verschiedenartiger diese sind, um so größer sind die Variationsmöglichkeiten des Erlebens, um so intensiver der Bewußtwerdungsprozeß. In unserem Übungsbeispiel sind sämtliche wichtigen Aspektarten zu finden. Wer die Verbindungen farbig eingezeichnet hat, wird ein übersichtlicheres Bild erhalten, als es unsere Schwarzweiß-Darstellung erlaubt. In Abbildung 12 sind zur Unterscheidung Quadrate und Oppositionen als durchgezogene, Sextile und Trigone als gestrichelte Verbindungslinien gezeichnet.

Eine Analyse dieser Aspekte haben wir ja bereits in Kapitel 5 im einzelnen durchgeführt. Daraus ergibt sich folgendes Gesamtbild: Es ist eine außerordentliche Vielseitigkeit, Unruhe und Dynamik vorhanden. Die Mond-Mars-Verbindung zeigt schon bei relativ geringen Anregungen sehr heftige Ausschläge des seelischen Erlebens, je nach Situation nach oben oder nach unten. Die erhaltenen Eindrücke werden meist unmittelbar auf das eigene Ich bezogen (Quadrate von Mars, Mond und Uranus auf die Sonne). Daher ist trotz der erkenntnisfördernden Unterscheidungsmöglichkeit die Objektivität nicht immer gewahrt. Merkur in Konjunktion mit Jupiter verbindet diese Eindrücke zudem mit entsprechenden Bewertungen, die der Geborene der Umwelt als »Leitprinzipien« mitzuteilen sucht. Durch das Mond-Sonne-Quadrat können sich die hier in allen Bereichen vorherrschenden emotionalen Impulse auch auf die körperliche Situation erstrecken. Leistungsfähigkeit und Gesundheit stehen in enger Beziehung zur jeweiligen Art des Erlebens. Erfolge und Anerkennungen bringen, weit mehr als beim Durchschnittsmenschen, eine Steigerung der Leistungsfähigkeit, während Rückschläge zu eigentlichen körperlichen Zusammenbrüchen führen können. Auch wird es mit dieser variationsreichen Aspektierung kaum möglich sein, eine stetige Entwicklung und beständige Lebenssituation zu verwirklichen, die wohl auch gar nicht im Sinne dieser Verkörperung liegt. Bei allen weiteren Deutungen wird man also eine zusätzliche »Portion« Bewegungs- und Manifestationsdrang hinzufügen müssen.

Nun gehen wir dazu über, die einzelnen Gestirne hinsichtlich ihrer Stellung zum Horizont, also in den zwölf Feldern, zu untersuchen. Mangels einer Geburtszeitangabe läßt sich dies nur mit gewissen Vorbehalten durchführen. Aber indem wir die Gestirnsverteilung in den Feldern bei Sonnenaufgang beschreiben, gewinnen wir doch wesentlich mehr Anhaltspunkte, als wenn man neben den Aspekten nur die Gestirne in den Tierkreiszeichen berücksichtigen würde. Letzteres müßte bei den langsamlaufenden Planeten sogar zu direkt falschen Aussagen führen. Dagegen ist bei Sonne und Mond, zum Teil auch noch bei Merkur, Venus und Mars, die Stellung im Tierkreis als zusätzliches Deutungselement unbedingt wichtig.

Beginnen wir bei der Sonne als wichtigstem Gestirnsfaktor, so kommt hier das Wassermannzeichen zur Geltung. Wir haben es als das »Ausgießen« der unbewußten Inhalte kennengelernt, daher als ideenreich, erfüllt von seelischen Bildern und geistigen Impulsen, vielseitig, in Bewegung und Veränderung begriffen, gleicherweise für Erfahrungen aus der Vergangenheit und für neue Gestaltungsmöglichkeiten aufgeschlossen. Es ergibt sich eine Struktur, die dem aus den Aspekten erhaltenen Bild recht ähnlich ist. Beide Tendenzen verstärken sich gegenseitig. Es muß sich um einen Menschen handeln, der nicht immer Herr der Situation ist, der in seinem Handeln spontan, unberechenbar, von den jeweiligen Stimmungen abhängig wirkt, der aus innerem Drang schöpferisch tätig sein muß, der aber von seiner Umwelt infolge mancher skurrilen Ideen und seines oft absonderlichen Verhaltens nur schwer verstanden wird.

Diese Aussagen lassen sich durch die Angaben ergänzen, die in der Aufstellung im Anhang stichwortartig enthalten sind. Wie schon angedeutet, sei man jedoch mit charakterlichen Bewertungen vorsichtig. Einen Menschen, nur weil er »im Wassermann« geboren ist, für sein ganzes Leben als »verschroben, unzuverlässig, reizbar« oder im positiven Sinne als »großzügig, fortschrittlich, idealistisch« zu bezeichnen, verneint jede Entwicklung und wäre gerade bei der Dynamik des vorliegenden Konstellationsbildes besonders unangebracht.

Im weiteren suchen wir nun jene Felder auf, die durch darin befindliche Gestirne besonders betont sind. Da finden wir die Verbindung zwischen Mond und Mars an höchster Stelle über dem Horizont im Bereich des zehnten Feldes. Sie steht also mit der äußeren Stellung des Geborenen in Beziehung, der mit dem Bewegungsdrang des Mars hier besonders »tätig« sein wird. Hier können wir auch bereits etwas über die berufliche Tendenz aussagen, was mit der Wassermannsonne allein noch nicht möglich gewesen wäre. Da zudem aus den persönlichen Angaben die Berufsrichtung — technischer Fachschriftsteller und Berater — bekannt ist, finden wir hier eine Summierung der technischen Interessen des Wassermanns und des Mars (gemäß der Übersicht im Anhang), was die besondere Begabung auf diesem Gebiet bestätigt. Sie ist nicht nur theoretischer Art, sondern mit Mars auch als handwerkliche Geschicklichkeit zu verstehen, was in der Suche nach neuen Konstruktionen (»Erfinder«) zum Ausdruck kommt. Das seelische Prinzip Mond in Verbindung mit diesem Mars läßt auf ein besonders intuitives Arbeiten oder auf die beruflich bedingte Verbindung mit vielen Menschen (beratende Tätigkeit) schließen. Daß die Auswertung der erarbeiteten Ergebnisse und überhaupt die berufliche Situation hier gewissen Veränderungen unterliegt, lassen die Quadrate und die Opposition von Uranus erkennen. Indem der Geborene jedoch eine nebenberufliche Tätigkeit ausübt, in der er ebenfalls seine Ideen verwirklicht und so auf verschiedenen Wegen gestaltend arbeiten kann, ist der »Veränderungstendenz« auf diesem Gebiet weitgehend Rechnung getragen, ohne daß es sich um eigentliche Berufswechsel handeln muß.

Sodann ist zu berücksichtigen, daß sich hier der Mond (und damit auch Mars) im Skorpion befindet. Dieses »Marszeichen« hebt ein weiteres Mal im Beruf die technische Seite hervor, erschwert jedoch gemäß der problematischen Situation des Skorpionzeichens bezüglich der Umwelt das Hervortreten in der Öffentlichkeit. Außerdem sind die seelischen Abwehrreaktionen zusätzlich betont. Die Furcht vor Gegnern und Nachstellungen tritt gelegentlich zutage, etwa als Scheu vor öffentlichem Auftreten, was die beruflichen Möglichkeiten dieses Mannes einschränkt und ihn auf Kritik sehr empfindlich reagieren läßt. Jedenfalls ist aber der berufliche Wirkungskreis für den Geborenen äußerst wichtig, er wird darin auch sein (ebenfalls recht unruhiges) Privatleben mit einbeziehen, weil sich der zu Mond in Opposition stehende Uranus in der Nähe des tiefsten Punktes befindet. Privatsphäre und Beruf stehen dadurch in recht deutlicher Wechselbeziehung zueinander, indem ein wesentlicher Teil der beruflichen Arbeit im häuslichen Bereich erledigt wird.

Für einen Schriftsteller, der ja durch Mitteilungen und Komunikation eine »merkurische« Tätigkeit ausübt, ist die Stellung des Merkurs besonders wichtig. Wir wissen bereits, daß sich dieser Planet hier in enger Verbindung mit Jupiter befindet — zugleich steht diese Konjunktion an der Spitze des zwölften Feldes und im Steinbockzeichen. Die Konjunktion mit Jupiter kommt in der beratenden Tätigkeit zum Ausdruck, wobei der Geborene zugleich als »Autorität« und als »Mitteilender« auftritt. Wir gelangen zu dieser Aussage, indem wir in der Zusammenstellung im Anhang unter »Umweltsbeziehun-

schen Rat einholen, dann müßte man ihn auf diese Voraussetzungen aufmerksam machen und ihm beispielsweise eine Ehe erst in reiferen Jahren empfehlen, wenn sich die stärksten Gegensätze bereits etwas ausgeglichen haben und größere Lebenserfahrung vorhanden ist. Meist suchen jedoch solche Personen erst Rat, wenn bereits Konfliktsituationen in der Ehe bestehen. In solchen Fällen können Wege zur Lösung der Probleme nur durch Vergleiche mit der Partnerkonstellation gefunden werden.

Wenden wir uns nochmals unserer Deutung zu, so haben wir bereits die »Unruhe im Privatleben« aus der Stellung des Uranus im tiefsten Bereich unter dem Horizont erkannt. Genaugenommen steht zwar Uranus hier noch etwa 10 Grad vom tiefsten Punkt entfernt im dritten Feld. Eingedenk der Tatsache, daß es sich hier nicht um eine Geburtszeitangabe handelt, braucht man sich jedoch nicht zu eng an die Abgrenzungen der einzelnen Felder zu halten. Ihre Bereiche gehen ohnehin, wie wir noch sehen werden, kontinuierlich ineinander über. Uranus bezieht sich hier also zumindest teilweise auch auf das vierte Feld, um so mehr, als er durch seine Opposition mit dem für den familiären Bereich typischen Mond verbunden ist. In einem solchen Fall ergeben sich oft auch mehrfache Wohnungs- und Wohnsitzwechsel, es gibt wenig Seßhaftigkeit, manchmal sogar eine eigentliche Heimatlosigkeit, indem sich der Geborene überall und nirgends zu Hause fühlt.

Die Analyse ließe sich in derselben Weise noch auf die übrigen Planeten wie zum Beispiel Saturn und Venus im zweiten, Pluto im sechsten Feld usw. ausdehnen, doch dürften die hier gegebenen Deutungsbeispiele vorerst genügen. Es sollte damit nicht nur gezeigt werden, wie man solche Konstellationen interpretiert; der Leser hat zugleich auch einen Begriff davon erhalten, wieviel sich bereits ohne Kenntnis der Geburtszeit, ohne irgendwelche Berechnungen über ein Geburtsbild aussagen läßt. Dabei ist wohl unnötig zu erwähnen, daß sich die Deutungen, zu denen wir gelangt sind, in Wesensart und

Handlungsweise des Geborenen bestätigen, da es sich nicht um ein fiktives Beispiel, sondern um einen wirklich existierenden Menschen handelt.

Man könnte daher fragen, warum man überhaupt die Geburtszeit benötigt, wenn sich doch bereits aus dem Geburtstag ein so differenziertes Strukturbild erkennen läßt. Doch genügt eine einfache Überlegung, um zu erkennen, daß die Berücksichtigung einer bestimmten Tagesstunde individuellere Aussagen ermöglichen muß, als wenn der ganze Tag als Deutungsgrundlage benützt wird. Um diesen Unterschied besonders deutlich zu machen, aber auch das Verbindende zwischen »Tag und Stunde« zu demonstrieren, soll im folgenden dasselbe Übungsbeispiel, jedoch mit bekannter Geburtszeit, benützt werden. Vorher sind allerdings einige prinzipielle Überlegungen notwendig, die von der bisherigen astrologischen Praxis der Felderberechnung abweichen.

8
Geburtszeit und das Felderproblem

Wir kommen nun zum wichtigsten Kapitel unserer praktischen Arbeit. Der astrologisch nicht »vorbelastete« Leser wird die folgenden Ausführungen ohne weiteres akzeptieren, da sie sich als logische Konsequenz der neuen Theorie ergeben. Wer dagegen bereits durch Selbststudium oder in Lehrkursen viel Mühe darauf verwendete, »minutengenaue« Horoskope zu berechnen, wird es schwerer haben, sich umzustellen. Erst recht könnten sich manche Fachastrologen alter Schule in die Opposition gedrängt fühlen. Sie mögen die neue Theorie an sich begrüßen, da sich mit ihrer Hilfe vieles erklären läßt, was bisher lediglich Erfahrung war. Aber es wird nicht leicht sein, gerade das in Frage gestellt zu sehen, was bisher der Astrologie den »wissenschaftlichen« Anstrich gab, nämlich die Exaktheit der Berechnungen. Da mindestens ebenso viele Astrologiekundige wie Laien zu den Lesern dieses Buches gehören dürften, wird es nicht zu umgehen sein, die bisherige Art des Arbeitens mit der Geburtszeit etwas unter die Lupe zu nehmen.

Wenn man von einem Menschen nicht nur das Geburtsdatum, sondern auch die Tageszeit seiner Geburt kennt, müssen sich zweifellos zusätzliche und vor allem individuellere Deutungsmöglichkeiten ergeben. Angenommen, es werden an demselben Tag in einem bestimmten Bereich hundert Menschen geboren, dann werden diese (falls man keine zusätzlichen Angaben besitzt) alle dasselbe »Geburtshoroskop« haben. Innerhalb einer Stunde finden, um bei unserer Annahme zu bleiben, jedoch nur vier Geburten statt. Mit Berücksichtigung der Geburtszeit haben also nur diese vier Personen ein identisches Horoskop. Man sollte daher, wenn immer möglich, eine solche Zeitangabe mit berücksichtigen können. Die Positionen der Gestirne und ihre Aspekte werden zwar dadurch nicht beeinflußt — wie wir feststellten, verändern sich diese innerhalb vierundzwanzig Stunden kaum. Dagegen sind die Stellungen der Felder, bezogen auf den Tierkreis, weitgehend von der Tageszeit abhängig.

Hier begannen aber bisher die Schwierigkeiten, und nicht nur Anfänger und Hobbyastrologen gerieten in eine eigentliche »Zeit«-Not. Man hat nämlich für die Felderberechnung zwischen vier verschiedenen Zeitarten zu unterscheiden: der Normalzeit oder Zonenzeit, der Greenwich- oder Weltzeit, der aus der geographischen Länge des Ortes zu ermittelnden Ortszeit und der Sternzeit des Geburtstages. Mit diesen Zeiten wurde minuten-, ja sekundengenau gerechnet (auch in Fällen, da die Geburtszeit bestenfalls auf eine Viertelstunde genau angegeben ist). Neben der geographischen Position des Geburtsortes mußte man schließlich noch berücksichtigen, ob die gerade benützte Ephemeride auf 0 Uhr oder 12 Uhr Weltzeit berechnet ist. Erst dann konnte man aus Häusertabellen die Felderstellungen im Tierkreis ablesen.

Selbstverständlich würde sich dieser »Zeit«-Aufwand lohnen, wenn man damit zu exakteren Deutungen gelangen würde. Dies ist jedoch auch bei einwandfrei verbürgten minutengenauen Geburtszeitangaben nicht der Fall. Schwerer wiegt jedoch, daß diese Häuserberechnungen einer wissenschaftlichen Beurteilung nicht standhalten.

Berechnet man beispielsweise die Horoskopfelder für eine Geburt am 1. Januar (gleich welchen Jahres) um 12.00 MEZ in der Gegend von Frankfurt/M (50° nördl. Breite), dann ergibt sich eine Sternzeit der Geburt von 19.17. Aus der Tabelle für den entsprechenden Breitengrad liest man die in Abbildung 13a eingezeichneten Felderstellungen ab. Zwischen den Bereichen der einzelnen Felder bestehen enorme Unterschiede. Feld

Abbildung 13

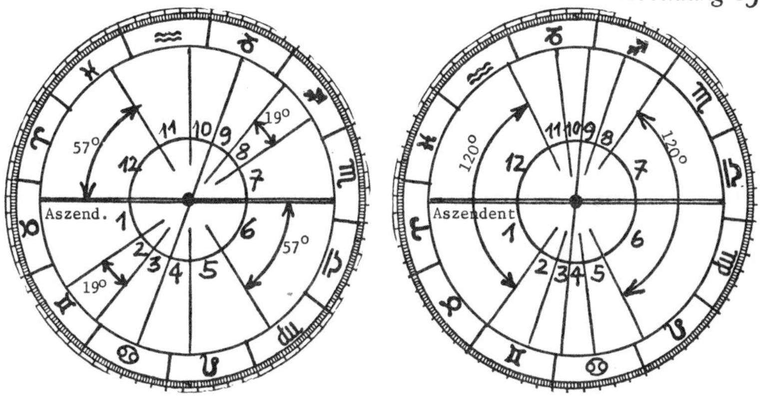

a) b)

6 und 12 erstrecken sich über 57 Grade, also beinahe das Doppelte des durchschnittlichen Kreisabschnittes von 30 Graden. Dagegen umfassen die Felder 2 und 8 nur 19 Grade. Das bedeutet aber, daß zum Beispiel die Wahrscheinlichkeit einer Mondstellung im 6. Feld dreimal so groß ist wie die einer Stellung des Mondes im 2. Feld. Oder mit anderen Worten: Wer in jener Gegend zu entsprechenden Tageszeiten geboren wird, hat dreimal mehr Aussichten auf eine seelisch belastende Konstellation als auf die Möglichkeit, seelische Kräfte zum Beispiel zur Sicherung seiner Existenz einsetzen zu können. Dabei ist diese Felderstellung nicht etwa auf die Zeit um 13 Uhr am 1. Januar beschränkt, sondern sie wiederholt sich täglich, nur nicht immer zur selben Tagesstunde.

Noch unterschiedlicher gestalten sich zu bestimmten Tageszeiten die Felder, wenn man weiter nach Norden geht. Ein in Stockholm (59 Grad nördl. Breite) am 5. April um 5.00 MEZ Geborener hat, gemäß einer Sternzeit 18.04, die Felderverteilung, wie sie in Abbildung 13b erkennbar ist. Feld 12 und 1 (und dementsprechend auch 6 und 7) umfassen je 120 Grade und nehmen damit zusammen zwei Drittel des gesamten Kreises ein, während für alle übrigen Felder nur ein Drittel übrig bleibt. Die »Aussicht« auf Konstellationen beispielsweise im Berufsfeld, das sich nur über 13 Grade erstreckt, sind entsprechend gering. Auch eine solche Felderstellung wiederholt sich täglich während entsprechender Zeiten. Geht man jedoch wesentlich weiter nach Süden, etwa nach Bari in Süditalien (41 Grad nördl. Breite) und ermittelt die Felder für denselben 5. April um 5.00 MEZ, dann schließen die Felder 12 und 1 nur noch einen Winkel von 83 Grad ein und das Berufsfeld erstreckt sich über 22 Grade, ist also fast doppelt so groß wie im selben Zeitpunkt in Stockholm. Ob die Wahrscheinlichkeit, durch Gestirnsbetonung im 10. Feld in seinem Wirkungskreis mehr hervorzutreten, in Süditalien tatsächlich so viel größer ist als in Schweden...?

Aber nicht nur die Felder erscheinen in wechselnder Größe, sondern nach diesen Häusertabellen gehen die Tierkreiszeichen mit unterschiedlicher Schnelligkeit auf.

Tierkreiszeichen	Aufgangszeit in Minuten
Widder	55
Stier	70
Zwillinge	110
Krebs	158
Löwe	167
Jungfrau	167
Waage	166
Skorpion	166
Schütze	148
Steinbock	108
Wassermann	70
Fische	55

In obenstehender Tabelle ist für jedes Zeichen die Zeit angegeben, die es benötigt, um am Osthorizont aufzusteigen (ermittelt für 50 Grad nördlicher Breite). Wir wissen, daß die Gestirne und Tierkreiszeichen täglich im Osten aufsteigen, weil die Erde sich in entgegengesetzter Richtung dreht. Dies geschieht jedoch mit einer absolut gleichbleibenden Geschwindigkeit. Demnach müßten alle Zeichen dieselbe Zeit benötigen, bis ihre 30 Grade über den Horizont emporgestiegen sind, nämlich 24:12=2 Stunden. Die Häusertabelle läßt jedoch Fische und Widder dreimal schneller aufgehen als Löwe, Jungfrau, Waage oder Skorpion. Das ist gewiß für die Schiefe der Ekliptik trigonometrisch richtig berechnet. Mit diesem »Rechentrick« wird erreicht, daß in der Horoskopzeichnung die »Horizontachse«, also die waagrechte Verbindungslinie zwischen Aufgangs- und Untergangspunkt, immer durch den Kreismittelpunkt geht und den Tierkreis in die gleichgroße Tag- und Nachthälfte teilt. So scheint die Sonne im Winter wie im Sommer denselben Tag- oder Nachtbogen zurückzulegen. Weil dies aber nicht der Fall ist, läßt man sie im Winter den Weg über dem Horizont mit größerer, den Weg unter dem Horizont mit geringerer Geschwindigkeit durchlaufen, und dadurch kommen die unterschiedlichen Kreisbogen der Felder zustande. Das führt dann auch dazu, daß (wie es zum Beispiel aus Abbildung 13a ersichtlich ist) der Anfang des zehnten Feldes nicht mit dem höchsten Punkt in der Horoskopzeichnung zusammenfällt. Die »Sommerzeichen« lassen mit ihrer langsameren Bewegung die Sonne im Sommer länger am Himmel stehen, während sie im Winter die Nacht »verlängern«.

In Wirklichkeit bewegt sich selbstverständlich die Sonne sommers und winters und während des Tages wie in der Nacht mit derselben Geschwindigkeit, dasselbe gilt auch für alle Punkte des Tierkreises, somit auch für die Felder. Man kann sich dies etwas vereinfacht gemäß Abbildung 14 vorstellen.

Hier bedeutet die waagrechte Linie die Horizontebene. Wie in den Horoskopzeichnungen ist links der Ost- und rechts der Westhorizont. Die Kreise bedeuten eine tägliche Sonnenbahn zu verschiedenen Jahreszeiten. Kreis 1 entspricht dem Sonnen-

Abbildung 14

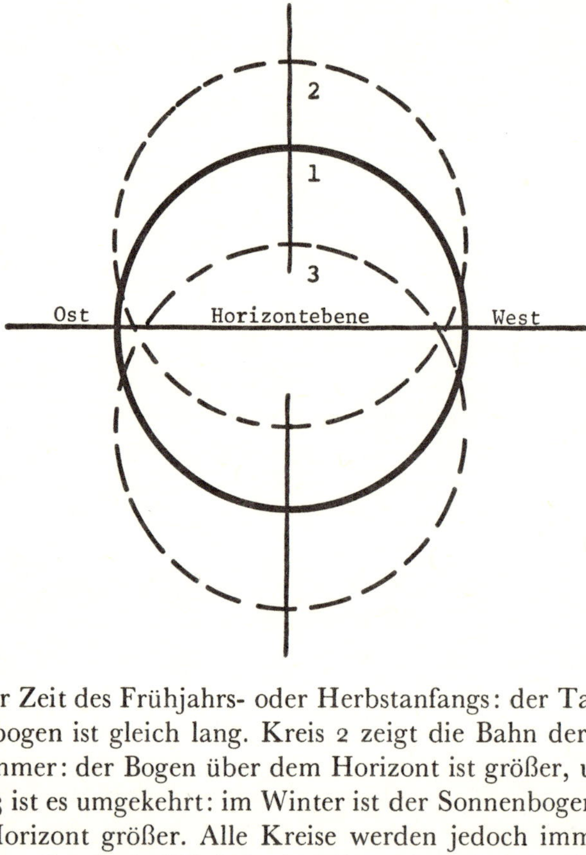

lauf zur Zeit des Frühjahrs- oder Herbstanfangs: der Tag- und Nachtbogen ist gleich lang. Kreis 2 zeigt die Bahn der Sonne im Sommer: der Bogen über dem Horizont ist größer, und bei Kreis 3 ist es umgekehrt: im Winter ist der Sonnenbogen unter dem Horizont größer. Alle Kreise werden jedoch immer mit derselben Geschwindigkeit in jeweils 24 Stunden durchlaufen. Je weiter man sich auf der Erde den Polen nähert, um so höher steigt Kreis 2 im Sommer, um so tiefer sinkt Kreis 3 im Winter. In den Polarzonen verläuft Kreis 2 im Sommer vollständig über dem Horizont: die Sonne steht während der ganzen 24 Stunden am Himmel; ebenso würde der »Winterkreis« ganz unter der Horizontlinie liegen.

Wenn man übrigens die Abbildung 14 auf den Kopf stellt, erhält man die Bahnen des Vollmonds in den verschiedenen

Jahreszeiten. Da bei Vollmond dieser der Sonne im Tierkreis gegenübersteht, wandert er im Winter gemäß Kreis 3 hoch am Himmel dahin und beschreibt die Sommerbahn der Sonne, wogegen der Sommervollmond ziemlich tief am Horizont steht und seine Bahn ähnlich der Sonne im Winter zieht. Indem man während des Jahres zuweilen sein Augenmerk auf solche Erscheinungen richtet, gewinnt man ein anschauliches Bild, das ebenso vor »Schreibtisch-Astrologie« schützt wie die Beobachtung der Menschen, deren Konstellationsbilder man zu interpretieren sucht.

Doch zurück zu unserem Felderproblem! Die erwähnten Unzulänglichkeiten scheinen schon früher den Astrologen Unbehagen bereitet zu haben. Nur so ist es zu erklären, daß seit Jahrhunderten mehrere Methoden der Häuserberechnung bestehen. Daneben existiert das System der äqualen Häuser, bei dem man, vom Aufgang als dem Mittelpunkt des ersten Feldes ausgehend, wenigstens die einzelnen Himmelsquadranten in gleiche Abschnitte zu teilen versucht. Schließlich gibt es Astrologenschulen, die das Problem dadurch lösen, daß sie auf Felder überhaupt verzichten und nur Aufgangs- und Kulminationspunkt benützen. Dafür werden neue Deutungselemente (»Halbsummen« usw.) eingeführt, die nicht weniger konstruiert wirken.

Unsere astrologischen Theorien haben die Feldersymbolik in Beziehung zu den Tierkreiszeichen gesetzt, wobei als gemeinsame Basis das Erleben der zwölf Doppelstunden des Tages, also ein Zeitfaktor, diente. Dieser Zeitfluß ist ebenso konstant wie die Erddrehung, setzt daher gleichmäßig große Felder voraus, wie es in der Sinusbewegung der Abbildung 9 (Seite 87) zur Darstellung gelangte. Die zwölf täglichen Zeitabschnitte sind ebenfalls nicht von Polhöhen beziehungsweise Breitengraden und Jahreszeiten abhängig. Sie stehen zudem in eigenartiger Beziehung zu den Himmelsrichtungen, die ja auch überall auf der Erde unabhängig von Ort und Jahreszeit als Orientierung dienen. Man blickt nach Osten oder, was gleichbedeutend ist, »gen Morgen«, nach Süden orientiert man sich »gen Mittag« und nach Westen »gen Abend«. Dann existieren die damit noch deutlicher als »irdisch« verstandenen Felder als die zwölf Raumsektoren der Windrose überall auf der Erde, wo eine Magnetnadel nach Norden zeigt. Das erste Feld ist demnach mit Osten, das vierte mit Norden, das siebente mit Westen und das zehnte mit Süden identisch. In alten Horoskopzeichnungen findet man in der Tat diese Himmelsrichtungen an den entsprechenden Felderspitzen vermerkt.

Dementsprechend würde das zweite Feld zwischen Osten und Nordosten liegen, das dritte zwischen Nordosten und Norden usw. Sollte es vielleicht richtiger sein, die Felder mit dem Kompaß als nach der Häusertabelle festzulegen? Ist möglicherweise das erdmagnetische Feld, nach dem sich die Kompaßnadel ausrichtet, über die Feldersymbolik ebenfalls im Geburtsbild verankert? Sind die Felder als aufgefächertes Spektrum der erdmagnetischen Nord-Süd-Achse aufzufassen? Bemerkenswert ist immerhin, daß induzierende magnetische Kraftlinien und Stromfluß in einem elektrischen Leiter nach dem von H. C. Oersted entdeckten Gesetz senkrecht zueinander stehen — genau so, wie es bei den Felderachsen 4 bis 10 zu 1 bis 7 im Konstellationsbild der Fall ist, vorausgesetzt, daß man alle Felder gleich groß einzeichnet. Ich erinnere hier wieder an das psychodynamische Erleben der Zeichenfolge im Tierkreis, das sich mit Blick auf die tägliche Sonnenbahn ebenfalls nach den Himmelsrichtungen orientiert. Hier steht der Forschung noch ein weites Feld offen, das sich jedoch nicht erschließt, indem man an der »punktförmigen« Aufgangssituation einer einzelnen Minute festhält. Vielmehr muß versucht werden, das »Aufgangsgeschehen« von der Bewegung aus zu verstehen.

In diesem Sinne bringen die Himmelsrichtungen die kosmischen Bewegungen zum Ausdruck. Man wird da an den Kindervers erinnert, nach dem man sich diese Richtungen merkte: »Im Osten geht die Sonne auf — im Süden hält sie

Mittagslauf — im Westen hat sie es vollbracht — im Norden da ist Mitternacht.« Damit stimmt die Symbolik der entsprechenden Tierkreiszeichen Widder, Krebs, Waage, Steinbock ebenso überein wie die der Felder 1, 4, 7 und 10. Der »Osten« bleibt immer das Anfangs- und Aufgangssymbol, ebenso wie der Bewußtwerdungsimpuls des ersten Feldes. Dort geht immer die Sonne auf. Ob dies manchmal früher, manchmal später geschieht, ist für den Sinn dieses Bereichs (und darauf kommt es bei der astrologischen Interpretation an) von untergeordneter Bedeutung. Dieser dem Osten beziehungsweise überhaupt den Himmelsrichtungen innewohnende Sinn gilt selbstverständlich auch dann, wenn das erste Feld nicht gerade mit Sonnenaufgang oder dem Widderzeichen zusammenfällt, sondern wenn bei der Geburt ein anderer Tierkreisbereich aufgeht. »Osten« ist in jedem Fall gleich »Beginn« und die sich daran anschließende Entwicklung verläuft stetig gemäß der konstanten Erdrotation.

Die Himmelsrichtungen sind also über den täglichen Sonnenlauf mit der Uhrzeit verbunden. Deshalb lassen sich diese Richtungen auch mit einer Uhr bestimmen. Hierzu wird die waagrecht gehaltene Uhr so ausgerichtet, daß ihr Stundenzeiger nach der Sonne weist. Die Halbierungslinie zwischen der Zeigerrichtung und der 12 auf dem Zifferblatt ist Süden. Eine Orientierungsmethode, die zu allen Zeiten des Jahres anwendbar ist (sofern die Sonne scheint), weil in unseren Breiten die Sonne immer mittags genau im Süden steht.

Auf ähnliche Weise kann eine Methode zur angenäherten Felderbestimmung aufgebaut werden, die ebenfalls von geographischer Position und Jahreszeit unabhängig ist. Zur Erläuterung greifen wir auf die Darstellung der täglichen Sonnenbahn in verschiedenen Zeiten des Jahres gemäß Abbildung 14 zurück. Die drei Kreise sind in Abbildung 15 nochmals gezeichnet, wobei wieder der obere Kreis einem Tag im Sommer, der mittlere einem Tag im Frühjahr oder Herbst und der untere der Sonnenbahn im Winter entspricht. Der Umfang jedes

Abbildung 15

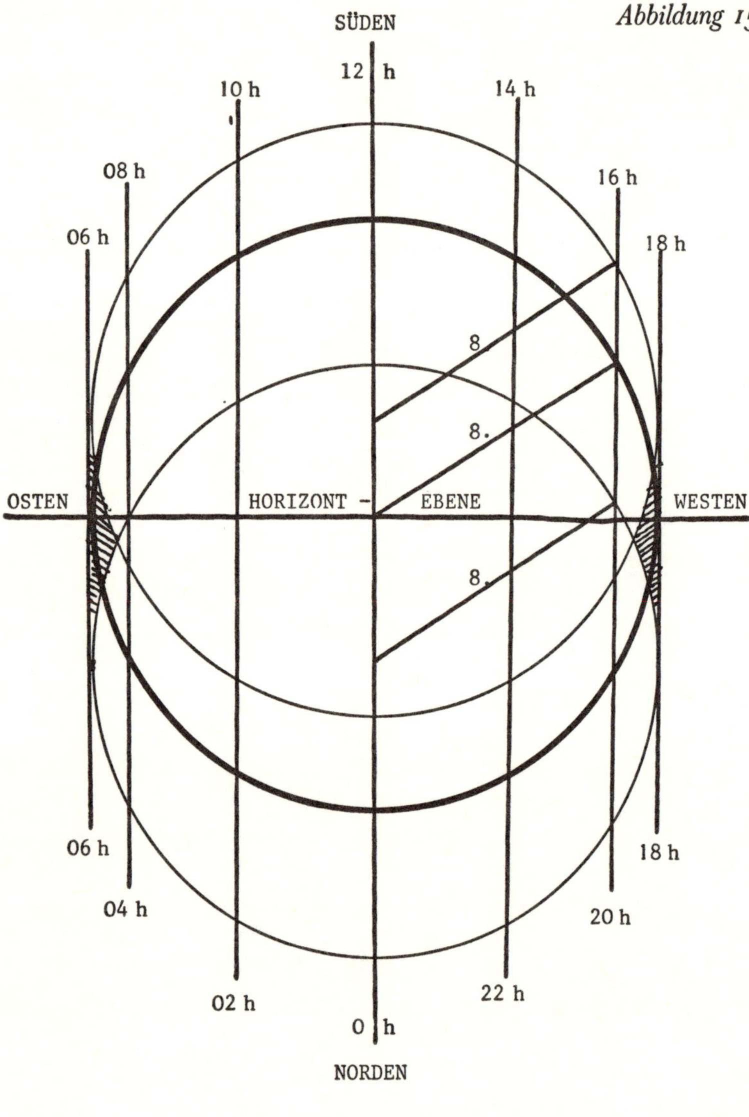

Kreises ist in zwölf Abschnitte eingeteilt, die sowohl den Felderspitzen, als auch den zwölf Doppelstunden entsprechen.

Verbindet man die übereinanderliegenden Punkte miteinander, so erhält man die senkrechten Zeitlinien. Auf diesen liegen die entsprechenden Felderspitzen für alle beliebigen Tagesbahnen, unabhängig davon, wie weit die Sonne über oder unter dem Horizont läuft. Als Beispiel ist hier eine Felderspitze (die des achten Feldes) eingezeichnet. Jede dieser Zeitlinien erweist sich damit als der »geometrische Ort« für die betreffenden Felderspitzen aller Sonnenbahnen (Kreise) im Laufe des Jahres.

Aus Abbildung 15 ergibt sich ferner, daß die Felderspitzen 10 und 4 exakt erfaßt werden durch den höchsten Sonnenstand mittags 12 Uhr beziehungsweise den tiefsten Stand um Mitternacht. Dadurch sind auch noch die benachbarten Felderspitzen 11 und 9 sowie 3 und 5 recht genau fixiert. Hingegen rücken die Zeitlinien in den Morgen- und Abendstunden näher zusammen. Hier macht sich, wie man aus dem Schaubild erkennt, der Einfluß der Jahreszeit deutlicher bemerkbar. Man kann aus den schraffierten Zonen am Ost- und Westhorizont ersehen, daß es sich nicht mehr um einen Auf- oder Untergangs-»Punkt«, sondern um einen »Bereich« handelt. Es ist das Gebiet, in dem Aszendent beziehungsweise Deszendent (wie der Untergangspunkt auch genannt wird) des Horoskops liegen.

So vereinfacht diese Darstellung das Felderproblem bereits ganz beträchtlich. Es handelt sich nur noch darum, den Aufgangsbereich etwas genauer abzugrenzen, um dann von dort aus jeweils in Abständen von 30 Graden die weiteren Felderspitzen einzutragen. Wie groß die Genauigkeit bei der Festlegung des Aszendenten sein sollte beziehungsweise ob durch zu weit getriebene Genauigkeit nicht die Deutungsergebnisse verfälscht oder eingeschränkt werden, sind Fragen, zu deren Beantwortung eine zusätzliche Überlegung notwendig ist.

Bisher stand nämlich nur das Problem im Vordergrund, wieweit die bisherigen rechnerischen Grundlagen zur Ermittlung der Felder mit den tatsächlichen Bewegungsvorgängen in Einklang stehen. Die Feldermethoden gehen jedoch zusätzlich davon aus, daß die Geburt des Menschen in einem »Augenblick« oder innerhalb weniger Minuten erfolgt. Denn nur in diesem Fall hat es einen Sinn, den Aufgangspunkt bei der Geburt gradgenau zu bestimmen, ganz unabhängig davon, ob man dann diesen winzigen Tierkreisabschnitt auch wirklich deutungsmäßig von den benachbarten Graden unterscheiden kann.

Bei dieser Gelegenheit möchte ich daran erinnern, daß auch die Tierkreisabschnitte, also die einzelnen Zeichen, keineswegs eine scharfe Trennung ihrer Struktur zeigen, obwohl dort eine gradgenaue Abgrenzung gegeben ist. Sie sind ja bedeutungsmäßig aus dem Erleben der zwölf Doppelstunden entstanden, das sich auch nicht »mit dem Glockenschlag« ändert, sondern fließende Übergänge zeigt. Man begegnet immer wieder Fragen wie: »Bin ich eigentlich noch ›Stier‹ oder schon ›Zwilling‹?«, wenn jemand am 21. Mai geboren ist. Als ob der Tierkreis ähnlich einer Digitaluhr nach einer abgelaufenen Zeitspanne augenblicklich auf den folgenden Abschnitt umschalten würde. Das lateinische Sprichwort *»Natura non facit saltus«* — die Natur macht keine Sprünge — gilt auch hier. Wohl gibt es plötzliche Vorgänge, wie etwa einen Unfall, der innerhalb Sekunden ein ganzes Leben verändern kann. Aber auch hier handelt es sich, ähnlich wie bei der Geburt, nur um den sichtbaren Teil des Geschehens. Ihm können allmähliche innere Entwicklungen vorausgegangen sein, die die Unfallsituation psychisch vorbereiteten.

Kehren wir aber wieder zum Geburtsvorgang zurück! Wir haben erkannt, daß die Verkörperung des Individuums in zwei deutlich unterschiedenen Phasen vor sich geht. Die erste Phase vollzieht sich ausschließlich im geistigen Strukturbereich. Es ist eine Aktivierung durch die Induktion, die zwischen der Kräfteverteilung im Sonnensystem und dem ihr ähnlichen Schwingungsbild des Geistwesens entsteht. Dieser Vorgang kann sich über Tage, vielleicht sogar eine noch längere Zeit, erstrecken. Hierbei spielen in erster Linie die Stellungen der

Gestirne im Tierkreis und ihre Aspekte eine Rolle. Also kommt diese geistige Struktur eines Menschen in den Konstellationen seines Geburtstages zum Ausdruck, und zwar am deutlichsten beim Beginn des Tageszyklus, also bei Sonnenaufgang. Es wird nun verständlicher, warum sich bei unserem Übungsbeispiel bereits ohne Geburtszeit aus der Tageskonstellation schon so detaillierte (und zutreffende) Aussagen machen ließen. Dabei durften wir auch die Feldereinteilung mitbenutzen, weil sie sinngemäß mit dem Aufgang verbunden ist. Nur handelte es sich, strenggenommen, nicht um dieselben Felder, wie sie sich aus einer Geburtszeit ergeben. Man könnte sie als die »Sonnenfelder« bezeichnen, bei denen es auch keinen Aszendenten gibt, weil die Sonne selbst »das Aufgehende« darstellt. Die Symbolik dieser Felder ändert sich jedoch verständlicherweise dadurch nicht.

Aus dieser ersten Phase entwickelt sich in der Folge die zweite Stufe der Menschwerdung. Das durch die Induktion aktivierte Geistwesen (dessen Struktur sich aus der Tageskonstellation ergibt) sendet selbst Schwingungen aus, es baut ein Feld auf, mit dem ein zur Geburt vorbereiteter Körper in Resonanz tritt. Je nach der Intensität des geistigen Feldes ist die Breite des Resonanzbandes größer oder kleiner — es dauert mehr oder weniger lange, bis die ausgestrahlte Schwingung registriert und in den Geburtsvorgang umgesetzt wird. Innerhalb dieser Zeit steigt allmählich der Aszendentabschnitt auf, und damit gestaltet sich die irdische Felderverteilung unter Mitwirkung des erdmagnetischen Feldes. Sie entspricht der nun vereinigten geist-stofflichen Struktur des Menschen.

Man wird nun noch besser verstehen, wie wenig sinnvoll es ist, sich an einen exakten Geburtsaugenblick beziehungsweise gradgenauen Aszendenten zu klammern. Anstelle des so bewegten Geburtsgeschehens würde damit eine statische Situation vorgetäuscht, die um so irrealer wird, je »genauer« man zu rechnen versucht. Das statische Bild liegt vielmehr in der Tageskonstellation begründet, in der auch die Stellungen der

Gestirne bezüglich des Tierkreises weitgehend konstant bleiben.

Daraus ergeben sich nun verschiedene wichtige Schlußfolgerungen für die praktische Deutungsarbeit, nämlich:

- Das vollständige Erfassen einer Geburtskonstellation ist nur möglich, wenn die beiden Phasen des Geburtsvorgangs getrennt dargestellt und interpretiert werden. Die kosmische Situation bei Sonnenaufgang am Geburtstag haben wir das Induktionsbild genannt. Die Konstellation, die sich aus der Geburtsstunde ergibt, wollen wir weiterhin als das Resonanzbild bezeichnen.
- Das Induktionsbild entspricht der geistigen Struktur, die das Wesen aus seiner Entwicklung im synoptischen Universum mitbringt. Es ist das statische (beständige) Strukturelement des Menschen, wie es den Gestirnsstellungen entspricht, die der Ephemeride für den Geburtstag entnommen werden. Sie werden mit der Sonnenstellung im Aufgang in der üblichen Weise in das kreisförmige Konstellationsbild eingetragen. Vom Sonnenort ausgehend, werden die zwölf Felder in Sektoren von je 30 Graden eingezeichnet.
- Das Resonanzbild entspricht der aus dem Geburtsvorgang resultierenden geist-stofflichen Struktur des Menschen. Es ist das psychodynamische, sich durch die Bewußtwerdung entwickelnde Element. Also stellen wir es als Kreisfunktion in Form der Sinusschwingung dar. Als sein Anfangspunkt dient der in der Geburtsstunde im Osten aufsteigende Tierkreisbereich. Entlang der Kurve werden die Gestirnssymbole eingezeichnet, die entsprechend dem Kurvenabschnitt ihre zusätzliche Entwicklungsmöglichkeit erhalten. Die Felder erscheinen als Einteilung des ganzen Kurvenbereichs in Abschnitte von 30 Graden, beginnend am Osthorizont, als Folge der konstanten Erdrotation.

Wer bereits gewohnt ist, seine Horoskope nach den klassischen Methoden zu berechnen oder die Zeichnungen durch eine Computerfirma erstellen zu lassen, kann dennoch von den hier beschriebenen Deutungsmethoden Gebrauch machen. Nicht nur das Induktionsbild, sondern auch die im nächsten Kapitel gezeigte Darstellung des Resonanzbildes läßt sich ohne zusätzliche Berechnungen aus jedem vorhandenen Geburtshoroskop erhalten.

Die Aussicht, nun für einen Menschen zwei »Horoskope« deuten zu müssen, scheint eine enorme Mehrarbeit zu verursachen. Doch Hand aufs Herz: welcher wirklich ernsthaft mit den Menschen und nicht nur am Schreibtisch oder über den Computer arbeitende Astrologe hat nicht schon Unbehagen dabei empfunden, die so fluktuierende und reaktionsfähige menschliche Natur in das Kreisbild der Konstellation eines einzigen Augenblicks einschließen zu müssen? Und was die Mehrarbeit betrifft (auf die es im Interesse einer wissenschaftlich vertretbaren Methode überhaupt nicht ankommen sollte): sie ist durchaus nicht so groß, wie es auf den ersten Blick scheint. Wir werden nachher an unserem Übungsbeispiel feststellen, daß man keineswegs zwei verschiedene Konstellationsbilder zu deuten hat, denn es handelt sich ja um dieselbe Individualität. Das Ergebnis aus dem Induktionsbild bleibt auch im Resonanzbild erhalten. Es sind lediglich im Interesse der Veranschaulichung zwei Zeichnungen zu erstellen. Dafür ist praktisch keine Berechnungsarbeit zu leisten, die Deutungen werden auch bei nur ungefährer Angabe der Geburtszeit (auf ein bis zwei Stunden genau) sehr zutreffend und eröffnen außerdem ganz neue Interpretationsmöglichkeiten. Es lassen sich nun von der Polhöhe des Geburtsortes weitgehend unabhängige vergleichbare Konstellationsbilder bis in Polnähe erstellen. Und schließlich öffnet sich damit erstmals ein Weg, um mittels der Konstellationsanalyse in vorgeburtliche Bereiche des Individuums vorzudringen und sich den Ursachen zu nähern, die es zur Verkörperung oder vielleicht auch »Wieder«-Verkörperung angeregt haben könnten.

9
Synthese eines vollständigen Geburtsbildes

Der Leser besitzt nun das Rüstzeug, um die Geburtskonstellation eines Menschen so zu erfassen, daß sämtliche Ergebnisse der psychodynamischen Astrologie zur Anwendung gelangen. Er ist imstande, auf diesem Gebiet erstmals *wissenschaftlich* zu arbeiten, indem sich alle Schritte und Interpretationen entsprechend begründen lassen. Das Bild einer menschlichen Individualität läßt sich in seiner Gesamtheit betrachten, wie es sich als vorgeburtliche geistige Struktur aufgebaut hat und welche Möglichkeiten demnach in der irdischen Seinsform zur Verfügung stehen. Jetzt ist es nur noch notwendig, sich in der Darstellung und Auswertung solcher Geburtsbilder zu üben. Die in der Praxis bereits bewährten Methoden und gewisse technische Einzelheiten sollen in diesem Kapitel beschrieben werden. Wenn der Leser bei seinen Arbeiten diesen Hinweisen folgt, wird er bald dazu gelangen, seine eigene Wesensstruktur auf die gleiche Weise entschlüsseln zu können und ebenso das Verhalten anderer Menschen aus einer neuen Sicht verstehen zu lernen.

Wir benützen weiterhin unser Übungsbeispiel des am 3. Februar 1937 geborenen Mannes, indem wir nun auch die Geburtszeit »zwischen 10.30 und 11 Uhr« (wie die Angabe lautet) berücksichtigen. Der Vollständigkeit halber sei auch die geographische Position des Geburtsortes Verona/Italien mit 45 Grad nördlicher Breite und 11 Grad östlicher Länge angegeben. In den meisten Fällen genügt es jedoch zu wissen, in welchem Land der Geburtsort liegt.

Das Induktionsbild

Auch in den Fällen, in denen die Geburtszeit bekannt ist, besteht der erste Schritt immer darin, die Gestirne im Tierkreis zur Zeit des Sonnenaufgangs am Geburtstag einzuzeichnen, ihre Aspekte zu ermitteln und die zwölf Felder, ausgehend von der Sonnenstellung am Osthorizont, einzutragen. Für unser Übungsbeispiel haben wie dies bereits durchgeführt. Die Zeichnung ist in Abbildung 12 (Seite 103) dargestellt. Deren Deutung wurde in den wichtigsten Zügen in Kapitel 7 beschrieben. Es handelt sich also darum, die Stellung der aufgehenden Sonne in ihrem Tierkreiszeichen, ferner den Mond und, soweit notwendig, Merkur, Venus und Mars in ihren Zeichen zu beschreiben, ferner die Aspekte und die Stellung der Gestirne in ihren »Sonnenfeldern« zu deuten, wie dies an verschiedenen Beispielen gezeigt wurde. Im Prinzip lassen sich diese Aussagen beliebig differenzieren und erweitern, je nach der Anzahl und Unterschiedlichkeit der Aspekte und Gestirnsstellungen. Vor allem der Anfänger möge sich jedoch davor hüten, sich in zu viele Einzelheiten zu verlieren. Das verwirrt eher, als es der Genauigkeit dienlich ist. Man arbeite vielmehr einzelne Grundzüge heraus, achte darauf, welche sich durch Übereinstimmung verstärken und wo sich Schwerpunkte und Gestirnshäufungen bilden. Sollte man für bestimmte Aussagen in der zweiten Phase weitere Vergleiche benötigen, kann man jederzeit auf das Induktionsbild zurückgreifen. Es empfiehlt sich sehr, diese Zusammenhänge sich nicht nur gedanklich bewußtzumachen, sondern sie, zumindest in Stichworten, auch schriftlich festzuhalten.

Auf diese Weise erkennt man bestimmte prinzipielle Ausrichtungen der geistigen Struktur des Geborenen. Sie beziehen sich keineswegs nur auf »Eigenschaften«, sondern lassen sich mittels der »Sonnenfelder« bereits auf die Tendenzen einzelner Lebensbereiche übertragen. Beispiele hierfür wurden in unserer Analyse für die berufliche Richtung und die häusliche

Sphäre gegeben. Falsch wäre es lediglich, solche Aussagen in Gestalt »vorherbestimmender« Schicksalsfaktoren zu formulieren. Im Induktionsbild sind gewissermaßen die Ideen gestapelt, mit denen das Individuum in der Verkörperung arbeiten kann. Welche dieser geistigen Impulse es jedoch im Leben auswertet und was damit gestaltet wird, bleibt im Grunde ihm selbst überlassen. Außerdem gibt darüber das Resonanzbild, mit dem wir uns nun eingehender beschäftigen werden, weitere Aufschlüsse. Bis zu einem gewissen Grade kann man dieses funktionelle Bild sogar auch ohne Geburtszeit aufzeichnen, indem man die Sinuskurve bei der Sonnenstellung beginnen läßt. Obwohl man dann dieselbe Feldereinteilung wie im Induktionsbild erhält, ergibt es zusätzliche Deutungmöglichkeiten. In erster Linie liegt seine Aussagekraft jedoch in der Geburtszeit, durch die es die Tageskonstellation in bestimmten Richtungen hin weiterentwickelt.

Das Resonanzbild

Es ist auf jenen Zeitabschnitt des Geburtstages gegründet, in dem sich der Geburtsvorgang als Vereinigung des Geistwesens mit dem Körper vollzog. Dazu muß man die Geburtszeit wenigstens ungefähr kennen, und es ist daraus möglich, den zu dieser Zeit aufgehenden Bereich des Tierkreises, den Aszendenten, zu bestimmen. Diesen direkt aus der Zeit berechnen zu wollen, die unsere Uhren angeben, wäre recht umständlich. Denn die Uhrzeit beruht auf bestimmten Verallgemeinerungen, so daß an den meisten Orten die Sonne nicht dann kulminiert, wenn es zwölf Uhr mittags ist. Bei den Aufgangszeiten sind die Unterschiede noch größer. So müssen wir uns erst kurz mit den verschiedenen Zeitarten und ihrer gegenseitigen Beziehung vertraut machen.

Weltzeit und Ortszeit: Die Uhrzeit an einem bestimmten Ort der

Erde ist von seiner geographischen Länge abhängig. Die Längengrade oder Meridiane (= Mittagslinien) werden vom Nullmeridian an gezählt, auf dem die Londoner Sternwarte in Greenwich liegt. Wenn die Sonne über diesem Grad mittags ihre höchste Stellung erreicht, ist es zwölf Uhr mittags Weltzeit. Von Greenwich aus zählt man die Längengrade als östliche und westliche Länge. Für jeden östlichen Längengrad kulminierte die Sonne vier Minuten früher, für jeden westlichen Grad vier Minuten später als in London, weil sich die Sonne von Osten nach Westen bewegt. Darauf beruhen auch die verschiedenen Zeitzonen der Erde. Die meisten europäischen Länder haben mitteleuropäische Zeit (MEZ), die der Weltzeit oder westeuropäischen Zeit (was dasselbe ist) um eine Stunde vorgeht. Für die weiter im Osten liegenden Länder Europas gilt die osteuropäische Zeit (OEZ).

Die Schweiz beispielsweise, wie auch der größte Teil der Bundesrepublik Deutschland, Italiens usw. liegt zwischen 7 und 9 Grad östlicher Länge. In diesen Bereichen steht die Sonne also 4 × 8 = rund eine halbe Stunde früher an höchster Stelle als in London, jedoch eine halbe Stunde später als um 12 Uhr MEZ, die ja der Londoner Zeit um eine ganze Stunde vorgeht. Man nennt dies die Ortszeit. Auf sie muß man zurückgreifen, wenn man die Sonnenbahn genauer festlegen will. Man müßte also, um ganz genau zu sein, für jeden Geburtsort erst die exakte Ortszeit berechnen, indem man seine geographische Länge mit 4 multipliziert und das Ergebnis (für östliche Länge) zur Weltzeit addiert. Für unsere Zwecke brauchen wir jedoch nicht so genau zu rechnen. Es genügt völlig, wenn wir die Geburtszeit in MEZ erst durch Abzug einer Stunde in Weltzeit verwandeln und dann für Orte in der Bundesrepublik Deutschland, der Schweiz und Italien eine halbe Stunde addieren. Für weiter östlich gelegene Orte, die etwa östlich der Achse Berlin-Wien-Triest liegen, wird zur Weltzeit eine Stunde hinzugerechnet (dort bleibt also praktisch die Geburtszeit in MEZ bestehen). Für Orte in Holland, Belgien,

Frankreich, Spanien brauchen wir zur Weltzeit nichts zu addieren, da diese Länder, obwohl sie aus praktischen Gründen mitteleuropäische Zeit haben, bereits nahe am Nullmeridian liegen.

Beispiel: Eine Geburt um 8 Uhr 30 MEZ wird für die einzelnen europäischen Gebiete wie folgt in Ortszeit umgerechnet:

	Niederlande, Belgien, Luxemburg, Frankreich, Spanien	Norwegen, Westdeutschland, Schweiz, Norditalien	Schweden, Ostdeutschland, Österreich, Süditalien, Jugoslawien
Weltzeit der Geburt:	7 h 30	7 h 30	7 h 30
für östliche Länge	+ 0 h 00	+ 0 h 30	+ 1 h 00
Ortszeit der Geburt:	7 h 30	8 h 00	8 h 30

Sommerzeit: Bei Geburten im Sommerhalbjahr muß man sich, bevor man überhaupt zu rechnen beginnt, jeweils fragen, ob eventuell im betreffenden Land Sommerzeit herrschte. Nicht nur heute im Zeitalter des Energiesparens stellt man in vielen Ländern im Sommer die Uhren um eine Stunde vor, sondern dies war auch schon während der beiden Weltkriege der Fall, in manchen Ländern wie Frankreich und Holland auch in der Zeit zwischen den beiden Kriegen. Eine Übersicht der Sommerzeiten in den europäischen Ländern von 1916-1940 findet sich in der bereits zitierten Ephemeride 1890-1950 des Metz-Verlages, Zürich. Dort sind auch die Zonenzeiten für die wichtigsten Staaten der Welt angegeben. Über die Sommerzeiten in der Schweiz, in Deutschland und Österreich bis 1987 gibt die Tabelle im Anhang dieses Buches Auskunft. Falls eine Geburt während der Sommerzeit stattfand, sind von der Geburtszeit zwei Stunden zu subtrahieren, um die Weltzeit zu erhalten, zu der dann der Betrag für die östliche Länge addiert wird.

Sternzeit: Da sich die Sonne täglich um etwa einen Grad im Tierkreis weiterbewegt, liegt zwischen den Mittagsstellungen der Sonne an zwei aufeinanderfolgenden Tagen etwas mehr Zeit, als die Erde genau für eine Umdrehung benötigt. Diese Mehrzeit beträgt pro Tag etwa vier Minuten. Die Fixsterne dagegen bewegen sich nicht — zwischen zwei aufeinanderfolgenden Fixsternkulminationen liegt der »Sterntag«, der um vier Minuten kürzer ist als der »Sonnentag«. Diesen Unterschied nennt man die Sternzeitdifferenz. Sie ist (falls für Mitternacht berechnet) am Tag des Herbstbeginns null und nimmt für jeden Tag um etwa vier Minuten zu. So wächst sie im Laufe eines Jahres auf 24 Stunden an, womit sie beim nächsten Herbstanfang wieder null wird.

Weil wir für den Aszendenten die Tierkreisstellung, also die Fixsternsphäre benötigen, muß die Sternzeitdifferenz des Geburtstages zur Ortszeit der Geburt addiert werden. Das ist an sich kein Problem, denn die »Sternzeit« ist in der Ephemeride, die wir zum Ablesen der Gestirnsstellungen benötigen, ebenfalls für jeden Tag angegeben. Leider sind jedoch diese Angaben nicht einheitlich. Bei manchen (besonders den früher erschienenen) Ephemeriden ist die Sternzeit auf zwölf Uhr mittags berechnet, in anderen auf Mitternacht. Um bei Benützung verschiedener Ephemeriden Irrtümer zu vermeiden, ist im Anhang dieses Buches eine Sternzeittabelle für jeden dritten Tag des Jahres enthalten. Sie ist auf null Uhr berechnet, so daß ihre Werte direkt zur Ortszeit addiert werden können. Die Zeiten der Zwischentage lassen sich leicht ermitteln, indem man für jeden Tag vier Minuten hinzuzählt. Die Sternzeitdifferenz ist unabhängig vom Geburtsjahr und von der geographischen Lage des Geburtsortes. Wird das Ergebnis beim Addieren von Orts- und Sternzeit größer als 24, dann werden 24 Stunden subtrahiert.

Im folgenden zwei Beispiele für die vollständige Zeitberechnung:

Geburt am 1. Januar um 13.00, Frankfurt

Weltzeit: 13.00 – 1.00	= 12.00
Ortszeit: 12.00 + 0.30	= 12.30
Sternzeit vom 1. Januar:	+ 6.40
Sternzeit für die Geburt:	19.10

Geburt am 13. Juli um 20.15 in Graz

Weltzeit: 20.15 – 1.00	= 19.15
Ortszeit: 19.15 + 1.00	= 20.15
Sternzeit vom 13.7.	+ 19.20
	39.35
da über 24 Stunden:	– 24.00
Sternzeit für die Geburt:	15.35

Mittels der so berechneten Geburtssternzeit läßt sich aus der Aszendententabelle im Anhang der zugehörige Aszendent direkt ablesen. Dieser Aufgangspunkt des Tierkreises verändert sich geringfügig mit der geographischen Breite des Geburtsortes. Für unsere Zwecke genügt es, den Breitengrad nur ungefähr zu kennen. Deshalb sind in unserer Tabelle nur die Aszendenten für die (nördlichen) Breiten von 45, 50 und 55 Grad enthalten. Damit läßt sich die Tabelle jedoch für alle Orte verwenden, die zwischen 35 und 60 Grad nördlicher Breite liegen.

Der Aszendent unseres Übungsbeispiels: Für seine Ermittlung seien hier nochmals die einzelnen Schritte beschrieben, wobei zugleich die Frage der Genauigkeitsgrenzen behandelt werden soll. Bei der Geburt am 3. Februar 1937 zwischen 10.30 und 11 Uhr in Verona braucht keine Sommerzeit berücksichtigt zu werden. Also handelt es sich bei der Zeitangabe um MEZ, wobei wir uns für die Berechnung auf den Mittelwert von 10.45 Uhr stützen wollen. Die Weltzeit ergibt sich dann als 10.45 minus 1.00 = 9.45 Uhr. Dazu werden für Verona (Italien) rund 30 Minuten addiert, was eine Ortszeit von 10.15 Uhr ergibt.*

* Wer genauer rechnen will, kann berücksichtigen, daß Verona auf 11 Grad östlicher Länge liegt. Da die Zeitdifferenz für jeden östlichen Längengrad +4 Minuten beträgt, müßte man für Verona statt der ungefähren Schätzung von 30 Minuten die Zeit von 11 × 4 = 44 Minuten addieren, was eine Ortszeit von 10.29 Uhr ergeben würde.

Für die Fortsetzung unserer Berechnung entnehmen wir aus der Sternzeittabelle im Anhang für den 3. Februar den Wert 08.50. Diese Sternzeit addieren wir zu unserer Ortszeit und erhalten

10.15 + 08.50 = 19.05 als *Sternzeit der Geburt.*

Mit dieser Zeit gehen wir in die Aszendententabelle, die ebenfalls im Anhang (Seite 221 ff.) zu finden ist. Wir benützen dort die Aszendentenspalte 45 Grad (Verona liegt ziemlich genau auf diesem Breitengrad). Dort lesen wir für 19.00 Uhr Sternzeit den Aszendenten in 28 Grad Widder ab, für 19.10 Uhr in 2 Grad Stier. Für die Sternzeit 19.05 wäre der »exakte« Aszendent somit 0 Grad Stier.

Es ist interessant festzustellen, welche Aszendenten sich ergeben, wenn man statt mit dem Mittelwert der Geburtszeit (10.45) mit den beiden angegebenen Grenzwerten rechnen würde. Für 10.30 würde der Aszendent in 25 Grad Widder liegen, für 11 Uhr in 6 Grad Stier. Das ist ein relativ großer Unterschied für eine Geburtszeitdifferenz von einer halben Stunde. Er kommt dadurch zustande, daß Widder und Stier rasch aufgehende Zeichen sind. In den meisten anderen Fällen wäre der Unterschied geringer. Aber nicht einmal die hier entstehende Differenz der Aszendenten fällt bei der funktionellen Darstellung besonders ins Gewicht; der weitaus größte Teil des ersten Feldes liegt in jedem Fall hier im Stierzeichen. Im Mittelwert ist also dieses als »Aufgangsbereich« zu betrachten.

Die zeichnerische Darstellung des Resonanzbildes: Nun können wir darangehen, unser Übungsbeispiel aufzuzeichnen. Dafür wählen wir jene Schwingungskurve, die für die Felder gemäß der Erddrehung bereits in Abbildung 9 als Kurve 2 dargestellt ist. Diese Sinuskurve ist auf der folgenden Seite nochmals gezeichnet. Es sind auch bereits die Felder eingetragen, da diese in jedem Fall beim Aszendenten am linken Anfangspunkt der Kurve beginnen und sich in Abständen von je 30 Graden folgen. Der Leser kann sich eine Anzahl Photokopien von dieser

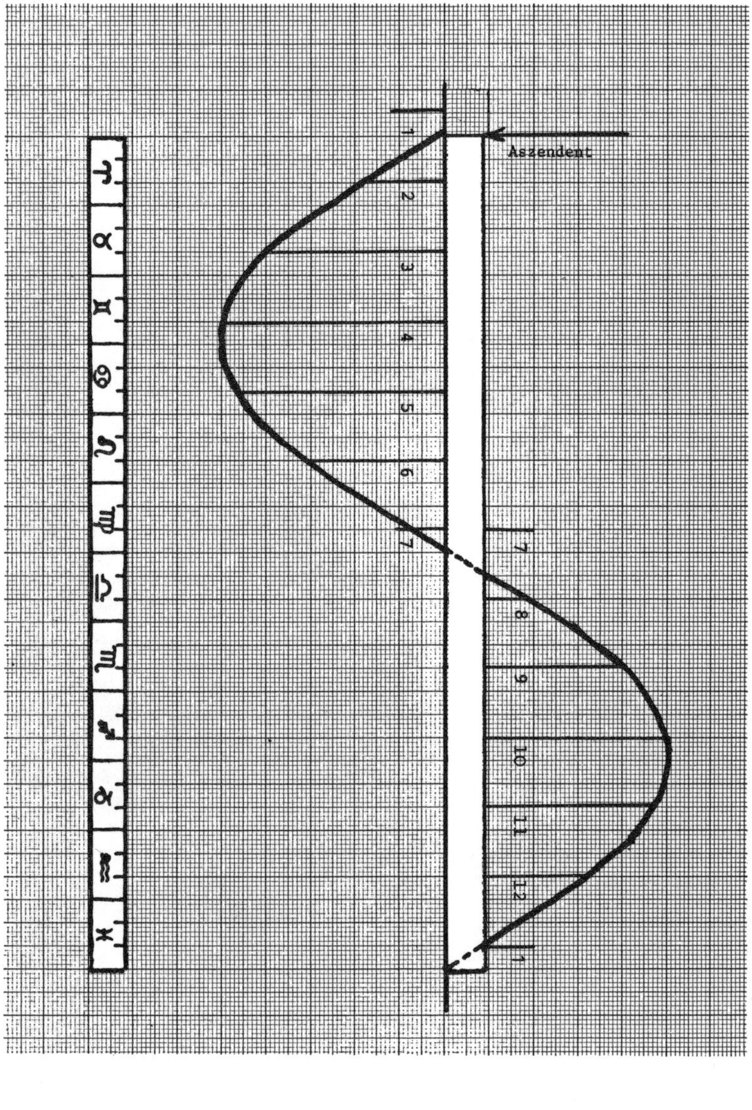
Aszendent
1
2
3
4
5
6
7
7
8
9
10
11
12
1

Zeichnung für seine eigenen Arbeiten anfertigen lassen. Wer sich die Sinuskurve selbst auf Millimeterpapier vielleicht in größerem Maßstab aufzeichnen möchte, findet die Sinuswerte für die 360 Kreisgrade im Anhang tabellarisch zusammengestellt.

Für die Festlegung der Felder hat es sich als zweckmäßig erwiesen, den Aszendenten nicht als »Anfang« des ersten Feldes zu betrachten. Da es nach unserer Theorie des Geburtsgeschehens keine »minutengenaue« Geburt und somit auch keinen »gradgenauen« Aszendenten gibt, muß der Begriff des Aufgangsbereichs auch in der Felderdarstellung zum Ausdruck kommen. Unser absichtlich nach einer Annäherungsmethode ermittelter Aszendent liegt im ersten Drittel des aufgehenden Feldes. In der Zeichnung befindet sich daher ein Drittel (10 Grad) dieses Feldes über dem Horizont, die anderen beiden Drittel (20 Grad) liegen unter dem (als exakte Linie gedachten) Horizont. Der Sinn dieses Feldes als »im Aufgang begriffen« kommt so am eindeutigsten zum Ausdruck. Entsprechend schließen sich die übrigen Felder an. Vom siebenten Feld liegen demnach die ersten zehn Grade noch unter, der restliche Teil des Feldes über dem Horizont, damit den gleitenden Übergang zum Ausdruck bringend, der gerade für den Felderbegriff besonders wichtig ist.

Die Stellung des Tierkreises am Aszendenten und gegenüber den Feldern ist selbstverständlich für jede Geburt eine andere. Daher findet der Leser das »Tierkreisband« getrennt von der Kurve, jedoch im selben Maßstab aufgezeichnet. Es kann gesondert photokopiert oder aus der Kopie der ganzen Buchseite ausgeschnitten werden. Für ein bestimmtes Geburtsbild wird dieses Band dort aufgetrennt, wo der Aszendent steht. Der »hintere« Teil des Bandes wird so in den freien Streifen der Zeichnung eingeklebt, daß er bei der Linie »Aszendent« beginnt. Der vordere Teil des Tierkreises wird am Ende des anderen Teils angesetzt, damit auf das Fischezeichen der Widder folgt. So erhält auch der in graphischen Darstellungen weniger bewanderte Leser automatisch die richtige Stellung der Tierkreiszeichen zu den Feldern.

Hat man zum Beispiel für eine Konstellation den Aszendenten in 10 Grad Löwe ermittelt, dann wird das Tierkreisband beim ersten Teilstrich des Löwezeichens durchgeschnitten und diese Stelle an den Aszendenten gelegt. Das Band endet in diesem Fall am Beginn des neunten Feldes. Dort fügt man den vorderen Teil des Tierkreisbandes an, so daß sein Ende (10 Grad Löwe) mit dem Kurvenende übereinstimmt.

Abbildung 16

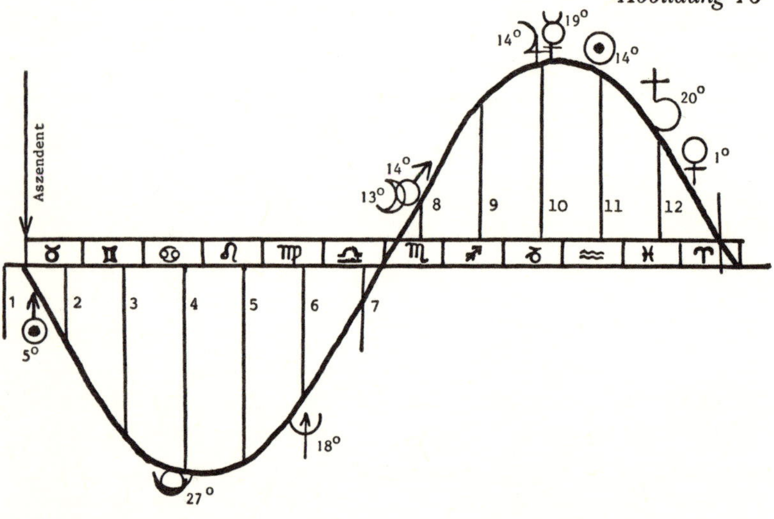

Für unser Übungsbeispiel steht der Anfang des Stierzeichens am Aszendent. Wir brauchen also vom Tierkreisband nur das Widderzeichen abzuschneiden, o Grad Stier an den Aszendenten zu legen und das Widderzeichen am Schluß des Bandes anzusetzen, wie dies aus Abbildung 16 hervorgeht. Dasselbe Schaubild zeigt auch, wie anschließend die Gestirne in Verbindung mit den entsprechenden Stellen des Tierkreises auf der Kurve eingezeichnet werden. Es handelt sich um dieselben Gestirnspositionen, die wir bereits für das Induktionsbild aus den

Ephemeriden entnommen haben. Nur stehen die Gestirne jetzt in anderen Feldern. Außerdem ist ihre Stellung in den verschiedenen Kurvenabschnitten wichtig. Auch hier schreiben wir zu den Gestirnen wieder die Angaben der Grade des betreffenden Zeichens, wie aus der Abbildung ersichtlich ist. Damit ist die zeichnerische Darstellung beendet.

Bevor wir an die Deutung dieses Resonanzbildes herangehen, wollen wir uns nochmals vergegenwärtigen, worin es sich vom Induktionsbild und überhaupt von den bisher üblichen »Horoskop«-Darstellungen unterscheidet. Das Induktionsbild als Sonnenaufgangskonstellation des Geburtstages entspricht der geistigen Struktur des Individuums, die es aus dem Paralleluniversum mitbringt. Darin sind gewissermaßen die »Ideen« enthalten, die mehr oder weniger weitgehend in der stofflichen Welt verwirklicht werden sollen.

Nun verbindet sich dieses Geistwesen zu einer bestimmten Stunde des Geburtstages mit seinem Materiekörper, mit dem es in Resonanz getreten ist. Es erhält damit das »Material« und die »Werkzeuge«, um die geistigen Ideenbilder zu gestalten. Dieses »Material« wird durch den irdischen Aszendenten mit seinen zwölf Feldern symbolisiert. Man erinnere sich da wieder der vier Elemente und ihrer dreifachen Variationen im Tierkreis. So mag sich beispielsweise ein bestimmtes Geistindividuum als Gestaltungsmittel ein möglichst dichtes Material wählen: Steine, Erde, Metalle oder ähnliches. Es wird sich dazu einen entsprechend kräftigen Körper suchen und mit einem Erdzeichen als Aszendenten geboren werden. Im Leben wird es auch seine Arbeiten in möglichst fester und beständiger Form zu realisieren suchen, sorgfältig geplant und methodisch aufgebaut, etwa wie man ein Haus aus festem Material erbaut.

Ein anderes Geistwesen wird sich, gemäß seiner energetischen Struktur das Wasser, den flüssigen Aggregatzustand, als Gestaltungsmittel auswählen, um befruchtend, die Materie mit seelischen Inhalten erfüllend, tätig zu sein. Ein drittes Wesen sucht vielleicht (immer mit dem entsprechend strukturierten

Körper in Verbindung tretend) in der Beweglichkeit eines Luftzeichens am Aszendenten viele Eindrücke zu sammeln und sich der Welt mitzuteilen; ein anderes Wesen möchte mit dem Feuerelement arbeiten, Bewegung vermitteln, neue Anstöße geben.

In solcher Weise den Stoff zu erkennen, aus dem der verkörperte Geist sein Leben aufbaut, und die Werkzeuge zu finden, mit denen er es formen kann — das wird man bei der Deutung des Resonanzbildes im Auge behalten müssen. So versteht man auch noch besser, warum im Körperbau des Menschen so oft die Struktur des aufgehenden Tierkreiszeichens zum Ausdruck kommt. Nicht dieses Zeichen »formt« den Körper, sondern das Geistwesen tritt mit jenem der bereits geburtsreifen Körper in Resonanz, der gemäß biologischer Entwicklung und Erbmasse dem »Daseinszweck« des Geistwesens am besten entspricht. Ob er dann die Erwartungen wirklich erfüllen wird, ist wieder von anderen Faktoren abhängig.

Solche Zusammenhänge lassen sich jedoch nur erfassen, wenn man die Resonanzkonstellation nicht als feststehendes Momentbild, sondern als den mit dem aufsteigenden Zeichen beginnenden »Feldertag« betrachtet. Nicht nur das Aszendentenzeichen für sich, sondern die ganzen darauf folgenden zwölf Doppelstunden entsprechen der Art, in der das geistige Strukturbild als »Erdenmensch« seine Gestaltungsmöglichkeiten sucht und verwirklicht. Deshalb senkt sich die Kurve in unserer Darstellung erst nach unten, der Geborene steigt in die Erde, die Materie hinab, um im zweiten Feld den Mitteln, im dritten Feld den Kontakten, im vierten seiner Abstammung, im fünften den irdischen Freuden, im sechsten den Pflichten und Leiden zu begegnen. Erst wenn er diesen Weg hinter sich gebracht hat, erhebt sich im siebenten Feld seine Kurve über den Horizont, und er tritt in der »Außenwelt« in Erscheinung. Dies alles vollzieht sich am ersten »Feldertag« im Keime. Es wiederholt sich in der Folge alle Tage während des Lebens in immer neuer Abwandlung, ähnlich wie sich die »Sonnentage«

als ständige Folge der Bewußtseinseindrücke summieren. In diesem Zusammenwirken wird sich schließlich der Mensch seiner selbst mittels der stofflichen Gestaltung seiner Ideen und geistigen Voraussetzungen bewußt.

Dies alles hat sich bereits früher als Frucht unserer Überlegungen ergeben. Ich wollte es jedoch nochmals in Erinnerung rufen, bevor wir an die zweite Phase unserer Deutungsarbeit herangehen. Das Resonanzbild bedeutet in seiner Form und seinen Vergleichsmöglichkeiten ein absolutes Novum in der Geschichte der Astrologie. Man kann nur damit arbeiten, indem man sich von der statischen Auffassung des »Horoskops« befreit und sich bei der Deutung von Vorstellungen der Bewegung und Entwicklung leiten läßt.

Deutung unseres Übungsbeispiels: Wir betrachten die Darstellung des Resonanzbildes nicht für sich allein, sondern von Anfang an gleich in Verbindung mit dem Induktionsbild. Denn beide sind energetischer Ausdruck derselben Individualität, es sind zwei Phasen eines Geburtsvorganges. Indem wir sie beziehungsweise ihre Konstellationsbilder als Einheit betrachten, bleibt der Mensch als Ganzes unangetastet. Auch wenn wir einzelne Lebensbereiche für sich beschreiben, handelt es sich um eine Synthese aus den zwei kosmischen Bildern, die Symbole für die beiden Stufen der Inkarnation dieses Menschen sind. Wir legen also die beiden Darstellungen gemäß den Abbildungen 12 und 16 nebeneinander — links die Kreisfigur und rechts die Sinuskurve. Der Leser wird sich zu Übungszwecken gewiß beide Bilder selbst aufgezeichnet haben; so braucht er nicht jedesmal die entsprechenden Buchseiten nachzuschlagen.

In unserem Fall stieg also das Erdzeichen Stier im Osten auf, während sich der Geburtsvorgang vollzog. Warum dieser so bewegliche Geist des Luftzeichens Wassermann mit seiner Unruhe und Veränderlichkeit, mit seinem Suchen und Gestalten nun gerade die Verkörperung in einem Erdzeichen wählte?

Warum er sich mit einem eher gedrungenen, langsamer reagierenden Organismus mit »schwerem« Knochenbau verband? Möglicherweise wäre er mit einem beweglicheren Körper des Luftelements gar nicht lebensfähig gewesen? Oder sollten bestimmte Bereiche seines Induktionsbildes, wie zum Beispiel die Merkur-Jupiter-Verbindung im Erdzeichen Steinbock, in der Verwirklichung unterstützt werden? Doch verbindet sich das Geistwesen nicht nur mit dem Körper, sondern auch mit dessen seelischer Struktur. Wenn die Seele Bewußtwerdungsvorgänge zwischen Körper und Geist zu vermitteln hat, kann sie ihrer Aufgabe um so besser gerecht werden, je deutlicher die Unterschiede zwischen den Elementen sind, die Körper und Geist zum Ausdruck bringen.

Jedenfalls trifft man solche Gegensätze außerordentlich häufig als lebensförderndes Element in den Geburtsbildern an. Das unterscheidende Quadrat zwischen Sonnenstellung und Aszendentzeichen erlaubt hier dem Geborenen, bei seinen Unternehmungen Idee und Ausführung voneinander getrennt bewußtzumachen und sich so besser zu kontrollieren — bei einem so dynamischen Bild ein nicht zu unterschätzender Vorteil. Die im Induktionsbild bestehenden Extreme werden wenigstens soweit gedämpft, daß sie sich in realisierbaren Grenzen halten. Oder zumindest ist dieser Mann befähigt, diese Grenzen zu erkennen und an die Stelle der momentanen Impulse eine größere Ausdauer zu setzen. Vor allem geschieht dies dort, wo es sich (gemäß der Struktur des Stierzeichens) um die materielle Verwertung der Ideen handelt.

Stehen allerdings Gestirne im Aufgangsbereich, dann ist zu untersuchen, wieweit die Tendenz des Zeichens dadurch umgestaltet oder eventuell verstärkt wird. Hier befindet sich Uranus im Aufgang, in seinem Schwingungsbild dem Wassermannzeichen ähnlich und damit den Gegensatz zum Stier verstärkend. Vor allem ist es aber der Hinweis auf eine ganz besonders individuelle Einstellung dieses Mannes, auf die technische Ausrichtung und die erfinderische Seite, was alles bereits der Wassermann-Sonne entspricht. Indem das »Uranische« hier aber zweimal, im Induktions- und Resonanzbild betont ist, wird es zu einem besonders typischen Zug dieses Individuums, der sich in seiner ganzen Verhaltensweise immer wieder zeigen muß. Darüber hinaus symbolisieren die Planeten Uranus, Neptun oder Pluto im Aufgang oft eine eigenartige magische Ausstrahlung, die von solchen Menschen ausgeht, da es sich, wie wir gesehen haben, um »immaterielle« Planetenstrukturen handelt. Ob manche Personen mit derartigen Kräften andere von sich abhängig machen oder ob sie die Ausstrahlung zur Förderung der Bewußtwerdung einsetzen, steht wiederum nicht in der Konstellation, sondern liegt im Verantwortungsgefühl des Geborenen begründet.

Wir finden in unserem Übungsbeispiel noch weitere Bereiche, in denen sich Konstellationen der ersten Geburtsphase in der zweiten in ähnlicher Form, jedoch in anderen Symbolen zeigen. So ergab sich bereits im Induktionsbild ein besonderer Drang nach dem Hervortreten in der Außenwelt. Im Resonanzbild befindet sich der überwiegende Teil der Gestirne in den Feldern sieben bis zwölf, also in dem über dem Horizont liegenden Kurvenbereich. Noch deutlicher sind solche »Bestätigungen« erkennbar, wenn im Induktions- und Resonanzbild gleiche Felder mit Gestirnen besetzt sind. Die Wahrscheinlichkeit, daß für den betreffenden Menschen diese Felder als wichtige Erfahrungsgebiete hervortreten, ist dann besonders groß — eine Tatsache, die sich bei solchen Synthesen immer wieder bestätigt. Das schließt die Möglichkeit nicht aus, daß auch Felder, die nur im Resonanzbild hervortreten, lebensbestimmend werden. Ist dagegen ein Feld nur im Induktionsbild stark besetzt, dann kann das betreffende Gebiet wohl ideell oder als Wunschvorstellung eine besondere Rolle spielen, kann sich aber gegenüber anderen Lebensaufgaben nicht so leicht durchsetzen.

In unserem Fall ist beispielsweise das zehnte Feld in dieser doppelten Weise betont. Im Induktionsbild stehen hier Mond und Mars, im Resonanzbild befinden sich Merkur und Jupiter an höchster Stelle, zum Teil auch noch die Sonne. Merkur haben wir bereits als Symbol für die schriftstellerische, Jupiter in Verbindung mit Merkur für die beratende Berufstätigkeit erkannt. Indem diese Gestirne hier an kulminierender Stelle stehen, mußte sich fast »zwangsläufig« die entsprechende Berufsrichtung daraus ergeben. Es ist eine Konstellation, die man in der bisherigen astrologischer Deutungsweise als »beruflichen Erfolg und Aufstieg« bezeichnen würde. Gewiß liegt die Erfolgsaussicht in dieser Gestirnsverbindung des zehnten Feldes, denn wenn jemand einer so deutlich ausgeprägten Wesensstruktur gemäß lebt und arbeitet, muß er sich verwirklichen können, muß er also Anerkennung und Beachtung finden. Nur läßt sich dies aus einem »normalen« Horoskop lediglich vermuten, denn viele Menschen haben ein betontes zehntes Feld, ohne beruflich besonders hervorzutreten. Erst der Vergleich zwischen Induktions- und Resonanzbild vermag zu zeigen, wo aufgrund der Übereinstimmung in beiden Phasen die wirklichen Schwerpunkte liegen.

Außerdem läßt sich hier gerade bezüglich des beruflichen Bereichs noch mehr aussagen. Jupiter und Merkur kommen nämlich aus dem zwölften Feld der Sonnenaufgangskonstellation. Sie bringen also in ihrer Struktur auch mancherlei Ablehnung und Zersplitterungstendenzen mit. Ferner ist der Mars im zehnten Feld des Induktionsbildes ein Hinweis auf viel Spannungen, die durch eine gewisse Intoleranz oder Einseitigkeit hervorgerufen werden. In der Tat hat sich der Geborene durch manche Publikationen viele Feinde unter seinen Fachkollegen geschaffen. Er wurde auch mehr im Ausland als in seiner Heimat Italien anerkannt, worauf die Jupiter-Merkur-Stellung in jenem Kurvenbereich hinweist, der sich zwischen den Feldern neun und zehn befindet.

Das zwölfte Feld ist hier zudem ein weiteres Beispiel für eine doppelte Betonung, weil es im Resonanzbild auch zwei Gestirne, Saturn und Venus, enthält. Man kann daraus erkennen, woher häufige Schwierigkeiten im Leben dieses Mannes kommen, unabhängig davon, ob sie im beruflichen oder im privaten Bereich auftreten. Saturn kann hier die Tradition und das Festhalten an bestehenden Ansichten bedeuten, gegen die der Geborene oft zu kämpfen hat. Venus mag die Freundschaften oder Gefühlsbindungen bedeuten, die oft zu »Feinden« werden. Im allgemeinen wird aber eine Förderung durch wichtige Personen oder Umstände genützt werden können, da die Sonne aus dem zehnten bereits in das elfte Feld hinüberwechselt, wenn man (wie man es bei der Felderkurve immer berücksichtigen soll) nicht die Gestirnsbahnen am Himmel, sondern die Richtung der Erddrehung im Auge behält. Die Sonne tritt damit in den Bereich der »gleichgesinnten Freunde« ein, der infolge der Übereinstimmung mit dem elften Zeichen Wassermann für diesen Geborenen besonders ergiebige Quellen erschließen kann. Das hat sich in seinem Leben schon mehrfach bestätigt — über lange Zeiten waren Freunde sogar das »tragende Element« seiner Existenz.

Auch noch eine andere Bestätigung möchte ich nicht unerwähnt lassen. Das sechste Feld ist ebenfalls in beiden Phasen durch je einen Planeten besetzt und gelangt damit in den Bereich der vordringlichen Verwirklichung. Hier stehen in beiden Fällen solche Gestirne (Pluto im Induktions- und Neptun im Resonanzbild), die im stofflichen Bereich schwer zu deuten sind. Das körperliche Befinden des Geborenen ist zuweilen durch psychosomatische Störungen in Form von medizinisch nicht diagnostizierbaren »Absenzen« beeinträchtigt. Ferner besitzt er eine teilweise behinderte linke Hand als Folge einer in früher Kindheit erlittenen Verletzung. Darin dürfte ebenfalls ein Teil der »Einschränkung« durch das zwölfte Feld zum Ausdruck kommen.

Ich möchte diese Deutungsbeispiele nicht abschließen, ohne noch auf die Stellung der Konjunktion zwischen Mond und Mars einzugehen, die uns bereits im Induktionsbild durch ihre vielseitige Aspektierung aufgefallen ist. Dort stand sie im zehnten Feld — im Resonanzbild treffen wir sie im Partnerbereich an. Wohl ist dieses siebente Feld in der ersten Phase nicht betont, wenn aber eine so markante Konstellation vorhanden ist, muß sie in beiden Bildern bei der Interpretation berücksichtigt werden. Zudem hat sich bereits aus dem Induktionsbild die Vermutung ergeben, daß infolge dieser unruhigen Wesensart und der betonten Individualität Partnerbeziehungen für den Geborenen recht problematisch sein müssen, aber andererseits in besonderem Maße der inneren Entwicklung dienen könnten.

Das wird nun durch die Besetzung des entsprechenden Feldes im Resonanzbild bestätigt. Das aufgehende Stierzeichen wird auch in den menschlichen Beziehungen eine feste und gesicherte Situation, also eine Ehe anstreben. Da beginnen aber bereits die Schwierigkeiten, weil der ebenfalls aufgehende Uranus zusätzlichen Lebensraum für die Ichentfaltung benötigt. Der Geborene hat die Lösung darin gefunden, eine geistig auf recht bescheidenem Niveau stehende Partnerin zu wählen, die ihm andererseits in den Dingen des praktischen Lebens überlegen und zudem sehr gefühlsbetont ist. Sie erfüllt ihm vor allem die Wünsche seines Stieraszendenten, für den ein reibungslos funktionierender Haushalt und eine ständige Bereitschaft im Liebesleben einen wesentlichen Teil der angestrebten »Sicherheit« bedeuten. Zugleich erfährt sein Ich eine fortwährende Bestätigung dadurch, daß er von seiner Frau verehrt, um nicht zu sagen angebetet wird. Für sie schwebt er als Vorbild in unerreichbaren geistigen Höhen, sie bewundert seine Ideen, auch wenn sie zuweilen weltfremd und skurril sind. So kann der Geborene die für ihn wichtige »maßgebende Rolle« (Jupiter-Merkur im zehnten Feld) auch auf seinen häuslichen Bereich übertragen.

Diese »Frau aus dem Volk« entspricht ferner der Mondstellung in seinem Partnerbereich, aus dem (wiederum durch das seelische Mondsymbol) ohnehin die intensivsten Anregungen für sein psychisches Erleben kommen. Daß eine solche Frau ihren vergötterten Mann ebenso zu beschützen wie unter »Bewachung« zu halten sucht, ist verständlich. Gerade dadurch erhält jedoch die hier mit Mond verbundene Marsstruktur Gelegenheit, dem Geborenen immer wieder den Gegensatz zwischen der für seine individuelle Entwicklung notwendigen Freiheit des Ich und der Beschränkung durch dieses Du bewußt werden zu lassen.

In der Tat wird diese Ehe ziemlich häufig durch Konflikte erschüttert, dennoch können beide Partner nicht »voneinander lassen«. Hier bestätigt sich der spannungssteigernde, aber auch verbindende Charakter der Opposition, die zwischen dem aufgehenden Uranus im Feld des Ich und dem Mond im Bereich des Du besteht. Die emotionale Betonung (durch die Mondstellung) läßt in besonderem Maße die ohnehin schon reaktionsfähige Psyche dieses Mannes daran teilnehmen.

Nicht wenig trägt zur Beständigkeit dieser Ehe eine recht eigenartige Tatsache bei. Der Geborene hat sich im Laufe der Zeit das geistige Wunschbild einer (nicht existenten) Idealpartnerin geschaffen, die er gleichsam als eine Art »Muse« bei seiner Erfindertätigkeit an seiner Seite sieht. Mit ihr führt er jene »Gespräche«, zu denen ihm seine Frau nie Gelegenheit zu geben vermag. Man erinnere sich hier der Mondstellung im Berufsfeld des Induktionsbildes! Deutlicher kann die Symbolik der beiden Geburtsphasen im Sinne von Idee und Verwirklichung kaum demonstriert werden...

Wir werden uns in Kapitel 11 nochmals mit dieser Geburtskonstellation in einem anderen Zusammenhang beschäftigen müssen. Der Leser wird sich ohnehin erst dann ein eigenes Urteil bilden, wenn er anhand der hier an Beispielen gezeigten Methodik die Konstellationen von Personen untersucht, über deren Wesen und Lebenssituation ihm mehr Einzelheiten bekannt sind. Gewiß handelte es sich in unserem Beispiel um eine besonders dynamische Konstellation, und nicht immer ist der Gestaltungsdrang des Bewußtseins so deutlich ausgeprägt.

Dennoch gehören solche Fälle keineswegs zu den seltenen Konstellationsbildern. Vor allem »funktionieren« sie als praktische Schicksalsgestaltung viel besser, als es nach den überlieferten Deutungsregeln der Fall sein dürfte. Gemäß diesen Regeln müßte der Astrologe einem »Wassermann-Geborenen« mit Uranus im Aufgang in Opposition zu Mond und einem Mars im »Ehehaus« unbedingt von einer Ehe abraten, beziehungsweise ihm eine Scheidung »voraussagen«. In unserem Beispiel bildet aber gerade diese Ehe einen der wichtigsten Stabilisierungsfaktoren, der dem Geborenen überhaupt erst ein einigermaßen beständiges Leben und Arbeiten ermöglicht.

So möchte ich dieses Beispiel auch als erneute Bestätigung dafür verstanden wissen, wie wenig man durch Benützung eines allgemeinen Deutungsschemas der menschlichen Individualität gerecht zu werden vermag. Ausschlaggebend bleibt vielmehr die Tatsache, daß jeder Mensch seine eigene Ich-Welt aus der Verbindung mit dem synoptischen Universum aufbaut. So soll bereits die Beschreibung der Geburtsbilder zu eigenem Suchen anregen, und noch mehr gilt dies für die prognostischen Methoden, denen wir uns nun zuwenden wollen.

10
Der Blick in die Zukunft

Nichts hat die Astrologie so populär gemacht wie die Aussicht, aus den Gestirnen die Zukunft voraussagen zu können. Die Annahme erscheint durchaus logisch: da sich die Gestirnsbewegungen beliebig weit in die Zukunft vorausberechnen lassen, muß man »Gestirnseinflüsse« vorhersagen können, besonders wenn man davon ausgeht, daß bereits die Geburtskonstellation die Anlagen des Menschen »verursacht«.

Um es gleich vorwegzunehmen: man kann tatsächlich gewisse »Prognosen« stellen! Doch nicht in der Art, wie es viele Astrologen tun, indem sie *Ereignisse* voraussagen. Oder wie es Laien glauben, die von ihrem »Horoskop« Antwort auf Fragen erwarten wie: »Werde ich jemals heiraten?« — »Wann werde ich eine bessere Stellung erhalten?« — »Wann wird mich das Schicksal von der belastenden Bindung befreien?« usw. Da die Gestirne den Geborenen nicht »prägen«, gibt es auch keinen »Gestirnseinfluß« auf das menschliche Schicksal. Erst recht läßt sich dieses nicht dadurch manipulieren, daß man eine bestimmte Sache nur zu einer »günstigen Zeit« zu unternehmen braucht, um Erfolg zu haben. Ein Lotterielos wird nicht dadurch gewinnbringender, daß man es während einer »Glückskonstellation« des Jupiters kauft!

Dennoch: Die Zukunft ist nicht lediglich eine Aneinanderreihung von Zufällen, sie muß nicht notwendigerweise ein Buch mit sieben Siegeln sein. Der Wissende vermag, wenn auch nicht alle, doch zumindest einige dieser Siegel zu öffnen. Ein solches Wissen befreit zwar nicht von den Bemühungen um

Weiterentwicklung, unterstützt jedoch das bewußtere Erleben und die Erreichnung bestimmter Ziele. Außerdem gibt eine entsprechende Zukunftsorientierung dem Menschen eine größere Variationsmöglichkeit und damit Freiheit in seinen Entscheidungen.

Wenn beispielsweise jemand weiß, daß er in zwei Jahren eine Konstellation erwarten kann, die für »berufliche Förderung« typisch ist, dann mag das für ihn ein Ansporn sein, sich bis zu diesem Zeitpunkt noch weiterzubilden, Verbindungen zu entsprechenden Stellen anzuknüpfen, sich über Möglichkeiten zu informieren und sich zu bewerben. So wird er unter der Konstellation zwei Jahre später die Früchte dieser Bemühungen ernten können. Würde er jedoch im Vertrauen auf jene Konstellation die Hände in den Schoß legen und auf die Vorherbestimmung des beruflichen Erfolges hoffen, müßte er seine Erwartungen enttäuscht sehen.

Damit sich ein bestimmtes Erleben oder Ereignis manifestieren kann, müssen offensichtlich mehrere Voraussetzungen erfüllt sein. Die Konstellation allein genügt keineswegs. Der Mensch muß sich innerlich auf das Geschehen hin entwickelt haben, was bewußt oder unbewußt vor sich gehen kann. Auch belastende Erlebnisse sind nicht ausschließlich Schicksal, wenn auch der »schicksalsbedingte« Anteil beispielsweise beim Verlust eines lieben Menschen durch Todesfall höher ist als an einem beruflichen Rückschlag oder finanziellen Verlust. Damit wird ein weiterer Faktor beim Zustandekommen eines Ereignisses sichtbar: das Geschehen muß in die geistige Struktur, also die Geburtskonstellation eines Menschen passen. Ein »tragisches Geschehen« im Elternhaus, etwa der Verlust eines Elternteils in der Jugend, wird nicht einem Geburtsbild entsprechen, das eine spannungsfreie Venus im vierten Feld zeigt. Ein großer Lotteriegewinn wird nicht einem Menschen zufallen, dessen Entwicklung auf ein »Ringen mit der Materie« ausgerichtet ist. Zuweilen wird man dabei allerdings die Kehrseite der Medaille im Auge behalten müssen. Schon mancher wurde durch einen Glücksgewinn zum armen Mann, oder der Verlust eines Elternteils befreite ein Kind von der Disharmonie im Elternhaus. Die Frage, ob das momentane Erleben des Vorgangs oder seine späteren Folgen in das Entwicklungsbild passen, ist durchaus nicht immer leicht zu beantworten.

Schließlich wirken sich auch die äußeren Lebensumstände auf die Ereignismöglichkeit aus. Wer nicht in einer Partnergemeinschaft lebt, braucht keinen »Scheidungsaspekt« zu fürchten. Für jemanden, der im Ruhestand ist, werden berufliche »Erfolgskonstellationen« nicht mehr bedeutsam sein.

Fassen wir diese Überlegungen zusammen, so müssen für das Zustandekommen eines bewußt als Ereignis registrierten Geschehens mindestens die folgenden Voraussetzungen bestehen (wobei die Reihenfolge nichts über das Gewicht der einzelnen Punkte aussagt):

1. Das Geschehen liegt innerhalb des geistigen Strukturbereichs der betreffenden menschlichen Individualität (es muß seiner »Schicksalsstruktur« entsprechen).
2. Der Mensch hat sich in Richtung auf das Ereignis hin entwickelt (es muß mit seiner Bewußtseinsstufe vereinbar sein).
3. Die Geiststruktur, erkennbar aus dem Geburtsbild, wird durch eine bestimmte Konstellation während der Ereigniszeit induktiv angeregt.
4. Das Geschehen ist mit der äußeren Lebenssituation und Umwelt des Menschen vereinbar.

Diese vier Voraussetzungen müssen gleichzeitig erfüllt sein, damit ein Ereignis registriert werden kann. Man möge sie sich gut einprägen — wir werden noch mehrfach darauf zurückkommen, weil man nur so die Aussagewahrscheinlichkeit astrologischer Prognosen richtig bewerten kann.

Genauer »vorausberechnen« läßt sich ohnehin nur Punkt 3. Was Punkt 1 betrifft, kann er aus dem Induktions- beziehungsweise Resonanzbild mit einer gewissen Wahrscheinlichkeit geschätzt werden. Faktor 2 liegt weitestgehend im freien Ermessen des Menschen. Für Faktor 4 ist zum Teil ebenfalls die freie

Entscheidung maßgebend, nach der man seine Lebenssituation gestaltet, zum Teil wirkt hier die Umwelt mit, in die man hineingestellt ist.

So versteht man, warum sich keine Ereignisse als solche vorausbestimmen lassen. Selbst wenn ein noch so »exaktes« Horoskop vorliegt, könnte nur ein Bruchteil der Ereignisfaktoren (bestenfalls ein Viertel) rechnerisch ermittelt werden. Zugleich wird aber auch verständlich, warum die vielzitierte Willensfreiheit nicht als Argument gegen eine richtig verstandene Astrologie verwendet werden kann. Auch ohne Astrologie wird sich der Mensch beinahe täglich bewußt, daß er nicht völlig frei entscheiden kann. Er kann seine Entschlüsse nur innerhalb bestimmter Grenzen treffen, die ihm durch Verpflichtungen, Normen und seine Umwelt, aber auch durch seine vorangegangene Entwicklung, Ausbildung usw. gezogen sind. Genau dies berücksichtigen aber auch die obenerwähnten vier Voraussetzungen. Nur mit dem Unterschied, daß Faktor 3 auf bestimmte »Zeitqualitäten« Bezug nimmt, die mit dem Geburtsbild in Beziehung stehen. Diese Tatsache ist allerdings erstaunlich genug, und wir wollen nun untersuchen, nach welchen Methoden man damit arbeiten kann.

Zukunftsberechnung aus den Transiten

Wir gehen davon aus, daß das Induktionsbild die individuelle geistige Struktur eines Menschen symbolisiert, wie sie sich vor der Geburt in der synoptischen Parallelwelt entwickelt hat. Geht nun im Verlauf des Lebens ein Planet über eine Stelle im Tierkreis, an der im Induktionsbild ein Gestirn steht, dann wird damit etwas aktiviert, was bereits bei der Gestaltung des Geistwesens eine Rolle gespielt hat. Es wird gewissermaßen eine »Erinnerung« ausgelöst, ähnlich wie bei der unerwarteten Begegnung mit einem alten Bekannten in uns Erlebnisse aus früheren Zeiten lebendig werden. Solche »Begegnungen«

laufender Gestirne mit markanten Punkten des geistigen Strukturbildes bedeuten immer wichtige Anregungen zur Bewußtwerdung. In Kapitel 2 konnte an Hand eines experimentell ermittelten Schwingungsmodells (Abbildung 7) gezeigt werden, wie eng die Seele mit der Geiststruktur verbunden ist. So nimmt die Seele an diesen Anregungen teil, formt sie je nach der Art des laufenden Planeten um und überträgt sie auf den Körper als Empfindung oder Verhaltensweise.

Geht beispielsweise der Mars bei seinem Lauf durch den Tierkreis über die Stelle, an der in der Geburtskonstellation eines bestimmten Menschen die Sonne steht, dann erzeugt dies im Geist des Betreffenden das Schwingungsbild »Mars Konjunktion Sonne«. Wann und wie lange Mars sich in dieser Stellung befindet, läßt sich aus den Ephemeriden entnehmen. Dabei berücksichtigt man einen ähnlichen (jedoch etwas geringeren) Orb, wie er bei den Aspekten der Geburtskonstellation angegeben wurde. Das entspricht bei Mars in Verbindung mit Sonne ungefähr ± 3 Grad, so daß ein solcher Marsübergang über eine Sonnenstellung normalerweise (wenn sich Mars nicht gerade im Stillstand oder in Rückläufigkeit befindet) einen Zeitraum von etwa acht bis zehn Tagen umfaßt.

Man nennt diese Übergänge von laufenden Gestirnen über wichtige Stellen der Geburtskonstellation Transite (von lateinisch *transire* = durchgehen, überschreiten). Sie ergeben sich selbstverständlich nicht nur bei direkten Übergängen laufender Gestirne über die im Geburtsbild stehenden Positionen im Sinne von Konjunktionen, sondern auch über die sonstigen Aspektstellen. In den Zeiten solcher Gestirnstransite ist jeweils zumindest Punkt 3 der erwähnten Ereignisvoraussetzungen gegeben. Man wird deshalb nicht von einem Ereignis, sondern bestenfalls von einer Ereignistendenz sprechen. Für den Fall eines Marstransits wird in allgemeinster Form eine erhöhte Bewegungsbereitschaft und Manifestation des Ich-Prinzips gemäß dem Strukturbild des Mars zu erwarten sein. Mehr sagt vorerst dieser Transit nicht aus.

Um etwas darüber zu erfahren, wie Marstransite in die Schicksalsstruktur eines bestimmten Menschen passen (Punkt 1 unserer Voraussetzungen), kann man die Geburtskonstellation heranziehen. Benützen wir dazu nochmals unsere Übungskonstellation, so haben wir dort Mars in verschiedenen recht wichtigen Stellungen. Infolge der Verbindung mit Mond tangieren hier Marstransite jeweils auch die Psyche, besonders da Sonne und Mond ebenfalls im Quadrat verbunden sind. Hier wird also die geistige Aktivierung durch das Marsprinzip im Laufe des Lebens immer eine größere Rolle spielen als bei Konstellationsbildern mit Mars in weniger betonter Stellung. Dennoch sollte man einen Marstransit auch hier nicht überbewerten, weil Mars zu den raschlaufenden Planeten gehört. Jedes Jahr dürften mindestens ein bis zwei Marsübergänge über irgendwelche Aspektstellen stattfinden, allein was die Sonne betrifft. Darüber hinaus sind Transite aber auch bei anderen wichtigen Stellungen im Geburtsbild zu berücksichtigen. Deshalb wird es sich bei Marstransiten kaum je um tiefergreifende Erlebnisse handeln, obwohl Mars eindeutig zur Schicksalsstruktur unseres Übungsbeispiels gehört.

Man wird also in unserem Beispiel die »Prognose« für einen derartigen Transit etwa folgendermaßen formulieren: besonderer Kräfteeinsatz, Hinwendung zu technischen Aufgaben, infolge gesteigerter Erregbarkeit und Ungeduld vielleicht auch kleinere Störungen bei der Arbeit oder Spannungen im ehelichen Bereich, allerlei Mißgeschicke im Alltag, die auch zu Auseinandersetzungen mit der Umwelt führen können, die aber, wie alle sich in diesen Tagen ergebenden Anstöße, bald wieder ausgeglichen werden können.

Indem man auf diese Weise sowohl den Impuls selbst als auch mögliche Reaktionen darauf von außen her berücksichtigt und mehrere Erlebnisbereiche einbezieht, wird man auch den Voraussetzungen 2 und 4 unserer Aufstellung annähernd gerecht. Man gelangt auf diese Weise bereits zu recht zutreffenden Aussagen. Wenn sie der Geborene beachtet, wird er im

Laufe der Zeit dazu gelangen, die Bewegungsenergie des Marstransits zu Fortschritten in seiner Arbeit und im erkenntnisfördernden Sinn zu benützen.

Zukunftsanalyse mittels des »Lebensbildes«

Wenn Induktions- und Resonanzkonstellation das Bild der geistigen Struktur und ihrer Verwirklichung im Stoff darstellen, muß man daraus auch auf bestimmte Richtungen des Entwicklungsweges schließen können. Bewußtwerdung der geistigen Individualität gehört sicher zum Daseinszweck des Menschen, wenn man dem Dasein überhaupt Sinn und Ziel zugestehen will. So werden bei jedem Individuum bestimmte bevorzugte Richtungen erkennbar, die im Bewußtwerdungsprozeß eine tragende Rolle spielen. Wegen der von den eigenen Willensäußerungen abhängigen subjektiven Entwicklungsgeschwindigkeit läßt sich zweifellos nicht die Zeit vorausberechnen, in der ein bestimmtes Ziel erreicht werden wird, doch über den Weg und die Richtung der Bewußtwerdung lassen sich aus den Strukturen der Geburtsbilder Angaben nach dem Prinzip der »wahrscheinlichsten Auswahl« machen. Zugleich hat man auf diese Weise die Möglichkeit, einem suchenden Menschen generelle Hinweise zu geben und ihn bei seiner Selbstfindung zu unterstützen.

Man kann für solche Zukunftshinweise in einfacher Form die bereits vorliegenden Darstellungen der Induktions- und Resonanzkonstellation benützen. So geht in unserem Übungsbeispiel aus seiner Dynamik und seinem Gestaltungsdrang hervor, daß dieser Mann bei seiner Lebensgestaltung jeweils die Veränderungs- und Entfaltungsmöglichkeiten eher benützen wird, als ein mehr in sich selbst ruhender Mensch es tun würde. Auch manche Aussagen, mit denen wir bisher lediglich die Situation in einzelnen Lebensbereichen beschrieben haben, lassen sich ebensogut prognostisch verwerten, besonders wenn man sie im Sinne von Tendenzen versteht. Eine solche Tendenz könnte zum Beispiel hier in der Verbindung des Jupiters mit Merkur erkannt werden. Die beratende Tätigkeit (Merkur) ist hier mit moralischen Aspekten und menschlich helfenden und belehrenden Inhalten (Jupiter) vermischt. Im Sinne der Bewußtseinsentfaltung dürfte es also liegen, wenn im Laufe der Zeit zu den technisch-fachlichen Fragen auch die Beziehung Technik-Mensch mehr in den Vordergrund tritt. Der Geborene könnte sich beispielsweise zum Gegner (oder Befürworter) von Atomkraftwerken entwickeln, oder er könnte die Nutzung der Sonnenenergie mit ethischen Zielen in Verbindung bringen, und er würde dann solche Ansichten ebenfalls in der ihm eigenen Impulsivität und Ausschließlichkeit propagieren. Des weiteren ließe sich bei solchen Konstellationen »voraussagen«, daß sich der Geborene auch im Alter nicht ins »Privatleben« zurückziehen, sondern bis an sein Lebensende den Kontakt mit den Menschen, mit der Öffentlichkeit suchen wird, um sich mitzuteilen.

Bedeutend präziser und individueller lassen sich jedoch derartige Entwicklungstendenzen erkennen, wenn man zu einer anderen Darstellungsart der Geburtskonstellation greift, die das Charakteristische beider Bilder miteinander verbindet. Mittels der Sinusfunktion ist es nämlich möglich, eine Synthese aus Induktions- und Resonanzbild zu schaffen, die auf dem der täglichen Sonnenbahn innewohnenden Entwicklungsgesetz beruht. In derselben Weise, wie dieses Gesetz im täglichen Erleben der zwölf Doppelstunden zum Ausdruck kommt und sich in den zwölf Abschnitten der jährlichen Sonnenbahn wiederholt, läßt sich der Bewußtwerdungsvorgang während des menschlichen Lebens danach aufschlüsseln. Wie dies durchgeführt wird, ist in Abbildung 17 für unser Übungsbeispiel dargestellt.

Es handelt sich um die Sonnenbewegung, wie sie bereits in Abbildung 1 in Verbindung mit den Tierkreiszeichen und Tagesstunden zur Aufzeichnung gelangte. Jedoch beginnt hier die Kurve nicht mit 0 Grad Widder, das heißt mit dem An-

Abbildung 17

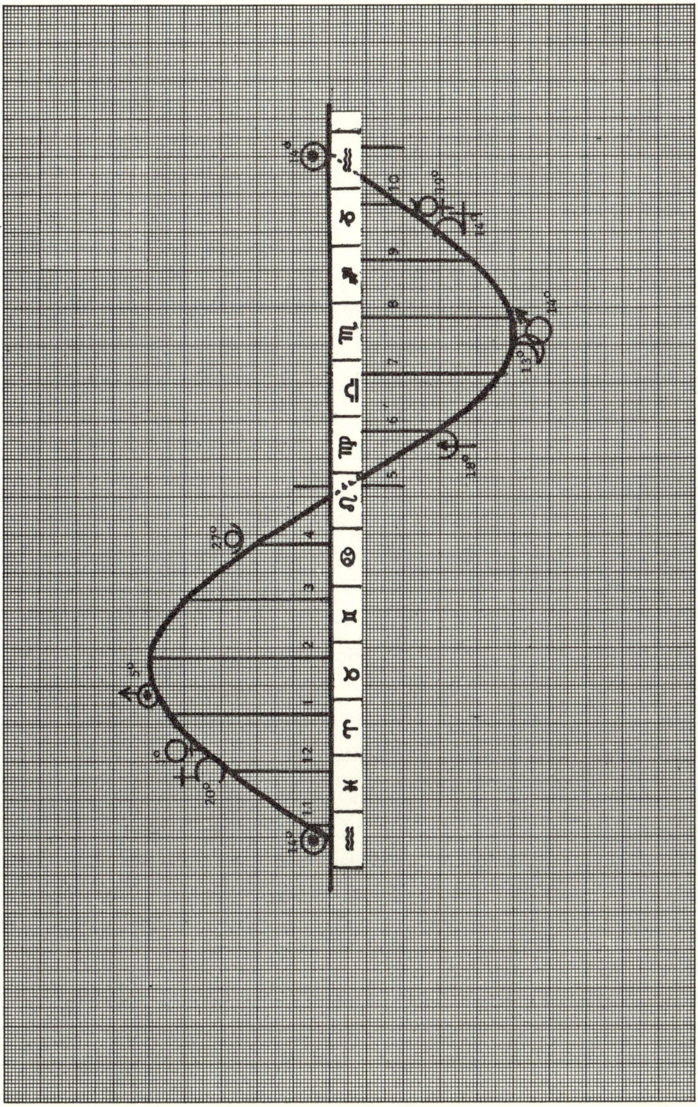

fang des Tierkreises, sondern mit der Sonnenstellung des Geburtstages (3. Februar), also mit 14 Grad Wassermann. Dadurch ändert sich am Gesetz der Sinuskurve nichts, da man jeden beliebigen Punkt des Kreisumfangs zu ihrem Anfangspunkt machen und von dort aus die Grade sinngemäß weiterzählen kann. So zählt man hier auch vom Anfangspunkt in 14 Grad Wassermann die Tierkreiszeichen fortlaufend weiter: es folgt auf die zweite Hälfte des Wassermanns das Fische-, dann das Widderzeichen usw., wie es in der Einteilung der Waagrechten in Abbildung 17 zum Ausdruck kommt.

In die einzelnen Tierkreiszeichen, beziehungsweise auf die entsprechenden Kurvenabschnitte tragen wir nun die Stellungen der Gestirne an jenem 3. Februar 1937 ein, die wir aus dem Induktionsbild entnehmen. Ferner zeichnen wir ebenso die Felder ein, deren Stellungen im Tierkreis aus dem Resonanzbild abgelesen werden können. Man braucht also für eine solche Darstellung keine weiteren Berechnungen auszuführen.

Auf diese Weise erhalten wir ein Bild, das zwar nicht als »Konstellation« am Himmel steht, das aber auf der richtigen Stellung der Gestirne und Felder im Tierkreis bei der Geburt aufgebaut ist. Es entspricht also mit Sicherheit der geistigen Struktur, die der Geborene mitbringt. Diese geistige Struktur entwickelt sich nun nach dem Gesetz der Sonnenkurve, was durch die Einzeichnung der Stellungen in den Kurvenablauf zum Ausdruck kommt. Das bedeutet wiederum nicht, daß für den Menschen nur e i n e (vorgeschriebene) Entwicklungrichtung gegeben ist. Ebenso, wie sich die zwölf Doppelstunden des täglichen Sonnenlaufs in unzähligen Variationen und gemäß der individuellen Verschiedenheit des Menschen erleben lassen, so gibt es auch für die Entwicklung eines Menschen während seines Lebens Variationsmöglichkeiten. Das immanente Entwicklungsprinzip ist dennoch gewahrt, wie es im funktionellen Ablauf der Sinuskurve zum Ausdruck kommt. Daher können wir auf die Stellungen der Gestirne und Felder, wie sie sich auf den einzelnen Kurvenabschnitten ergeben, unsere

Aussagen über die Zukunftstendenz des betreffenden Menschen aufbauen.

Zum Unterschied vom Geburtsbild möchte ich diese Darstellung das »Lebensbild« des Menschen nennen. Es bringt die der geist-stofflichen Struktur zur Verfügung stehenden Möglichkeiten in graphischer Form zum Ausdruck und eröffnet damit der Zukunftsanalyse ganz neue Möglichkeiten. Dies sei an einigen Deutungen unseres Übungsbeispiels aufgezeigt, die sich aus der Darstellung in Abbildung 17 ergeben.

Das erste Feld mit Uranus befindet sich hier im Kulminationsbereich der Sonne um die Mittagszeit: also ein »statischer« Kurvenabschnitt, der dieser Uranusstellung einiges von der Veränderlichkeit der Uranusstruktur nimmt und die Stierbetonung unterstützt. Gleichzeitig liegt hier auch die höchste Stelle der Felderkurve, an der sich das zehnte Feld (äußere Stellung) befindet. Die Verbindung des Uranus mit dem beruflichen Wirkungskreis (Technik, Erfindungen) wird da ebenso unterstrichen wie die Verwirklichung des Ich (erstes Feld) im Beruf. Gewiß hätte man somit dem Geborenen bereits während des Studiums nahelegen können, daß sich seine Tätigkeit später nicht in konventionellen Bahnen technischer Richtung bewegen, sondern auf neue Konstruktionen und eine individuell aufgebaute Tätigkeit ausrichten solle, beziehungsweise hätte man ihm die Empfehlungen zur Wahl einer entsprechenden Studienrichtung geben können.

Im untersten Gebiet der Kurve, der Mitternachtsstellung der Sonne, steht hier die Mond-Mars-Verbindung des Partnerfeldes. Da sie sich ebenfalls in einem die statische Situation betonenden Kurvenabschnitt befindet, erklärt sich daraus die trotz der Spannungen vorhandene Dauerhaftigkeit der Ehe, die auch »in Zukunft« ein Auseinanderbrechen der Verbindung weitgehend verhindern dürfte. Diese Stabilität hätte man keinesfalls voraussehen können, wenn man sich nur auf das Geburtsbild bezogen hätte. So aber hätte man dem Geborenen auch vor der Ehe nicht von einer Verbindung abraten müssen, zumal sich gleichzeitig im Lebensbild bestätigt findet, daß Partnerfeld und häusliche Situation in enger Verbindung stehen. Denn der unterste Bereich der Felderkurve symbolisiert »Heim und Familie«, so daß hier die Felder vier und sieben eine recht positive Beziehung zum Ausdruck bringen, zumindest was die Beständigkeit betrifft.

In diesem Lebensbild findet sich auch erstmals ein deutlicher Hinweis, warum der Geborene ein Interesse für Archäologie entwickelt hat. Der Mitternachtsbereich der Sonnenbahn beziehungsweise der vierte Abschnitt der Felderkurve verbindet den Menschen mit früheren Generationen, mit seinem Ursprung. Er weist in die Vergangenheit. In diese Richtung wendet sich der Bewegungsdrang des Mars hier ebenfalls, und zwar mit der dieser Wesensstruktur eigenen Intensität. Dabei wird die für archäologische Interessen aufgewendete Energie der häuslichen Situation entzogen, was die Gefahr von familiären Spannungen ebenfalls herabsetzt. Zu wissen, daß eine Beschäftigung mit diesem Lieblingsgebiet zur »Entschärfung« der häuslichen Atmosphäre beitragen kann, wird für den Geborenen ebenfalls eine Lebenshilfe bedeuten, die man allein aus dem Geburtsbild nicht hätte vermitteln können.

Das zwölfte Feld mit Saturn und Venus steht dagegen in einem recht dynamischen Kurvenabschnitt, nämlich im »Vormittagsbereich« der täglichen Sonnenbahn. Diese beiden Planetenstrukturen werden sich also im Laufe des Lebens wesentlich aktiver entwickeln, als es nach den Geburtsbildern zu vermuten wäre. In der Tat haben Hemmungen und Zersplitterungen durch innere Gegenströmungen und äußere Feinde dies schon im bisherigen Lebensverlauf bestätigt und werden auch für die weitere Zukunft zu beachten sein. Schon eher ist Venus bereits im Geburtsbild durch eine bestimmte Seite des aufgehenden Stierzeichens unterstrichen. Doch spielt sie in immer wieder auftretenden Verbindungen in diesem Lebensbild doch eine wichtigere Rolle, als man es nach der völlig fehlenden Aspektierung erwarten würde.

Eine ähnliche Aktivierung ist aber auch für Merkur und Jupiter infolge ihrer Position auf dem Kurvenbereich vorhanden, der in der Sonnenbahn etwa der Zeit zwischen zwei und vier Uhr entspricht. Die Verbindung der beiden Gestirne wird sich ähnlich den Traumbildern im Unbewußten entwickeln: phantasiereich, auf verborgene Zusammenhänge mit der geistigen Struktur hinweisend, ins Irreale tendierend. Wodurch die bereits geäußerte Vermutung bestätigt wird, die beratende Tätigkeit könne später den Rahmen des rein Fachlichen sprengen und sich menschlichen Anliegen in Verbindung mit technischen Gegenwartsproblemen zuwenden.

Mit diesen Beispielen hoffe ich, zur Genüge gezeigt zu haben, daß die Zukunftsanalyse nach der Methode des »Lebensbildes« ungeahnte Möglichkeiten auch im Sinne der Beratung und Lebensführung bietet. Diese Arbeitsweise ist jedoch nur in Verbindung mit den Geburtsbildern sinnvoll, indem zuerst die geistige Struktur des Individuums bekannt sein muß. Jeder, der sich mit astrologischer Zukunftsbeschreibung befaßt, wird die neue Darstellungsart bald nicht mehr missen wollen, zumal sie keine zusätzlichen Berechnungen erfordert. In Verbindung mit den Transiten liefert sie besonders interessante und auch zeitlich bestimmbare Ergebnisse, wobei vor allem an die Transite der langsamlaufenden Planeten zu denken ist.

Die für solche Aufzeichnungen benötigte Sinuskurve kann man sich entweder aus der Tabelle der Sinuswerte im Anhang in beliebigem Maßstab selbst aufzeichnen, oder man photokopiert die ebenfalls im Anhang enthaltene auf Millimeterpapier gezeichnete Kurve.

Die Methode der »Direktionen«

Obwohl das vorstehend beschriebene Entwicklungsbild der geist-stofflichen Wesenheit zusammen mit den Transiten die besten und vor allem die wissenschaftlich vertretbaren Unterlagen für die Zukunftsanalyse bietet, sollen der Vollständigkeit halber noch die überlieferten »Direktionen« Erwähnung finden. Sie sind als »primäre« und »sekundäre« Direktionen seit altersher als die »prophetischen Maße« bekannt.

Die Direktionen gehen von der Annahme aus, daß die 360 Grade des Tierkreises den 365 Tagen des Jahres entsprechen. Daraus folgerte man, daß, wenn ein Grad gleich ein Tag ist, in der »höheren Ordnung« ein Grad auch einem Jahr ähnlich sein müsse. Die primären Direktionen gehen von der Weiterbewegung des Aszendenten (beziehungsweise des kulminierenden Punktes) aus. Diese Felderspitzen durchlaufen in einem Tag von 24 Stunden den ganzen Tierkreis infolge der Erddrehung. Zu einer Weiterbewegung um einen Grad benötigen sie daher etwa vier Minuten. Diese Zeit soll im prophetischen Schlüssel also einem Lebensjahr gleichgesetzt werden. Tritt der Aszendent beispielsweise 50 Minuten nach der Geburt mit einem Gestirn des Geburtshoroskops in eine Aspektverbindung, so soll dies ein dem Gestirn entsprechendes Ereignis bedeuten, das in 50:4 = 12,5 Jahren nach der Geburt eintreten soll.

Die Anwendung dieser Direktionsart setzt eine minutengenau bekannte Geburtszeit und einen daraus exakt berechneten Aszendenten voraus. Bereits eine Unsicherheit in der Geburtszeit von wenigen Minuten kann die Ereignisprognose um zwei bis drei Jahre verschieben. Abgesehen davon, daß in den wenigsten Fällen so präzise Angaben über den Geburtsaugenblick erhältlich sind, lassen sich nach unserer Theorie des Geburtsvorgangs die primären Direktionen prinzipiell nicht verwenden. Dasselbe gilt für die »Korrekturmethoden« der Geburtszeit, die ebenfalls auf den Primärdirektionen beruhen. Man verwendet dazu bereits eingetretene Ereignisse, mit deren Datum man auf den zu »korrigierenden« Aszendenten zurückrechnet. Dabei erhält man aus mehreren Ereignissen eine Streuung von zehn bis zwanzig und mehr Minuten, innerhalb deren der Aszendent liegen kann. Bildet man dann noch aus dieser Streubreite den Mittelwert und vermeint, damit den korrigierten Aszendenten zu besitzen, mit dem man nun für die weitere Zukunft eine exakte Ereignisberechnung durchführen kann, dann kann man über dieses mathematische Gaukelspiel nur den Kopf schütteln. In meiner astrologischen Praxis habe ich in früheren Jahren Hunderte von Horoskopen nach den Primärdirektionen und Korrekturmöglichkeiten untersucht, ohne in prognostischer Hinsicht mehr als »Zufallstreffer« zu erhalten.

Interessanter sind für uns die sekundären Direktionen. Auch sie beruhen auf der Entsprechung: ein Grad des Tierkreises ist gleich einem Jahr; jedoch beziehen sie sich auf den Lauf der Sonne durch den Tierkreis. Die Sonne benötigt ziemlich genau einen Tag, um einen Grad weiterzuwandern. Wir haben gesehen, daß sich die tägliche Sonnenbewegung bezüglich ihrer Sinuskurve nicht vom jährlichen Sonnenlauf unterscheidet. Beide Kurven sind also gegeneinander austauschbar, weshalb wir ja auch aus dem Erleben der täglichen Sonnenbewegung auf die Bedeutungen der zwölf Abschnitte der jährlichen Sonnenbahn schließen konnten. Die Beziehung: ein Tag gleich ein Jahr ist also zumindest eine Verbindung zwischen vergleichbaren Größen. Zudem läßt sich eine Sonnenstellung viel exakter angeben als die Felderspitzen. Selbst wenn die Geburtszeit nur auf einige Stunden genau oder überhaupt nicht bekannt ist, kann die Sonne für den Geburtstag immer noch gradgenau festgelegt werden.

Als Beispiel einer solchen Sonnendirektion wollen wir nun in unserer Übungskonstellation ermitteln, wann die Sonne den Saturn erreicht, der im Geburtsbild in 20 Grad Fische steht, wie man aus dem Induktionsbild erkennt. Wir können nun in der Ephemeride einfach die Tage nachzählen, die vom Geburtstag (3.2.1937) an vergehen, bis die Sonnenstellung 20 Grad Fische erreicht. Das sind in diesem Fall 35,5 Tage. Oder wir addieren die Tierkreisgrade, die im Geburtsbild zwischen der Sonnenstellung in 14 Grad Wassermann und dem Saturn in 20 Grad Fische liegen. Das ergibt 16 + 20 = 36 Grade. Im Alter von 35 bis 36 Jahren müßte demnach die Erlebnistendenz vorhanden sein, die einer Konjunktion zwischen Sonne und Saturn entspricht. Es müßte sich dann in allgemeinster Form um ein vertiefendes oder einschränkendes Erleben handeln. Eine solche Direktion läßt sich nie auf einen zeitlich engbegrenzten Bereich festlegen, sondern bleibt im allgemeinen monatelang oder bis zu ein oder zwei Jahren »in Latenz«. Tritt dann innerhalb dieser Zeit ein wichtiger Transit, womöglich desselben Gestirns, auf, dann besteht eine etwas größere Wahrscheinlichkeit für das Eintreten eines entsprechenden Erlebens — immer unter der Voraussetzung, daß auch die übrigen Ereignisfaktoren für ein solches Geschehen (insbesondere die Punkte 2 und 4 unserer Aufstellung) erfüllt sind. — In unserem Beispiel übernahm der Geborene in der Tat mit etwa 36 Jahren eine langdauernde, schwierige Aufgabe, die einen Verzicht auf manche Annehmlichkeiten des vorangegangenen Lebens erforderte.

Die recht interessanten Ergebnisse, die man zuweilen mit Sekundärdirektionen erreicht, haben manche Astrologenschulen veranlaßt, diese Direktionsart auch auf die übrigen Gestirne der Geburtskonstellation auszudehnen. Man berechnet also ihre Weiterbewegung ebenfalls nach der Entsprechung von Tag und Jahr. Untersuchen wir auf diese Art im Übungsbeispiel, wann Merkur (in 19 Grad Steinbock) die Sonne (14 Grad Wassermann) erreicht, so ergibt die Zählung nach Tagen in der Ephemeride 21 Tage. Würde man jedoch einen Grad gleich einem Jahr rechnen, dann hat Merkur 25 Grade zu durchlaufen, bis er die Sonnenstellung erreicht. Merkur bewegt sich hier pro Tag mehr als einen Grad weiter. Soll man nun eine entsprechende Erlebnistendenz nach 21 oder 25 Jahren erwarten?

Aber auch wenn man von solchen Differenzen absieht, kann eine Entsprechung zwischen Tageslauf und Jahresbahn n u r für die Sonne bestehen. Denn nur bei ihr sind die beiden Bewegungskurven identisch. Bei allen anderen Gestirnen bestehen, selbst wenn sie sich in einem bestimmten Zeitabschnitt zufällig einen Grad pro Tag weiterbewegen, Unterschiede zwischen der täglichen Bewegung und dem Bewegungsbild ihrer Bahn um die Sonne. Daher sind diese Direktionen nur auf die Sonne anwendbar und es wäre richtiger, statt von sekundärer Direktion von Sonnendirektion zu sprechen, dies um so mehr, als man auf das »sekundär« verzichten kann, nachdem die primären Direktionen als nicht zutreffend erkannt wurden.

Obwohl die Sonnendirektionen besonders bei Geburtsbildern mit mehrfach aspektierter Sonne zuweilen Übereinstimmungen mit dem tatsächlichen Erleben zeigen, möchte ich sie — zumindest im gegenwärtigen Zeitpunkt — nicht als wissenschaftlich vertretbare Methode bezeichnen. Wohl scheint die Entsprechung: ein Tag gleich ein Jahr aufgrund der Kurvengleichheit einen Weg zu weisen, der auch »in die Zukunft« führen könnte. Doch läßt sich auf diese Art nur ein Teil der Geburtskonstellation prognostisch erfassen. Da der Mensch bestenfalls 90 bis 100 Jahre alt wird, wandert während des Lebens die Sonnendirektion höchstens über einen Viertel des ganzen Tierkreises und die darin befindlichen Gestirne. In unserem Übungsbeispiel stehen hier nur Saturn und Venus. Um noch die Sonnendirektion über Uranus zu erleben, müßte der Geborene bereits 79 Jahre alt werden. Zu den wichtigen Verbindungen Mond-Mars oder Merkur-Jupiter tritt die Sonnendirektion nur in Form eines Aspekts in Beziehung. Die Opposition zu Mond-Mars beispielsweise würde in einem Alter von ungefähr 90 Jahren erreicht. Sehr wichtige Entwicklungsmöglichkeiten, die in der Geiststruktur des Geborenen eindeutig vorhanden sind, treten bei dieser »Voraussage« als Ereignistendenz überhaupt nicht in Erscheinung.

Für die zeitliche Fixierung von Zukunftstendenzen bieten vorerst nur die Transite die mit unserer Theorie zu vereinbarenden Methode. Ihre Ergebnisse bestätigen sich in der Praxis immer wieder, besonders wenn man sie mit der graphischen Darstellung des Lebensbildes in Übereinstimmung bringt.

Ich möchte die Behandlung der Zukunftsanalyse nicht abschließen, ohne noch auf eine Frage einzugehen, mit der sich der Astrologe immer wieder konfrontiert sieht: »Kann man aus dem ›Horoskop‹ die Lebensdauer des Geborenen ermitteln?« Es sind schon viele Untersuchungen darüber angestellt worden; auf Astrologenkongressen sind lange Diskussionen über das Problem der »Todeskonstellation« entbrannt. Immer wieder versucht man, für ein so markantes Ereignis eine »auslösende« Gestirnsstellung zu finden, nicht zuletzt unter der Annahme: wenn die Geburtskonstellation das Horoskop beginnen läßt, muß man doch ersehen können, wann dieses Geburtsbild »ungültig« wird.

Diese Fragestellung ist berechtigt, solange die Astrologie von den Gestirnswirkungen im Bereich der stofflichen Welt ausgeht. Daß sie darauf bis heute noch keine Antwort gefunden hat, ist eine weitere Bestätigung dafür, daß die Voraussetzungen falsch sind. In unserer Betrachtungsweise haben wir das astrologische Geschehen in die unstoffliche Welt verlegt. Dort erfährt die seelisch-geistige Existenz des Individuums durch den leiblichen Tod keine Unterbrechung. Die Energiebilder der Konstellationen im synoptischen Universum können wohl über das psychodynamische Erleben auf das körperliche Geschehen übertragen werden. Die Stärke der organischen Reaktionen hängt jedoch von Faktoren im stofflichen Bereich ab. So läßt sich bestimmten Transiten zwar eine »Krankheitstendenz« zuordnen. Ob der Mensch aber beim Transit wirklich erkrankt, wie sehr die Krankheit seinen Körper belastet, ob sie vielleicht gar zum Tod führt, läßt sich aus der Konstellation nicht erkennen. Gewiß wird normalerweise ein Organismus mit achtzig Jahren einer Saturnbelastung der Sonne weniger Widerstandskraft entgegensetzen als mit fünfzig. Aber das geht nicht aus der Konstellation hervor, sondern aus der Lebenssituation, also aus Punkt 4 unserer Ereignisvoraussetzungen.

Die bisherige Ausrichtung der Astrologie auf die Erscheinungswelt führte ferner dazu, daß man die »Todesauslösung« starken Spannungsaspekten zuzuschreiben suchte. Das führt dann bei vielen Menschen, die solche Aspekte auf sich zukommen sehen, zur bangen Frage, ob sie diese Konstellation vielleicht gar nicht überleben werden. Die Erfahrung bestätigt jedoch, daß beim Tod häufig auch ein harmonischer Jupiteraspekt im Vordergrund steht. Und dies nicht nur dann, wenn ein sanfter Tod den Menschen im Schlaf überrascht oder wenn nach langer Krankheit das Ende eine Erlösung bedeutet. Erinnern wir uns an das Strukturbild des Jupiters, so läßt sich im körperlichen Lebensende das Walten einer höheren Macht erkennen. Sie gehört jedoch einer geistigen Dimension an, die sich mit den Bewegungsbildern der Gestirne nicht mehr erfassen läßt.

Wichtiger als die »Todesvorhersage« ist die Frage, ob dem Wesen schon von Geburt an eine bestimmte Lebensdauer zugemessen sei und ob das Horoskop etwas über die Lebenserwartung aussagen könne. Wir wissen, daß sich ein Teil des Menschenwesens im unstofflichen Bereich einer anderen Zeitdimension entwickelt hat. Es mag sein, daß ihm dabei auch ein festgelegtes Lebenspotential mitgegeben wurde. Doch da es aus der synoptischen Welt stammt, können wir es nicht im irdischen Zeitbegriff als Zahl von Jahren, ja nicht einmal als lange oder kurze Dauer ausdrücken. Fest steht jedoch, daß das kosmische Geschehen, wie es in der Astrologie zum Ausdruck kommt, einen erlebenden Menschen mit seiner Ich-Welt voraussetzt. Wenn diese Ich-Welt während des Lebens eine gewisse Entwicklungsstufe (E-Wert) erreicht hat, besteht zweifellos die Möglichkeit, die irdische Lebensdauer bewußt auszudehnen.

Bekannt ist die Erfahrung, daß Menschen mit einem reichhaltigen Erleben und intensiver geistiger Betätigung sich nicht etwa schneller verbrauchen, sondern länger jung bleiben. Wenn dagegen ein an sich noch rüstiger Mensch bei Erreichung der Altersgrenze aus dem Berufsleben ausscheiden muß und er keine ausreichende Ersatzbetätigung findet, ist oft ein rascher körperlicher Verfall die Folge. Es sind demnach die dynamischen Spannungsaspekte, die das Er-leben in Gang halten.

Hier kann nun eine richtig verstandene Zukunftsanalyse wichtige zusätzliche »Lebensquellen« erschließen. Die Empfehlung für einen Marstransit darf in diesem Falle allerdings nicht lauten: »Halten Sie sich in dieser Zeit möglichst zurück, um keine Unvorsichtigkeiten zu begehen.« Sondern: »Nehmen Sie sich eine wichtige Arbeit vor, die rasch erledigt werden sollte!« Nur so kann sich der Marsimpuls im Sinne des intensiveren Gestaltens und damit als zusätzliche Lebensenergie manifestieren.

Weil man bei erhöhter Erlebnisintensität länger »jung« bleibt, ist die Lebensdauer eine Funktion der Erlebnisbereitschaft des Menschen und kann von ihm selbst zumindest innerhalb bestimmter Grenzen beeinflußt werden. Daran möge man bei den prognostischen Aussagen als Astrologiekundiger vor allem denken! Indem man diese als Tendenz formuliert, wird das Schreckensbild eines unabänderlichen Schicksals gebannt. Indem man zur Bejahung auch der spannungsreichen Transite ermuntert, wird dank der menschlichen Freiheit die Möglichkeit unterstützt, mittels der kosmischen Geistimpulse die maximale Daseinserwartung des geist-stofflichen Menschenwesens zu verwirklichen.

11
Das seelische Strukturbild als karmische Lebenshilfe

Mit den Fragen nach der vorgeburtlichen Entwicklung des Geistwesens und nach der »Todeskonstellation« haben wir in unseren astrologischen Überlegungen die Grenzen überschritten, zwischen denen das irdische Leben verläuft. Wir durften dies tun, weil die psychodynamische Betrachtungsweise die Gestirnsbewegungen ebenso wie das damit zusammenhängende Erleben in den unstofflichen Bereich verlegt. In dieser Ich-Welt bildet die seelische Struktur das vermittelnde Element zwischen Geistwesen und stofflichem Körper. Diese Funktion der Seele wurde aus den Schwingungskurven von Sonne und Mond abgeleitet und eindeutig in einem Modellversuch (Abbildung 7) bestätigt.

Daher sollten wir uns direkt an die Seele wenden, wenn wir mehr über unsere geistige Wesenheit erfahren möchten. Es wäre durchaus denkbar, daß in der seelischen Reaktionsweise, wie wir diese im gegenwärtigen Leben erfahren, auch Hinweise auf Vorgänge in früheren Enwicklungsstadien enthalten sind. Im Zuge sogenannter Rückführungen (Regressionen) werden ähnlich bildhafte Eindrücke erhalten, wie sie für die Traumbildersprache der Seele typisch sind. So könnten Wege gefunden werden, um über die Seele »karmische« Zusammenhänge auch ohne die üblichen Regressionsmethoden, die sich meist der Hypnose bedienen, bewußtzumachen.

Ich erinnere an den Ausspruch PLATONS, daß sich die Seele

unter bestimmten Voraussetzungen auf ein früheres Wissen besinnt. RUDOLF STEINER* charakterisierte die dreifache Struktur des Menschen folgendermaßen: »Unvergänglich ist der Geist. Er steht unter dem Gesetz der Wiederverkörperung. Der Leib unterliegt dem Gesetz von Geburt und Tod und der Vererbung in der Körperlichkeit. In der Mitte zwischen Leib und Geist lebt die Seele. Sie unterliegt dem selbstgeschaffenen Schicksal als Karma und vermittelt den Zusammenhang zwischen Körper und Geist während des irdischen Lebens.«

JAMES MORGAN PRYSE** findet eine ähnliche Definition der Seele. Sie wird bezeichnet als »Mittler zwischen Geist und Körper, Träger des Karmas beziehungsweise der Erbsünde«.

Offensichtlich wird in diesen Beispielen, die sich beliebig vermehren ließen, die Seele mit dem in der Esoterik üblichen Karmabegriff assoziiert. Es ist daher notwendig, einmal mehr auf die eigentliche und ursprüngliche Bedeutung dieses Sanskritwortes hinzuweisen. Karma (in den Pali-Texten auch Kamma) heißt im Sanskrit lediglich w i r k e n, t u n. Nach den Worten des BUDDHA: »Den Willen bezeichne ich als das Wirken (Karma), denn mit dem Willen wirkt man die Tat in Werken, Worten und Gedanken.« Und ein Kommentar*** dazu lautet: »Das Begehren ist es, das allem Wirken des Menschen zugrunde liegt, das je nach seiner Beschaffenheit im Charakter und Geschick des Menschen zum Ausdruck kommt und ihn den Vorgang dieses Wirkens in immer erneuten Existenzen erfahren läßt.«

Das Wirken (im Sinne von tun) an sich und nicht etwa sein Ergebnis als Schicksal ist unter »Karma« zu verstehen. Da das individuelle Geistwesen im Laufe der Inkarnationen erhalten

---

* Rudolf Steiner, Reinkarnation und Karma, Verlag Freies Geistesleben, Stuttgart 1962.

** J. M. Pryse, Reinkarnation im Neuen Testament, Ansata Verlag, Interlaken 1984.

*** H. E. Miers, Lexikon des Geheimwissens, Goldmann Verlag, München 1976.

bleibt, setzt sich auch sein Wirken fort, es verändert sich jedoch durch die Bewußtwerdungsvorgänge. Erst recht bedeutet es eine Verfälschung des ursprünglichen Begriffs, wenn Karma einseitig als Folge von Fehlhandlungen in früheren Leben auf das Gegenwartsschicksal eines Menschen verstanden wird, wie es seit den Lehren der theosophischen Gesellschaften (erste Gründung 1875 in New York) gang und gäbe ist. Diese Auffassung und damit die Empfehlungen zur »Auflösung« des Karmas sind dessenungeachtet unhaltbar.

So mag es interessant sein, diesem in westlichen Ländern geläufigen Karmabegriff eine dem indischen Denken entstammende Kritik entgegenzustellen. Der bekannte Autor SRI AUROBINDO lehnt es ab, eine Karmalehre im theosophischen Sinne zu akzeptieren, weil sie nicht nur echter Religiosität, sondern bereits der höheren Ethik widerspreche und sittliches Denken nicht befriedigen könne. »Diese Zuteilung, Gutes für Gutes und Böses für Böses, ist die eines menschlichen Richters, eines genauen Administrators, eines skrupellosen Kaufmanns, der nichts gelernt hat und niemals etwas lernen will von dem christlichen oder buddhistischen Ideal, der kein inneres Vermögen der Gnade oder des Mitleides hat, keine Vergebung der Sünden, der vielmehr streng das ewige Gesetz aufrechterhält: Auge um Auge, Zahn um Zahn, eine volle, unbewegte und gnadenlose *lex talionis.*« Er folgert weiter, daß hinter diesem primitiven Denken ein anthropoider (menschenartiger) Gottesbegriff stehe, der dem kalt-erbarmungslosen menschlichen Verstand oder Unverstand ähnlich sei. »Es ist nicht vorstellbar, daß der Geist in uns ein Automat des Karmas ist, ein Sklave früherer Handlungen in diesem Leben — die Wahrheit muß weniger starr und plastischer sein.«*

Ich kann mich dieser Auffassung vorbehaltlos anschließen, zumal ich bereits in meinem schon erwähnten Buch *Reinkarna-*

---

* Gerhard Adler, Seelenwanderung und Wiedergeburt, Herder Verlag, Freiburg 1980.

tion aus neuer Sicht aufgrund anderer Überlegungen zu ähnlichen Ergebnissen gelangt bin. Das »starre und gnadenlose Gesetz« von Ursache und Wirkung ist nämlich für das Karma nicht nur aus ethischen Gründen abzulehnen. Man muß zugleich davon ausgehen, daß das Geistwesen vor der Geburt (beziehungsweise, für deren Verfechter, vor der Wiedergeburt) in der synoptischen Welt existiert. Wegen der höheren Zeitdimension der »Zusammenschau« hat dort das Kausalgesetz in seiner durch die moderne Physik sogar für unsere Materiewelt widerlegten Evidenz keine Gültigkeit mehr.

In neuester Zeit hat Louis von Zschock in seinem auch im übrigen interessanten Buch *Zu neuen Seinsdimensionen* (Ariston Verlag, Genf 1986) übersichtlich zusammengefaßt, warum die Wissenschaft und somit der aufgeklärte Mensch sich »jenseits der Kausalität« befinden:

»In der Naturwissenschaft wird meist Werner Heisenberg als derjenige Forscher genannt, der dem kausalen Determinismus in der Physik durch seine Lehre von der Unbestimmtheitsrelation (Unschärferelation) ein für allemal abschwor. Heisenberg formulierte das einmal so: ›In der scharfen Formulierung des Kausalgesetzes: wenn wir die Gegenwart kennen, können wir die Zukunft berechnen, ist nicht der Nachsatz, sondern die Voraussetzung falsch. Wir können die Gegenwart prinzipiell nicht in allen Bestimmungsstücken genau kennenlernen, und damit scheint die Ungültigkeit oder jedenfalls die Gegenstandslosigkeit des Kausalgesetzes definitiv festgestellt.‹ Überhaupt sind es die Physiker, die der alten Kausalitätslehre von Ursache und Wirkung gründlich den Garaus machten. Seit Albert Einstein müssen sie mit der relativistischen Wirklichkeit umgehen. Und in der vierdimensionalen Raumzeit haben wir keine unmittelbare Sinneserfahrung.

›Ein extremes Beispiel einer solchen Situation finden wir in der Quantenelektrodynamik, einer der erfolgreichsten relativistischen Theorien der Teilchenphysik, in der Antiteilchen als Teilchen interpretiert werden können die sich in der Zeit *rück-*

wärts bewegen. Nach dieser Theorie beschreibt derselbe mathematische Ausdruck entweder ein Positron — das Antiteilchen des Elektrons —, das sich von der Vergangenheit in die Zukunft bewegt, oder ein Elektron, das sich von der Zukunft in die Vergangenheit bewegt. Wechselwirkungen von Teilchen können in jede beliebige Richtung der vierdimensionalen Raumzeit verlaufen, vorwärts oder rückwärts in der Zeit ebenso wie nach links oder rechts im Raum.‹

Das heißt nicht mehr und nicht weniger, als daß lineare Beziehungen von Ursache und Wirkung schon deswegen nicht möglich sind, weil es ein zeitliches ›Vorher‹ nicht gibt und auch nicht ein zeitliches ›Nachher‹. Alles was geschieht, ist jenseits aller Zeit untereinander verbunden. Die einfache Frage nach Kausalität ist irrelevant.«

Das gilt natürlich auch — oder um so mehr noch — für alle im Unbewußten der Geist-Seele gespeicherten früheren seelischen Erfahrungen. So ist denn auch aus dem unstofflichen Bereich jedenfalls keine Zuordnung von Wirkungen im jetzigen Leben zu vorgeburtlichen Ursachen über den Weg des Verstandesdenkens möglich. Nur die Art des Tuns und Erlebens, mit der von der Geburt an wieder die neue Ich-Welt aufgebaut wird, bleibt erhalten. Von diesem Gesichtspunkt aus kann der Karmabegriff zugleich als Bestätigung für die Existenz der unstofflichen Individualität sowohl vor der Geburt als auch über den Tod hinaus betrachtet werden.

Wenn ich also im folgenden von »karmischen« Faktoren im Zusammenhang mit der Seele spreche, dann ist darunter die für einen Menschen typische individuelle Empfindungsnatur zu verstehen. Sie war bereits in (eventuellen) früheren Inkarnationen vorhanden, wie sie sich gleicherweise im jetzigen Leben wieder nach den Voraussetzungen des geistigen Individuums ausrichtet, das sich mit der »neuen« Seele im neuen Körper beim Geburtsvorgang verbindet. Dies ist der Grund, warum wir über die Seele am ehesten Aufschlüsse über das Wirken unserer geistigen Wesenheit (Karma) erhalten, um damit zusätzliche Möglichkeiten der Bewußtwerdung und zugleich der Problemlösung und Lebensfreude erschließen zu können.

Eigentlich ist es seltsam, daß die Psychologie weite Bereiche der Seele als »das Unbewußte« bezeichnet, wo es sich doch um eine so reaktionsfähige und dynamische innere Kraft handelt. Die Ursache mag hauptsächlich darin liegen, daß der heutige Mensch infolge seiner Erziehung und Ausbildung veranlaßt wird, fast ausschließlich seinen Intellekt zu entwickeln. Die seelischen Regungen sind in reiner Form nur noch im Kindesalter vorhanden. Daher eben muß die Psychoanalyse so häufig auf Kindheitserlebnisse zurückgreifen, um die Ursachen seelischer Konflikte aufzuspüren. Die Traumbilder bleiben zwar auch später noch die unmittelbarste Sprache der Seele. Doch das, was von ihnen ins Bewußtsein gelangt, was erinnert wird, ist bereits der Zensur des Intellekts unterworfen. So erkennen wir die Seele, wenn wir sie verstandesmäßig zu erfassen suchen, hauptsächlich an ihren »pathologischen« Ausdrucksweisen, die nach einer entsprechenden Psychotherapie verlangen.

Wollen wir unsere seelische Dynamik wieder voll in den Dienst der Lebensbewältigung stellen, dann müssen wir ihr neben dem Intellekt die gleichen Gelegenheiten zur Bewußtwerdung und Betätigung verschaffen. Ebenso, wie wir denken lernten, müssen wir uns wieder im Fühlen und Empfinden üben. Darum bemühen sich heutzutage die Befürworter verschiedener Methoden der Gruppenerfahrung. Da sie von der Voraussetzung einer seelischen Verkrampfung ausgehen, vermitteln sie in erster Linie Methoden der Therapie, die positive Ergebnisse zeitigen, solange der Teilnehmer in das Gruppenerlebnis einbezogen ist. Kehrt er jedoch in seine gewohnte Umgebung zurück, stellt man in den meisten Fällen ein rasches Abfallen des psychischen Energiepotentials fest. Es wird eben in solcher Gruppentherapie vor allem die »Art-Seele« angesprochen, soweit sie die allen Menschen gemeinsame, sozusagen statistisch erfaßbare Reaktionsart zeigt.

Für den einzelnen Menschen ist es jedoch lebenswichtig,

seine »Ich-Seele« wieder zu entdecken und sie in ihrem Wirken (Karma) für die Aufgaben im Alltag einzusetzen. Mit den Methoden der psychodynamischen Astrologie ist es nun möglich, einen Weg aufzuzeigen, der es erlaubt, das Gestirnsbild der Seele zu erfassen. Man muß sich vor Augen halten, daß es sich dabei um die Individualseele handelt, also um jenes nichtstoffliche Potential, das über die Sphäre der Empfindungen die Beziehung zwischen Körper und Geist im Sinne der Bewußtwerdung aufrechterhält.

Wir gehen wieder davon aus, daß sich das astrologische Geschehen in der unstofflichen anthropozentrischen Erlebniswelt

Abbildung 18

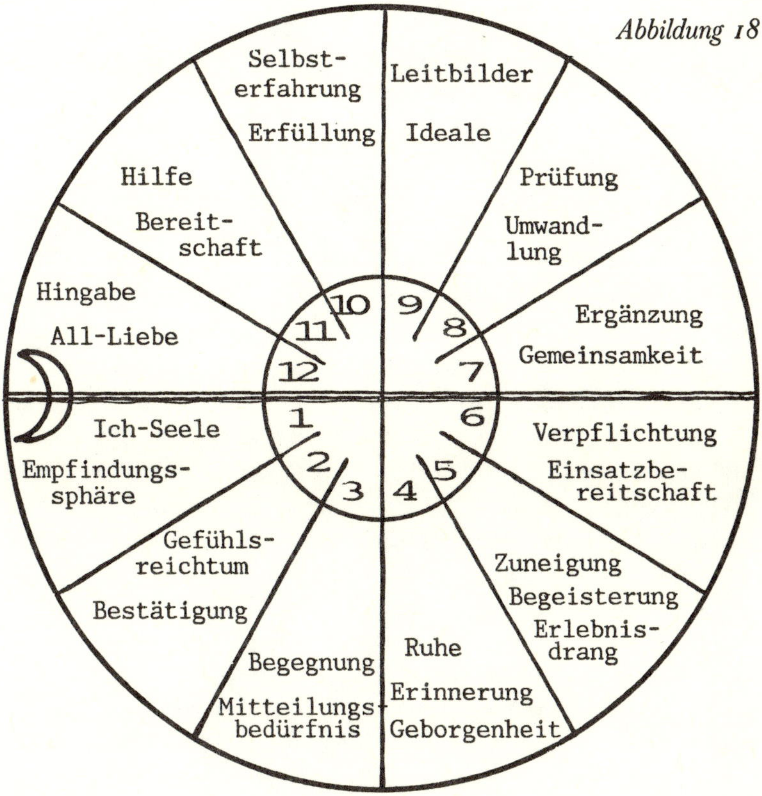

des Menschen abspielt. Ähnlich wie wir das Strukturbild des Geistwesens, das Induktionsbild, auf den Sonnenaufgang bezogen haben, wird nun das Symbol für die Seele, der Mond, in den Aufgangsbereich gestellt. Damit erhalten wir den Ausgangspunkt für das Konstellationsbild der Ich-Seele. Wieder stehen die Planeten darin an denselben Stellen des Tierkreises wie im Induktions- und Resonanzbild, denn es handelt sich ja um denselben Menschen. Die zwölf Felder werden in gleich großen Abschnitten von jeweils 30 Grad von der Mondstellung aus in der üblichen Reihenfolge im Kreis eingetragen. Nur haben diese Felder jetzt eine ins seelische Erleben übertragene Bedeutung. Diese ist stichwortartig aus Abbildung 18 ersichtlich. Wie man erkennt, handelt es sich hier um psychodynamische Erlebnisbereiche, wie sie zwar für alle Menschen typisch sind, aber durch die Ausrichtung auf die Mondstellung des Geburtsbildes als »Aszendent« zum Reaktionsbild der Ich-Seele werden. Diese zwölf »Mondfelder« können sich natürlich ebenso auch in ihrer verneinenden Form manifestieren, also etwa im zweiten Feld als Gefühlsarmut, im dritten Feld als Verschlossenheit, im siebten Feld als Vereinsamung, wenn die entsprechenden Voraussetzungen im Konstellationsbild bestehen.

Wird für einen bestimmten Menschen die Mondstellung seiner Geburt in den Aufgangsbereich gestellt, dann erscheint auch das Tierkreiszeichen, in dem der Mond steht, im ersten Feld. Die übrigen Tierkreiszeichen verteilen sich, ihrer Reihenfolge gemäß, auf die restlichen Felder, und dasselbe gilt für die einzelnen Gestirne. Diese sind jedoch für die Seelenstruktur nur dann von Bedeutung, wenn sie starke Aspekte zum Mond bilden. Die Sonne dagegen wird in jedem Fall zu berücksichtigen sein. Denn ihr, als dem geistigen Zentrum, wird das Erleben der Seele (vergleichen Sie Abbildung 7) übermittelt. Ebenso wichtig ist jedoch hier die Verbindung der Tierkreiszeichen mit den einzelnen Feldern. Sie erinnern sich, daß sich die Tierkreissymbolik aus dem Erleben des zwölfteiligen Tageszyklus ergeben hat. Daran ist die Seele zur Hauptsache beteiligt, und so hat sie eine enge Beziehung zum Rhythmus, wie er im täglichen Sonnenlauf erlebt wird.

In der Beschreibung des Seelenbildes hat jeweils jenes Tierkreiszeichen für das Feld Bedeutung, in dem der Anfang (die Spitze) des Feldes steht. Auf »Gradgenauigkeit« kommt es dabei nicht an. Man kann daher das seelische Strukturbild (gleich wie das Induktionsbild) auch bei unbekannter Geburtszeit erhalten. In diesem Fall läßt sich die Stellung des Mondes zwar nur auf ±6 bis 7 Grad genau ermitteln. Das genügt jedoch durchaus für die Festlegung des Aufgangsbereichs.

Als Beispiel wählen wir nochmals unser Übungshoroskop

Abbildung 19

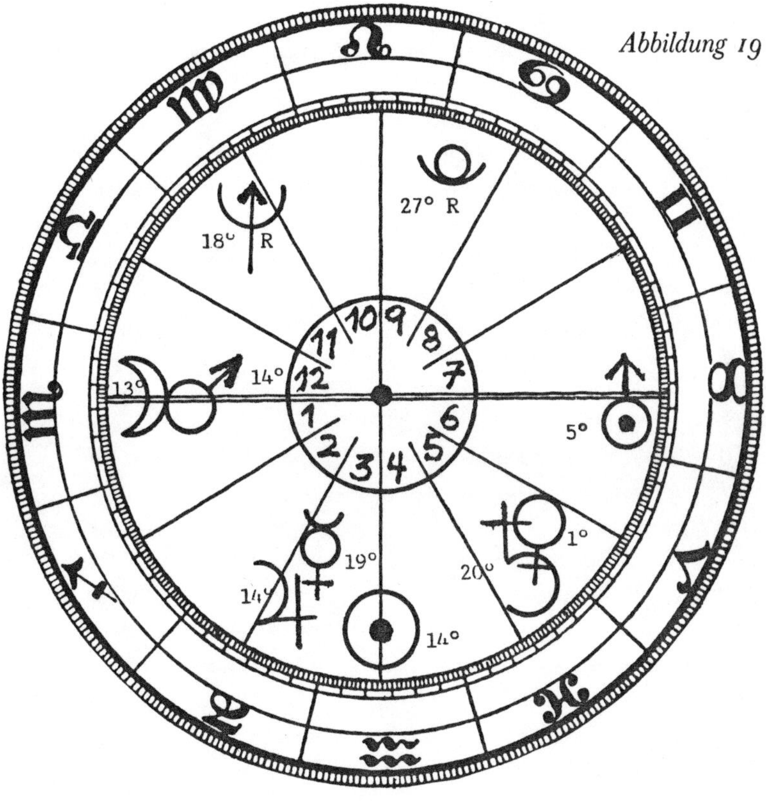

des am 3. Februar 1937 geborenen Mannes. Der Mond befindet sich darin in 13 Grad Skorpion. Wir zeichnen also in einem Tierkreis-Vordruck an diesem Punkt den Mond und zugleich den Aszendenten ein, dann die folgenden Felder im Abstand von jeweils 30 Grad und schließlich die Gestirne. Diese stehen an denselben Stellen des Tierkreises, wie bereits aus Abbildung 10 (Kapitel 4) ersichtlich ist, jedoch nun in anderen Feldern. So ergibt sich das Bild der seelischen Struktur für unser Übungshoroskop, wie es aus Abbildung 19 ersichtlich ist.

Bei der Deutung sollten wir bedenken, daß es sich um die Beschreibung seelischer Empfindungen handelt. Eine »Analyse« im üblichen Sinn durch nur intellektbedingte Kombinationen könnte zu Fehldeutungen führen. Stellen wir uns hier bei der »Skorpionseele« lieber die Stimmung vor, die in Kapitel 1 für die Skorpionstunde (20 bis 22 Uhr) beschrieben ist:

Ein Zwiespalt zwischen Genießen und Verzichten durchzieht dieses Seelenbild. Die Gegensätze werden durch die Verbindung mit Mars noch intensiver erlebt. Das Festhalten an den Eindrücken aus der Erscheinungswelt wechselt mit Zeiten der Ablehnung von Verpflichtungen und des Sichzurückziehens aus der Gemeinschaft (Uranus in den Feldern sechs und sieben). Die Besetzung des fünften Feldes mit Venus und Saturn unterstreicht den Gegensatz — Venus, die Begeisterungsfähigkeit für alle Genüsse und Schönheiten des Lebens; Saturn, die Beschränkung, um das Erleben auf wenige wichtige Bereiche und kreative Ziele auszurichten.

Die Vorstellung der seelischen Heimat in einer unstofflichen Imaginationswelt ist sehr ausgeprägt (Sonne im vierten Feld). Doch das Wassermannzeichen in diesem Bereich ist nicht die Ruhe im Nichtstun oder stille Betrachtung, sondern dieser Mensch schafft sich seine Geborgenheit im Zurückgreifen auf die Vergangenheit. Das Hobby »Archäologie« wird aus dem Seelenbild nun in seiner karmischen Bedeutung klar.

Man erinnere sich bei diesen Konstellationen im vierten und fünften Feld auch an die am Schluß von Kapitel 9 erwähnte Wunschvorstellung einer Idealpartnerin. Hier wird sie zur seelischen Realität als Existenz einer Animafigur, wie es Psychologen in der Nachfolge CARL GUSTAV JUNGS bezeichnen würden. Sie ist Bestandteil der seelischen Sphäre dieses Mannes; sie übermittelt ihm schöpferische Ideen, sie ist ihm herzlich zugetan (Venus), aber zugleich für ihn unerreichbar (Saturn), da sie — wie er selbst ausdrückt — »eine Mission zu erfüllen hat, die ihr in ferner Vergangenheit aufgetragen wurde«. Daß die Existenz dieses Vorstellungswesens trotz einer ziemlich eifersüchtigen Ehefrau die Ehe des Geborenen nicht stört, wurde bereits erwähnt. Denn das (siebte) Feld der Gemeinsamkeit steht hier unter dem festen Stierzeichen. Dieses wirkt sich trotz der Uranusstellung ebenso auf die Beziehung zur Ehepartnerin wie auch auf diese Ergänzung im unstofflichen Bereich als Faktor der Beständigkeit aus.

Ob der Geborene an seine Idealgestalt glaubt, ob er damit sich selbst oder anderen etwas vormacht oder ob sie die Erinnerung an ein früheres Erleben bedeutet, haben wir hier nicht zu untersuchen. Da das fünfte Feld dieses Strukturbildes unter dem Fischezeichen steht, sind verschiedene Wirkungsweisen denkbar. Tatsache ist, daß die »Zusammenarbeit« mit dem Animawesen in diesem Fall nicht etwa zu Täuschungseffekten führt, wie man sie dem neptunbetonten Fischezeichen oft zuschreibt. Vielmehr hat sie neben dem seelischen Ausgleich auch konstruktive Ideen gebracht, die der Geborene in seiner Berufsarbeit praktisch verwerten konnte. Dies wohl auch deshalb, weil dieselbe Saturn-Venus-Verbindung im zweiten Feld des Induktionsbildes (verfügbare geistige Mittel) steht.

Für die beratende und schriftstellerische Tätigkeit des Geborenen lassen sich die Wurzeln ebenfalls im seelischen Strukturbild erkennen. Die dafür bereits in der früheren Deutung als symptomatisch bezeichnete Merkur-Jupiter-Verbindung steht im dritten Feld des Mitteilungsbedürfnisses und der Begegnungen. Dieselbe Gestirnsverbindung besetzt das Berufsfeld des Resonanzbildes. So konnte der seelisch (und damit karmisch) vorhandene Impuls, anderen etwas in beratendem und belehrendem Sinne mitzuteilen, sich als Teil des beruflichen Wirkungskreises durchaus positiv entfalten.

Diese Beispiele dürften zur Genüge einen Begriff davon geben, was ein solches seelisches Strukturbild auszusagen vermag. Es läßt sich übrigens ebenso leicht in Form der Sinuskurve darstellen, wie dies beim Resonanzbild unseres Übungshoroskops durchgeführt wurde. Die Kurve würde in diesem Fall bei der Mondstellung in 13 Grad Skorpion beginnen. Man könnte daraus zum Beispiel ersehen, daß die Saturn-Venus-Verbindung im ansteigenden steileren Kurvenbereich liegt, was die Dynamik bei der Bewußtwerdung dieser Konstellation noch verständlicher macht.

Man wird nun fragen, woran in einem seelischen Strukturbild die karmischen Faktoren zu erkennen sind. In der Astrologie wurden bisher die Felder sechs, acht und zwölf, oft aber auch eine besonders markante Spannungskonstellation im Geburtshoroskop als »karmisch« bezeichnet. Damit wird lediglich die Bestätigung geliefert, daß astrologisch das Karma ebenfalls als zwingende und das Schicksal belastende Wirkung zu betrachten sei.

Ich habe mich von dieser Anschauung bereits eindeutig distanziert und verstehe unter Karma das für die individuelle Geiststruktur typische Wirken, das besonders deutlich in der seelischen Erlebnisweise sichtbar wird. So gesehen sind dann a l l e im seelischen Strukturbild hervortretenden Konstellationen »karmisch«. Auf unseren Übungsfall bezogen gilt dies ebenso für die Gegensätze im seelischen Gesamtbild infolge der Skorpion- und Marsbetonung im Aufgangsbereich wie für die positiven Impulse, die der Geborene aus seinem Interesse für Altertumsforschung, aus seiner Animabeziehung oder aus der Betonung des dritten Feldes erhält.

Durch Vergleiche mit dem Induktions- und Resonanzbild wird offenbar, wie sich dieses Karma in den verschiedenen Bereichen des irdischen Lebens und den Verhaltensweisen des betreffenden Menschen äußert. Dabei leistet die Beobachtung der Transite, wie sie in Kapitel 10 beschrieben wurden, gute Dienste. Die Übergänge der laufenden Gestirne finden im seelischen Strukturbild ja zur selben Zeit, jedoch in den »Mondfeldern« statt. Sie beziehen sich also auf den Bereich des Fühlens, des Empfindens und der Stimmungen. Solche Seelenzustände sind ein viel feineres Anzeigeinstrument, als äußere Ereignisse, die übrigens keineswegs bei jedem Gestirnsübergang aufzutreten brauchen. Ein Transit über eine wichtige Stellung im seelischen Strukturbild macht die karmischen Zusammenhänge besonders deutlich bewußt, wenn man sein Wirken nach dem System in Abbildung 18 zu verstehen versucht.

Statt daß man also von der Auflösung des Karmas spricht, erschließen solche Beobachtungen die verbindenden Funktionen zwischen Körper, Seele und Geist. Ja sie führen überhaupt erst zum Erlebnis der einheitlichen Persönlichkeit. Diese Einheit ist zugleich die Voraussetzung für den Lebenserfolg in der Erscheinungswelt. Wer ständig mit seinen karmischen Belastungen im Kampf liegt oder sich als Folge früherer Fehlhandlungen verurteilt fühlt, steht im Bann negativer Kräfte. Sie erschweren nicht nur den Übermittlungsvorgang zwischen Seele und Geist, sondern sie stellen sich auch zwischen Seele und Körper und behindern dadurch den Gesundheitszustand und die Leistungsfähigkeit. Wer hingegen in seiner seelischen Erlebnisdynamik das Wirken (Karma) des Geistes erkennt, dem fällt es leicht, das Verhalten in der Materiewelt danach auszurichten. Er wird die dadurch freiwerdenden Kräfte als Erfüllung, als Verwirklichung der Wünsche oder ganz einfach als gesteigerte Daseinsfreude erleben.

Die Erfahrungen aus Beratungsgesprächen zeigen allerdings, daß es gerade für geistig interessierte und in der Esoterik bewanderte Menschen schwierig ist, vom gewohnten belastenden Karmabegriff loszukommen. Verstandesargumente helfen dabei wenig. Es scheint oft, als ob die Vorstellung, Folgen der Fehler aus früheren Leben abtragen zu »dürfen«, dem jetzigen Dasein einen höheren Sinn verleihen könnte. Aber wäre nicht auch die Belebung oder Verfeinerung der Seelenkräfte und dadurch das Handeln nach dem inneren »Wirken« ein hohes Lebensziel auf dem Weg zur Vollkommenheit? Aufbauen ist immer eine sinnvollere Aufgabe als Abtragen. Außerdem erleichtert die Aktivierung der Seelenkräfte unserem Geist den Erkenntnisvorgang, um dessen willen letztlich der Mensch in die sichtbare Welt hineingeboren wird.

Also sollten wir uns möglichst oft mit dem kosmischen Bild unserer Seele beschäftigen. Um seine Reaktionsweise immer besser zu verstehen, liefern uns die Transite genügend Anschauungsmaterial. Das seelische Strukturbild wird damit zum eigentlichen Kernstück der psychodynamischen Astrologie. Wenn ich es an den Schluß dieses Buches gestellt habe, dann deshalb, weil es in seiner vollen Bedeutung als Lebenshilfe erst verstanden werden kann, wenn Induktions- und Resonanzbild bereits bekannt sind.

Ich empfehle Ihnen, bei Ihrer praktischen Darstellungs- und Deutungsarbeit ebenfalls in dieser Reihenfolge vorzugehen. Zuerst sollte man immer versuchen, geistige Wesenheit und stoffliche Erscheinungsform eines Geborenen beschreibend zu erkennen, um anschließend ihr Zusammenwirken mit dem seelischen Gehalt erfüllen zu können. So erst wird aus dem Ganzen »ein lebendiges Wesen«.

Da in allen drei Geburtsbildern die Gestirne an denselben Stellen des Tierkreises stehen, besteht keine Gefahr, mittels der »Analyse« nur unzusammenhängende Bruchstücke oder ein starres statisches Bild zu erhalten. Vielmehr läßt sich nach dieser Methode die Einheit Geist-Seele-Körper erstmals in der Astrologie umfassend und lebenswahr darstellen. So erhält die Seele wieder die vermittelnde Stellung im Sinne ihrer eigentlichen Bestimmung, so daß sie sich neben dem Intellekt in der Bewußtwerdung entfalten kann.

Wer die psychodynamische Astrologie in diesem Sinne als Erkenntnisweg versteht, gelangt allmählich zu einem hohen

Grad von Vertrautheit mit seiner Seele und ist mit der unstofflichen Welt in unmittelbare Verbindung getreten. Er wird feststellen, daß er fähig ist, wie die Seele in Bildern zu denken, daß seine Ausdrucksweise anschaulicher wird und daß er große Zusammenhänge besser zu überblicken vermag. Was bedeutet, daß er sich Kräfte zu eigen gemacht hat, wie sie in der synoptischen Welt wirken. Indem er diese mit den verstandesmäßig erworbenen Erfahrungen sinnvoll zu verbinden weiß, wird er sich auch im praktischen Leben Ziele setzen können, die für andere unerreichbar bleiben.

Man wird ferner auf dieser Stufe ein Gefühl für »Zeitqualitäten« entwickeln, ähnlich wie wir sie im täglichen Erleben des Sonnenlaufs kennenlernten. So wird es möglich, das Handeln in die Perioden gesteigerter Reaktionsfähigkeit zu verlegen. Und man vermag das Fluidum geeigneter oder nachteiliger Orte zu spüren und die Menschen an ihren Ausstrahlungen zu erkennen.

So kann es geschehen, daß man sich von einer bestimmten Gegend ganz besonders angezogen fühlt oder daß man Menschen und Umständen begegnet, die man »von früher her« zu kennen glaubt. Solche Erlebnisse sind Anzeichen dafür, daß sich die Seele zu erinnern beginnt. Wer den Wunsch verspürt, diesen Erinnerungen nachzugehen, wird von selbst Wege finden, um seine Ich-Welt in die vorgeburtlichen Bereiche und, wer das will, in frühere Inkarnationen auszudehnen. Oder zumindest vermag er sich einen räumlichen Hintergrund zu schaffen, in den er die Bilder seiner Seele projiziert. Wir haben an unserem Übungshoroskop ein Beispiel erlebt, wie positiv sich die Erschaffung einer solchen »Seelenlandschaft« bis in den Alltag hinein auswirkt. Wer dies als Flucht vor der Wirklichkeit in eine unrealistische Traumwelt verurteilt, der verweigert der Seele ihre Existenzberechtigung und setzt an die Stelle des lebendigen Menschen einen intellektgesteuerten Roboter.

Schließlich sollten wir nicht vergessen, daß viele unserer Zivilisationskrankheiten erwiesenermaßen seelischen Ursprungs sind. Es kommt nicht von ungefähr, daß gerade jene Menschen von Infarkten befallen werden, die völlig in ihrer Geschäftstätigkeit aufgehen und keine Zeit für ihre Seele haben. Wogegen ein mit sich im Einklang stehender Mensch meist bis ins höhere Alter gesund und arbeitsfähig bleibt. Wir haben die Seele mit »Leben« in Verbindung gebracht, weil sich ein seelisches Fluidum in einfacher oder differenzierterer Form bei allen Lebewesen nachweisen läßt. Eine belastete Seele muß somit zur Folge haben, daß die Lebenskraft und die Widerstandsfähigkeit gegen Erkrankungen herabgesetzt sind. Kuren, Medikamente, Ernährungsmethoden haben keine Dauerwirkung, solange die Seele im Zustand der verursachenden Problematik oder Verkrampfung belassen wird.

Als bewegliches, unstoffliches Kraftzentrum verträgt die Seele Druck, Einengung und Gewaltanwendung nur schlecht. Geben wir ihr also Gelegenheit zu einer möglichst freien Entfaltung gemäß ihrer individuellen kosmischen Struktur! Dann wird sie den Körper nicht mehr als Gefängnis und die Außenwelt nicht mehr als feindlich empfinden. Dann ist das Erdenleben nicht mehr Verbannung aus der geistigen Heimat, sondern eine spannende Entdeckungsreise durch jenen Teil der Schöpfung, der mit seinen tausendfältigen Eindrücken der seelischen Dynamik ein unermeßliches Wirkungsfeld der Bewußtwerdung und Weiterentwicklung eröffnet.

Anhang

Parallelen zwischen Tierkreiszeichen (Gestirnen) und menschlichen Verhaltensweisen

Diese Zusammenstellung entstand aus der Übertragung der Strukturbilder der Gestirne (Kapitel 3) auf das Verhalten des Menschen in Verbindung mit statistischer Auswertung einer großen Zahl von Geburtsbildern. Es handelt sich also weder um kosmische »Einflüsse« noch um »Entsprechungen«, sondern es sind ungefähre Richtungen, in denen sich die geistigen (energetischen) Strukturen mit einer gewissen Häufigkeit in der menschlichen Seinsform manifestieren (vergleichen Sie auch die Hinweise am Schluß von Kapitel 6).

Tierkreiszeichen (Gestirn)	*Berufliche Tendenz, Interessengebiete*	*Sensible Körperbereiche und -funktionen*	*Umweltbeziehungen, Partnerbindungen*
Widder (Mars)	Physik, Technik, Chirurgie, Militär, leitende Tätigkeiten, Handwerk im allgemeinen, besonders Eisen, Metalle, sportliche Betätigung.	Kopf, Arterien, das Blut im allgemeinen, Disposition zu Fieber, Entzündungen, Unfällen.	Das Ich als Gegensatz zu den anderen, der Einzelgänger, Wegbereiter, Impulsgeber für die Umwelt. Der Partner als Mitstreiter oder Gegner.
Stier (Venus)	Kunst, Mode, Schmuck, Gastgewerbe, Verschönerung, Bankwesen, Treuhänder, Lehrer, Gärtner, Landwirtschaft.	Hals, Nacken, Venen, Stoffwechselstörungen, Genitalsphäre Kehlkopf.	Die Verbindung mit anderen zwecks Sicherung des Ich und seiner harmonischen Entfaltung. Naturverbundenheit. Treue als Voraussetzung der Liebe.

Tierkreis-zeichen (Gestirn)	*Berufliche Tendenz, Interessengebiete*	*Sensible Körperbereiche und -funktionen*	*Umweltbeziehungen, Partnerbindungen*
Zwillinge (Merkur)	Geschäfte und Handel, Werbung, Schriftsteller, Dolmetscher, Sprachwissenschaft, intellektuelle Berufe im allgemeinen, Journalismus, Telekommunikation, Reisen.	Schultern, Arme, Hände, Nervensystem, Atmungsorgane und Luftwege, die Extremitäten im allgemeinen.	Das Mitteilungsbedürfnis des Ich, die Suche nach Anregungen. Gespräche, Diskussionen. Gelegenheitsbekanntschaften. Vielseitigkeit und verfeinerte Formen der Liebe.
Krebs (Mond)	Nahrungsmittelbranche, Gastgewerbe, Haushalt und damit zusammenhängende Berufe, Ernährungswissenschaft, Volkskunst.	Verdauungssystem im allgemeinen, besonders Magen. Lymphgefäße, Brust, der Wasserhaushalt des Körpers.	Das Ich als Teil der Familie und Sippe. Heimatbezogenheit, die angestammte Umwelt, das Volk. Gefühlvolle, auf Fortpflanzung gerichtete Liebe.
Löwe (Sonne)	Allgemein Führungspositionen, Management, Kunsthandel, Teppiche, Goldschmied, Raumgestaltung, Spiel und Sport, berufliche Selbständigkeit.	Herz und Kreislauf, Rücken und Wirbelsäule, Sonnengeflecht.	Das Ich baut dank seiner Ausstrahlung den Kreis der Bewunderer und Trabanten um sich auf. Liebe als Zuneigung oder Hilfe für den schwächeren Partner.

Tierkreiszeichen (Gestirn)	*Berufliche Tendenz, Interessengebiete*	*Sensible Körperbereiche und -funktionen*	*Umweltbeziehungen, Partnerbindungen*
Jungfrau (Merkur)	Ordnende, kontrollierende Tätigkeiten, Datenverarbeitung. Der »Arbeitnehmer«, Verkäufer, Buchhaltung, Kalkulation, Pädagogik, Hygiene, wissenschaftliche Arbeiten.	Verdauungsorgane, insbesondere Darm, Bauchspeicheldrüse, vegetatives Nervensystem, die Bauchregion.	Das Ich in der Beanspruchung durch Verpflichtungen. Empfinden der Klassenunterschiede, die Unterordnung. Zurückhaltung und Intellektbetonung in der Liebe.
Waage (Venus)	Die schönen Künste, Formgestaltung, Vergnügungsbranche, Dekoration, Kosmetik, Blumen, Ziergärtnerei, Diplomatie, Gastgewerbe, Freizeitgestaltung, Schaugeschäft.	Nieren, Blase, Leisten- und Lendenregion, die Haut und ihre Funktionen.	Die Umwelt als Partner des Ich. Verbindungen zum Zweck der Ergänzung und harmonischen Lebensgestaltung. Unbeschwertes, dem Augenblick hingegebenes Lieben.
Skorpion (Mars, Pluto)	Medizin, Psychotherapie, Staatsdienst, Chemie, Physik, Technik, Reinigungswesen, Anwalt, handwerkliche Berufe, Forschertätigkeit, Naturheilkunde.	Geschlechts- und Ausscheidungsorgane, Gallenblase, Nasen- und Rachenraum. Psychosomatische Vorgänge.	Das Ich auf der Flucht vor der Umwelt. Rückzug auf den eigenen Bereich, das Handeln im verborgenen (»graue Eminenz«). Leidenschaftliche, mit Schuldgefühlen verbundene Liebe.

Schütze (Jupiter)	Theologie, Pädagogik, Organisation, Reisebranche, Fliegerei, Sport, besonders Reiten, Motorsport. Politik, Finanz- und Justizwesen.	Hüftgegend, Milz, Leber, Oberschenkel, Muskulatur im allgemeinen.	Das Ich auf höherer Ebene, moralisch über den anderen stehend, oft dank eines Amtes. Die Öffentlichkeit als Umwelt. Liebe als Prinzip der Vereinigung.
Steinbock (Saturn)	Architektur, Bauunternehmer, Mathematik, Statistik, Versicherungswesen, Grundstück- und Antiquitätenhandel, Buchhaltung, Bau- und Erdarbeiter.	Das Knochengerüst, besonders Kniegelenke. Zähne, Haare, Nägel, Kalk- und Harnsäureablagerungen.	Das »Image« des Ich, sein Ruf in der Öffentlichkeit als Folge der charakterlichen Festigkeit. Zweckgebundene Liebe mit Neigung zur Besitzergreifung.
Wassermann (Saturn, Uranus)	Atomphysik, Elektronik, Raumfahrt, Photo, Film, Fernsehen, Nachrichtentechnik, moderne Kunstrichtungen, Erfinder, Grenzwissenschaften.	Beine, speziell Unterschenkel, Hypophyse, Nervensystem (Parasympatikus). Unfälle, Verstauchungen.	Die Ablehnung der Masse durch das Ich (Saturn) und der Wunsch nach Begegnung mit Einzelwesen (Uranus). Liebeskunst, Sublimierung der Gefühlswelt.
Fische (Jupiter, Neptun)	Soziale Berufe, Therapie im allgemeinen, Anästhesie, Pädagogik, Psychologie, Psychiatrie. Fußpflege, Geistheilung, Okkultismus, Telepathie, Musik, sakrale Kunst.	Bereich der Füße, Knöchel. Lymphatische Vorgänge, Psychosen und allgemein das Zusammenwirken von Körper und Psyche.	Die Einordnung des Ich in die Vielheit einer Gemeinschaft (Jupiter) oder das Ich als Sonderfall, von der Umwelt gemieden (Neptun). Das Sichverlieren an den Partner und die icherhaltende Gegenreaktion.

Tabelle der Sommerzeiten in Deutschland, Österreich und der Schweiz

DEUTSCHLAND:
1916 30. April 23 Uhr bis 1. Oktober 01 Uhr
1917 16. April 02 Uhr bis 17. September 03 Uhr
1918 15. April 02 Uhr bis 16. September 03 Uhr
1940 1. April 02 Uhr durchgehend das ganze Jahr
1941 durchgehend das ganze Jahr
1942 durchgehend bis 2. November 03 Uhr
1943 29. März 02 Uhr bis 4. Oktober 03 Uhr
1944 3. April 02 Uhr bis 3. Oktober 03 Uhr
1945 2. April 02 Uhr bis 16. September 02 Uhr
(Ostzone bis 18. November 02 Uhr)
1946 14. April 02 Uhr bis 7. Oktober 03 Uhr
1947 normale Sommerzeit: 6. April 03 Uhr bis 11. Mai 03 Uhr
doppelte Sommerzeit: 11. Mai 03 Uhr bis 29. Juni 03 Uhr
normale Sommerzeit: 29. Juni 03 Uhr bis 5. Oktober 03 Uhr
1948 18. April 02 Uhr bis 3. Oktober 03 Uhr
1949 10. April 02 Uhr bis 2. Oktober 03 Uhr
1980 6. April 02 Uhr bis 28. September 03 Uhr
1981 29. März 02 Uhr bis 27. September 03 Uhr
1982 28. März 02 Uhr bis 26. September 03 Uhr
1983 27. März 02 Uhr bis 25. September 03 Uhr
1984 25. März 02 Uhr bis 30. September 03 Uhr
1985 21. März 02 Uhr bis 29. September 03 Uhr
1986 23. März 02 Uhr bis 28. September 03 Uhr
1987 29. März 02 Uhr bis 27. September 03 Uhr

ÖSTERREICH:
1916 und 1917 Sommerzeit wie in Deutschland
1918 28. April 02 Uhr bis 29. September 03 Uhr
1919 28. April 02 Uhr bis 29. September 03 Uhr
1920 5. April 02 Uhr bis 13. September 03 Uhr
1940 bis 1946 Sommerzeit wie in Deutschland
1947 6. April 02 Uhr bis 5. Oktober 03 Uhr
1948 18. April 02 Uhr bis 3. Oktober 03 Uhr
1980 bis 1987 Sommerzeit wie in Deutschland

SCHWEIZ:
1941 5. Mai 01 Uhr bis 6. Oktober 01 Uhr
1942 4. Mai 01 Uhr bis 5. Oktober 01 Uhr
1981 bis 1987 Sommerzeit wie in Deutschland

Sternzeittabelle

für jeden dritten Tag
(h = Stunden, m = Minuten)

Die Tabelle ist auf 0 Uhr Weltzeit = Mitternacht Greenwichzeit berechnet. Sie ist für beliebige Jahre gültig.

Januar			Februar			März			April			Mai			Juni		
Tag	Sternzeit h	m	Tag	Sternzeit h	m	Tag	Sternzeit h	m	Tag	Sternzeit h	m	Tag	Sternzeit h	m	Tag	Sternzeit h	m
1.	06	40	1.	08	42	1.	10	33	1.	12	35	1.	14	33	1.	16	36
3.	06	48	3.	08	50	3.	10	41	3.	12	43	3.	14	41	3.	16	43
6.	07	00	6.	09	02	6.	10	53	6.	12	55	6.	14	53	6.	16	55
9.	07	11	9.	09	14	9.	11	04	9.	13	07	9.	15	05	9.	17	07
12.	07	24	12.	09	26	12.	11	16	12.	13	18	12.	15	17	12.	17	19
15.	07	35	15.	09	38	15.	11	28	15.	13	30	15.	15	29	15.	17	31
18.	07	47	18.	09	49	18.	11	40	18.	13	42	18.	15	40	18.	17	43
21.	07	59	21.	10	01	21.	11	52	21.	13	54	21.	15	52	21.	17	54
24.	08	11	24.	10	13	24.	12	04	24.	14	06	24.	16	04	24.	18	06
27.	08	23	27.	10	24	27.	12	15	27.	14	18	27.	16	16	27.	18	18
30.	08	35				30.	12	27	30.	14	29	30.	16	28	30.	18	30

Juli			August			September			Oktober			November			Dezember		
Tag	Sternzeit h	m	Tag	Sternzeit h	m	Tag	Sternzeit h	m	Tag	Sternzeit h	m	Tag	Sternzeit h	m	Tag	Sternzeit h	m
1.	18	35	1.	20	37	1.	22	38	1.	00	36	1.	02	39	1.	04	37
3.	18	43	3.	20	45	3.	22	46	3.	00	44	3.	02	47	3.	04	45
6.	18	54	6.	20	57	6.	22	58	6.	00	56	6.	02	58	6.	04	57
9.	19	05	9.	21	09	9.	23	10	9.	01	08	9.	03	10	9.	05	09
12.	19	18	12.	21	20	12.	23	22	12.	01	20	12.	03	22	12.	05	20
15.	19	30	15.	21	32	15.	23	33	15.	01	32	15.	03	34	15.	05	32
18.	19	42	18.	21	44	18.	23	45	18.	01	44	18.	03	46	18.	05	44
21.	19	54	21.	21	56	21.	23	57	21.	01	55	21.	03	58	21.	05	56
24.	20	05	24.	22	08	24.	00	09	24.	02	07	24.	04	09	24.	06	08
27.	20	17	27.	22	19	27.	00	21	27.	02	19	27.	04	21	27.	06	20
30.	20	29	30.	22	31	30.	00	33	30.	02	31	30.	04	33	30.	06	31

Aszendententabelle

für 45, 50 und 55 Grad nördlicher Breite
(Sternzeiten von 00 00 bis 08 00)

Sternzeit h	Sternzeit m	Aszendent 45°	Aszendent 50°	Aszendent 55°	Sternzeit h	Sternzeit m	Aszendent 45°	Aszendent 50°	Aszendent 55°
00	00	♋22	♋25	♌0	04	00	♍7	♍8	♍10
00	10	24	27	1	04	10	9	10	11
00	20	25	29	3	04	20	11	12	13
00	30	27	♌1	5	04	30	13	14	15
00	40	29	3	6	04	40	15	15	16
00	50	♌1	5	8	04	50	17	17	18
01	00	3	6	10	05	00	18	19	20
01	10	5	8	11	05	10	20	21	21
01	20	7	10	13	05	20	22	23	23
01	30	9	12	15	05	30	24	24	25
01	40	11	14	17	05	40	26	26	26
01	50	13	15	18	05	50	28	28	28
02	00	15	17	20	06	00	♎0	♎0	♎0
02	10	17	19	22	06	10	2	2	2
02	20	18	21	23	06	20	4	3	3
02	30	20	22	24	06	30	5	5	5
02	40	22	24	26	06	40	7	7	7
02	50	24	26	28	06	50	9	9	8
03	00	26	28	♍0	07	00	11	11	10
03	10	28	♍0	1	07	10	13	13	12
03	20	♍0	1	3	07	20	15	14	13
03	30	2	3	5	07	30	17	16	15
03	40	3	5	7	07	40	19	18	17
03	50	5	6	9	07	50	21	20	19
04	00	7	8	10	08	00	23	22	20

Aszendententabelle

(Sternzeiten von 08 00 bis 16 00)

Sternzeit		Aszendent			Sternzeit		Aszendent		
h	m	45°	50°	55°	h	m	45°	50°	55°
08	00	♎ 23	♎ 22	♎ 20	12	00	♐ 8	♐ 5	♐ 0
08	10	25	23	22	12	10	10	7	2
08	20	26	25	24	12	20	12	8	4
08	30	28	27	25	12	30	14	10	5
08	40	♏ 0	29	27	12	40	16	12	7
08	50	2	♏ 0	28	12	50	18	14	9
09	00	4	2	♏ 0	13	00	20	17	11
09	10	6	4	2	13	10	23	18	13
09	20	8	6	4	13	20	25	20	15
09	30	9	8	5	13	30	27	22	17
09	40	11	9	7	13	40	29	25	19
09	50	13	11	8	13	50	♑ 2	27	21
10	00	15	13	10	14	00	4	29	23
10	10	17	14	11	14	10	6	♑ 1	25
10	20	19	16	13	14	20	9	3	27
10	30	21	18	15	14	30	11	6	29
10	40	23	20	17	14	40	14	8	♑ 1
10	50	24	22	18	14	50	17	11	4
11	00	26	24	20	15	00	19	14	6
11	10	28	25	22	15	10	22	17	9
11	20	♐ 0	27	23	15	20	25	20	12
11	30	2	29	25	15	30	28	23	14
11	40	4	♐ 1	27	15	40	♒ 2	26	17
11	50	6	3	29	15	50	5	29	21
12	00	8	5	♐ 0	16	00	8	♒ 2	24

Aszendententabelle

(Sternzeiten von 16 00 bis 24 00)

Sternzeit		Aszendent			Sternzeit		Aszendent		
h	m	45°	50°	55°	h	m	45°	50°	55°
16	00	♒ 8	♒ 2	♑ 24	20	00	♉ 21	♉ 26	♊ 6
16	10	11	6	28	20	10	26	♊ 1	9
16	20	15	10	♒ 2	20	20	28	4	12
16	30	19	14	6	20	30	♊ 1	7	15
16	40	23	19	11	20	40	5	10	18
16	50	28	23	16	20	50	8	13	21
17	00	♓ 2	27	20	21	00	11	16	24
17	10	6	♓ 2	26	21	10	13	19	26
17	20	11	8	♓ 3	21	20	16	21	28
17	30	15	14	9	21	30	18	24	♋ 0
17	40	20	19	16	21	40	21	26	3
17	50	25	24	23	21	50	23	28	5
18	00	♈ 0	♈ 0	♈ 0	22	00	26	♋ 1	7
18	10	3	5	7	22	10	28	3	9
18	20	9	11	14	22	20	♋ 0	5	11
18	30	14	17	21	22	30	3	7	13
18	40	19	22	27	22	40	5	10	15
18	50	23	27	♉ 3	22	50	7	12	17
19	00	28	♉ 2	9	23	00	9	14	19
19	10	♉ 2	7	14	23	10	11	16	21
19	20	6	11	19	23	20	13	18	22
19	30	10	16	24	23	30	15	20	24
19	40	14	20	28	23	40	17	22	26
19	50	18	24	♊ 2	23	50	19	23	28
20	00	21	26	6	24	00	22	25	♌ 0

Die Sinuswerte von 0 bis 360 Grad

(Zur Darstellung von Sinuskurven in beliebigem Maßstab)

Kreis-grade	Sinus-werte	Kreis-grade	Sinus-werte	Kreis-grade	Sinus-werte
0	0,00	125	0,82	250	−0,94
5	0,09	130	0,77	255	−0,96
10	0,17	135	0,71	260	−0,98
15	0,26	140	0,64	265	−0,99
20	0,34	145	0,57	270	−1,00
25	0,42	150	0,50	275	−0,99
30	0,50	155	0,42	280	−0,98
35	0,57	160	0,34	285	−0,96
40	0,64	165	0,26	290	−0,94
45	0,71	170	0,17	295	−0,91
50	0,77	175	0,09	300	−0,87
55	0,82	180	0,00	305	−0,82
60	0,87	185	−0,09	310	−0,77
65	0,91	190	−0,17	315	−0,71
70	0,94	195	−0,26	320	−0,64
75	0,96	200	−0,34	325	−0,57
80	0,98	205	−0,42	330	−0,50
85	0,99	210	−0,50	335	−0,42
90	1,00	215	−0,57	340	−0,34
95	0,99	220	−0,64	345	−0,26
100	0,98	225	−0,71	350	−0,17
105	0,96	230	−0,77	355	−0,09
110	0,94	235	−0,82	360	0,00
115	0,91	240	−0,87		
120	0,87	245	−0,91		

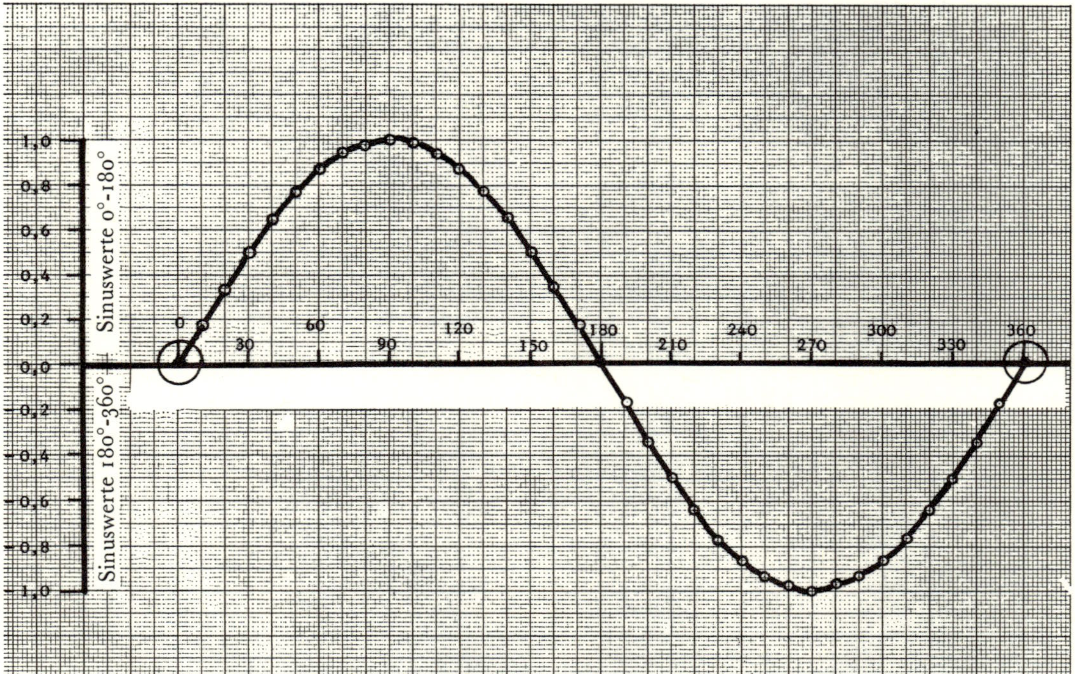

Konstruktion der Sinuskurve aus vorstehender Tabelle zur Verwendung für das Lebensbild (Kapitel 10). Die Tierkreiseinteilung beginnt und endet mit der Sonnenstellung der Geburt gemäß Übungsbeispiel in Abbildung 17.